生和秀敏 編

心の科学

北大路書房

◎
執筆者一覧（執筆順）
◆
編集／生和　秀敏
◆

生和　秀敏	■編者：1
岩永　誠	■広島大学：1, 3-1・2・3, 9-1・2, トピックス1
尾関　友佳子	■第一福祉大学：2-1・3・4・5
田中　秀樹	■広島国際大学：2-2, 7-2・3・7
神薗　紀幸	■志學館大学：2-6, 5-4
長谷川　孝治	■信州大学：2-7, 4-4・6
嶋田　洋徳	■早稲田大学：2-8, 8-5・6・7
城田　愛	■広島福祉専門学校：トピックス2
塚本　真紀	■尾道大学：3-4・5, トピックス9
西田　公昭	■立正大学：トピックス4
坂田　桐子	■広島大学：5-1・2・3・6, トピックス5
入戸野　宏	■広島大学：6-1・3・4・5, トピックス6
福田　一彦	■江戸川大学：6-2, トピックス10
浦　光博	■広島大学：4-1・2・3・5, 5-5
林　光緒	■広島大学：7-1・4・5・6, トピックス7
坂田　省吾	■広島大学：8-1・2・3・4, トピックス8
戸梶　亜紀彦	■東洋大学：9-3・4・5
横山　博司	■下関市立大学：9-6・7, トピックス3
堀　忠雄	■福山通運渋谷長寿健康財団睡眠研究所：10-1・4・5
岩城　達也	■広島国際大学：10-2・3

はじめに―序に代えて―

　20世紀は物理学と経済学の時代といわれてきた。その延長線上で考えるならば，21世紀は生命科学と心理学の時代とよべなくもない。科学万能主義と経済至上主義の歪みによる殺伐たる現代的状況からの脱却と人間性の回復が21世紀の課題であるとすれば，心の科学である心理学への期待が強まっているのは当然のことかもしれない。

　この時代的要請を反映してか，近年，心理学の受講学生が急増しているし，新しい大学や学部の新設の際にも，人間，行動，健康・福祉，コミュニケーションなど名称に違いはあるものの，実態としては心理学を核に編成されている教育組織が非常に多い。おそらく，当分はこの風潮が続くものと思われる。

　しかし，日本経済が陥ったように，ムードによる心理学に対する過剰な期待は，近い将来，大きな失望につながることにもなりかねない。臨床心理士によるスクール・カウンセラーが配置されるようになったからといって，不登校が減ったという話は聞かない。むしろ事態はますます深刻化している印象さえ受ける。現在の心理学への期待をバブルに終わらせないためにはどうしたらよいのか，本書の編集意図と工夫は，まさにこの点にある。

　心に対する関心は，何も今に始まったことではない。有史以来，ずっと続いているといえる。人類最古の心理学書といわれるアリストテレスの"De Anima"のなかで，彼は，プラトンが心の居場所をアタマであるといったのに対して，心の動きと連動して変化する心臓こそ心の局座であると述べている。心を脳の活動と考える現代の心理学では，プラトンの主張に軍配をあげたいところだが，心を実証的に考えようとするアリストテレスの面目を感じさせる逸話である。

　本書は，はじめて心理学を学ぶ学生に対して，心理学とは何かを正面から論じ，心理学への関心を喚起させるための啓蒙書としての性格に加え，これまで得られた知見と実証的な論拠で心理的事象を論じ，人間の心の動きを科学的に理解しようとする態度を養う大学教育における心理学の基盤となる入門テキストとして編集した。

　願わくば，学生諸君が，人間の心に対する深い関心と学問的な謙虚さを学び，現代の心理学が直面している限界を新たな知の方略をもって切り開く意欲を喚起してくれる一助になれば，望外の幸せである。

2003年3月　編者

目 次

はじめに―序に代えて―/i

第1章 心理学とは……………………… 1
1. 心と行動の科学―心理学　1
2. 心理学は何を研究するのか　2
3. 心理学の研究法と倫理　4
　(1) 心理学の研究法/4
　(2) 研究の倫理/4
【トピックス1】偽りの関係　6

第2章 生涯発達……………………… 7
1. 発達とは　7
2. 遺伝と環境　8
　(1) 遺伝と環境に関する古典的研究/8
　(2) 野生児の研究/8
　(3) 家系研究法と双生児研究法/8
　(4) 胎児・新生児の脳と行動発達の関連/10
　(5) 高齢社会での研究/10
3. 発達課題　12
　(1) 発達段階と発達課題/12
　(2) エリクソンの発達課題/12
　(3) ハヴィガーストの発達課題/12
　(4) レビンソンの発達課題/12
4. 知能・言語の発達　14
　(1) 新生児の能力/14
　(2) 感覚・知覚の発達/14
　(3) 記憶の発達/14
　(4) 思考の発達/14
　(5) 多知能理論/16
　(6) 言語の獲得/16
　(7) 身体的，認知的，社会性と感情的発達/16
5. 自我の発達　18
　(1) 自我の身体的基礎/18
　(2) 鏡映像―アイデンティティの基礎/18
　(3) 自己主張と自己制御/18
　(4) 同一化/18
　(5) 自己概念/18
　(6) 同一性―自己アイデンティティの確立/18
　(7) 現実自己と理想自己/20
　(8) アイデンティティの拡散/20
　(9) 思春期・青年期危機/20
6. 道徳性の発達　22
　(1) 道徳性とは/22
　(2) 道徳性の発達に関する理論/22
7. 社会性・対人関係の発達　24
　(1) 親子関係/24
　(2) 友人・仲間関係/24
8. パーソナリティの発達　26
　(1) 精神分析学理論における発達/26
　(2) 学習理論における発達/26
　(3) 現象学的理論における発達/26
【トピックス2】元気な高齢者はよく眠れる？　28

第3章 パーソナリティ……………………… 29
1. 個人差を理解する　29
　(1) パーソナリティとは/29
　(2) パーソナリティをどうとらえてきたか/30
2. パーソナリティの諸理論　32
　(1) 類型論/32
　(2) 特性論/32
　(3) 学習理論によるパーソナリティ/34
3. パーソナリティの理解　36
　(1) 観察法/36
　(2) 面接法/36
　(3) 質問紙法/36
　(4) 作業検査法/38
　(5) 投影法/38
4. 知能　40
　(1) 知能とは何か/40
　(2) 知能の因子構造/40
　(3) 研究法の多様化と新しい知能観/42
　(4) 知能の生涯発達/42
5. 知能検査　44
　(1) 知能の測定/44
　(2) 伝統的な知能検査/44
　(3) 知能検査の最近の動向/46
　(4) 知能検査の利用と問題点/46
【トピックス3】自己愛　48

第4章 社会の中の個人……………………… 49
1. 個人内過程　49
2. 他者が存在することの影響　50

(1) 社会的促進／50
　　(2) 社会的手抜き／52
　3．帰属過程　54
　　(1) ハイダーの素朴心理学／54
　　(2) ケリーの帰属理論／54
　　(3) 対応推論理論／54
　　(4) ワイナーの原因帰属理論／56
　4．社会的比較　58
　　(1) 自己高揚動機に基づく比較／58
　　(2) 自己改善動機に基づく比較／58
　　(3) 自己評価維持モデル／58
　5．認知的不協和理論　60
　　(1) 強制応諾実験／60
　　(2) 認知要素間の不協和の解消／60
　6．自己過程　62
　　(1) 自己注目／62
　　(2) 自己概念／62
　　(3) 自己評価／64
　　(4) 自己呈示と自己開示／66
　【トピックス4】マインド・コントロール　68

第5章　対人関係・集団　69
　1．対人行動　69
　2．対人コミュニケーション　70
　　(1) 対人コミュニケーションの過程／70
　　(2) コミュニケーションのチャネル／70
　　(3) 非言語的コミュニケーションのチャネル／70
　　(4) コミュニケーションのダイナミズム／72
　3．社会的スキル　74
　　(1) 社会的スキルのモデル／74
　　(2) 社会的スキル不足がもたらすもの／74
　　(3) 社会的スキルの種類／74
　4．対人関係　76
　　(1) 対人魅力の規定因／76
　　(2) 親密化の過程／78
　5．ソーシャル・サポート　80
　　(1) 良好な対人関係がストレスを緩和する／80
　　(2) 道具的サポートと社会情緒的サポート／80
　6．社会的影響　82
　　(1) 社会的勢力／82
　　(2) 影響手段／82
　　(3) 要請技法／82
　　(4) 権威への服従／84
　　(5) 多数派の影響／84
　　(6) 少数派の影響／86
　【トピックス5】インターネットと対人関係　88

第6章　認知　89
　1．人間の認知情報処理　89
　2．感覚と知覚　90
　　(1) 感じられる物理量の範囲／90
　　(2) 精神物理学／90
　　(3) 錯視・錯覚／92
　　(4) 図と地／92
　　(5) ゲシュタルトの要因／92
　3．注意のメカニズム　94
　　(1) 不随意的注意と随意的注意／94
　　(2) 注意のフィルターモデル／94
　　(3) 注意の容量モデル／96
　　(4) 二重課題法／96
　　(5) 自動的処理と制御的処理／96
　4．知覚・判断・行動のモデル　98
　　(1) トップダウン処理とボトムアップ処理／98
　　(2) ネットワークモデル／98
　　(3) 順応水準説／98
　　(4) TOTE単位／100
　　(5) 行為の7段階モデル／100
　　(6) 情報処理の時間的側面／100
　5．思考と問題解決　102
　　(1) アルゴリズムとヒューリスティック／102
　　(2) 一般問題解決器／102
　　(3) 問題構造の理解／104
　　(4) 4枚カード問題／104
　　(5) アフォーダンス／104
　【トピックス6】ヒューマンエラー　106

第7章　記憶　107
　1．記憶の過程　107
　　(1) 符号化，貯蔵，検索／107
　　(2) 記憶の二重貯蔵モデル／107
　2．感覚記憶　108
　　(1) アイコニック・メモリ／108
　　(2) エコイック・メモリ／108
　3．ワーキングメモリ　110
　　(1) ワーキングメモリの容量／110
　　(2) ワーキングメモリのモデル／110
　4．記憶情報の符号化　112
　　(1) リハーサル／112
　　(2) 精緻化／112
　　(3) 処理水準／112
　5．知識の構造　114
　　(1) 長期記憶の区分／114
　　(2) 意味記憶のネットワークモデル／114
　　(3) スキーマとスクリプト／116
　6．日常記憶　118
　　(1) 自伝的記憶／118
　　(2) フラッシュバルブメモリ／118
　　(3) 展望記憶／120

(4) 日常事物の記憶／120
7．忘　却　122
　(1) 記憶痕跡減衰説／122
　(2) 干渉説／122
　(3) 検索失敗説／122
【トピックス7】目撃者の証言　124

第8章　学習　125
1．多様な行動獲得のメカニズム　125
2．古典的条件づけ　126
　(1) 基本的手続き／126
　(2) 予測可能性／126
　(3) 刺激般化・分化・消去／128
　(4) 生物学的制約／128
3．オペラント条件づけ　130
　(1) 反応強化随伴性／130
　(2) 強化スケジュール／132
　(3) 迷信行動／132
4．報酬と罰　134
5．学習性無力感　136
　(1) 無力感を「学習」したイヌ／136
　(2) 人間の無気力状態の理解／136
6．洞察学習　138
　(1) バナナを取るための方法／138
　(2) 知覚の再体制化／138
7．社会的学習（観察学習，モデリング）　140
　(1) 他人の真似をして身につく行動／140
　(2) 子どもの攻撃行動が身につく過程／140
　(3) 観察学習の特徴／142
　(4) 社会的学習理論における認知の役割／142
【トピックス8】動物の計算能力　144

第9章　情動と動機づけ　145
1．行動を駆り立てる内的過程　145
2．生得的動機と社会的動機　146
　(1) 生物学的動機／146
　(2) 感覚希求動機／146
　(3) 社会的動機／148
3．欲求階層説　150
4．情動の理論　152
　(1) ジェームズ・ランゲ説／152
　(2) キャノン・バード説／152
　(3) シャクターの帰属理論／154
　(4) 顔面フィードバック仮説／154
5．情動の中枢と自己刺激行動　156
　(1) パペツの情動回路／156
　(2) 怒り・恐れの中枢／156
　(3) 喜び・快感の中枢／156
　(4) ルドゥの二経路説／158

6．フラストレーション　160
　(1) コンフリクト／160
　(2) フラストレーション行動／160
7．ストレス　162
　(1) ストレスのメカニズム：汎適応症候群／162
　(2) ストレスの認知論／162
　(3) ストレスの対処行動／164
　(4) 心身症／166
【トピックス9】攻撃性　168

第10章　脳と行動　169
1．知・情・意の中枢　169
　(1) 脳の構造と機能／169
　(2) 知・情・意と前頭連合野／169
2．脳の機能区分　170
　(1) 大脳皮質の機能局在／170
　(2) 体性感覚と運動の身体地図／170
　(3) 連合野／170
　(4) 大脳の機能局在と結びつけ問題／170
3．大脳の半球機能差　172
　(1) 言語機能／172
　(2) 大脳半球機能差／172
　(3) 大脳の左右半球と脳梁／172
　(4) 分離脳患者の行動／174
4．生体リズム　176
　(1) 時差症状（時差ぼけ）／176
　(2) 時差ぼけ対策とリズムの再同調／176
　(3) 夜勤病／178
　(4) 体温リズムと睡眠／178
5．睡眠と覚醒　180
　(1) 睡眠段階と睡眠周期／180
　(2) レム睡眠の夢，ノンレム睡眠の夢／180
　(3) 睡眠中の行動／180
　(4) 睡眠障害／180
【トピックス10】金縛り　184

テクニカル・ターム　185
文　献　189
人名索引　202
事項索引　204

第1章 心理学とは

1. 心と行動の科学－心理学

　心理学 psychology とは，psycho（精神，心）の ology（科学，学問）である。この本のタイトルにあるように，「心の科学」「行動の科学」といわれている。

　「人間とは何か」という問いに対して，それまでの哲学的な思弁から自然科学的な研究アプローチをとりはじめたときから，現代の心理学がスタートしたといってよい。心理学とは人間の心や行動を，自然科学の研究原則にのっとって明らかにすることをめざしている学問なのである。

　「心の科学」といっても，心理学の研究対象は，観察のできない「心」そのものではない。自然科学と同様，心理学では観察可能で数量化できる現象である生体の活動，すなわち「行動」が研究の対象となっている。

　行動の科学である心理学の目的は，人間の行動の説明・予測・制御である。行動がどのような状況や条件の下で生じているのか，同じ状況であっても個人により行動が異なるのはなぜか，脳内ではどのような処理が行なわれているのか，などといったさまざまな事柄に関して研究を進め，行動と行動を引き起こす原因との関係を分析していくことになる。

　現象の説明，予測，制御というのは，科学全般に共通する目的である。科学は，現象をとらえていく考え方であり，得られた理論や法則の普遍性や客観性を保証するために，科学原則（表1-1）というルールにのっとって研究が進められる。

　心理学も科学である以上，行動の説明や理論は科学原則にのっとって評価されなければならない。しかし現実には，観察の対象が人間であることから，「もの」を対象とした場合のように，原因と結果の関係が単純に1対1の対応をしているわけではない。環境刺激が同じであっても，人によって生じる行動は異なるし，同じ人でも時間がたてば違う行動をとってしまう。そのため，得られるデータの整合性や再現性は低く，現象の説明や理論化という点で自然科学のようにうまくいかないことが多い。とはいえ，量子力学では確率論を用いているし，気象現象の解析からカオス現象の存在が確認されたように，自然科学の研究対象といっても単純な原因－結果の関係があるわけではない。

　複雑で絶えず変化をしている人間だからこそ，「心」や「行動」を理解したいと思うのであり，それらを説明し，理論化していくおもしろさがある。それが心理学のもつロマンだといえよう。むずかしい対象だからこそ，挑戦のしがいがあるのだ。

2．心理学は何を研究するのか

「心理学の過去は長く，歴史は短い」といわれるように，心理学の始まりはギリシャ時代にさかのぼることができるが，科学的な研究法を用いるようになったのは19世紀からである。本節では，心理学が何を研究の対象としてきたのかを，歴史的にふり返ってみよう。

ギリシャ時代では心の実態を非物質的なものと仮定し，身体が消滅しても霊魂は不滅であると考えられていた。近世になると実証主義に基づく科学論が展開されるようになり，心理学の哲学的基盤がつくられるようになる。デカルト（Descartes, R., 1596-1650）は，意識する心と身体という2つの実態をもつ存在として人間をとらえる「心身二元論」を唱えている。また，ロック（Lock, J., 1632-1704）は，人は白紙状態で生まれ，精神活動は「経験によって獲得された概念の結合」の結果であると考えた。これらの考え方は，現代心理学の先駆けとなるものである。

現代心理学の誕生は，ヴント（Wundt, W., 1832-1920）が，1879年ライプツィヒ大学に心理学実験室を創設したことに始まる。ヴントは，心理学を「直接経験の学」であるとし，感覚器を通して直接体験することのできる「感覚」こそが研究の対象であると考えた。ヴントの心理学は構成主義心理学ともよばれている。一方，心の働きや作用を経験的法則により検討する作用心理学では，「見る」とか「聞く」といった精神作用を研究の対象とした。また，機能主義心理学では，人の意識を生体の環境に対する適応の手段とみなし，その生物学的な意味や効用を明らかにすることを研究の対象としている。

心理現象は，個々の要素の集合ではなく，「力動的な全体過程によって体制化したものである」とみなしたゲシュタルト心理学は，さまざまな要素を包括した「全体的場での力学的現象」を研究の対象とした。

ワトソン（Watson, J.B., 1878-1958）は，心理学を客観的な科学とするためには，「意識」ではなく，刺激によって生じた「行動」を研究の対象とすべきであると考えた。この考え方は行動主義とよばれ，後の心理学に大きな影響を与えることになる。新行動主義では，行動の内的過程や認知面が重視されるようになる。条件づけ過程において，ハル（Hull, C.L., 1884-1952）は生体の「欲求低減」が，スキナー（Skinner, B.F., 1909-1990）は「強化」が重要であると考えた。また，トールマン（Toleman, E.C., 1886-1959）は目標を実現させる手段として行動を理解すべきであると主張している。

1960年代からは，人間の認知や記憶，言語，思考，推論といった内的な知的活動を研究の対象とした認知心理学が盛んに行なわれるようになってきた。そこでは，脳生理学や人工知能によって得られた知見がベースとなって，「情報処理」の観点から人間の知的活動を解明するという方法が用いられている。

心理学が大きく発展するきっかけは，心理現象のとらえ方や研究方法上でのブレークスルーがあったからである。たとえば，実験心理学の基盤が築かれたのは，物理学者のフェヒナー（Fechner, G.T., 1801-1887）や生理学者のウェーバー（Weber, E.H., 1795-1878）やヘルムホルツ（Helmholtz, W.H., 1821-1894）らの行なった物理刺激と視覚や聴覚といった感覚量に関する研究からである。行動主義では，生理学者パブロフ（Pavlov, I.P., 1849-1939）の果たした貢献は大きい。認知心理学では，コンピュータ・アナロジーによる認知モデルが研究を大きく進める原動力となった。最近では，PET（陽電子放射撮影法），MRI（磁気共鳴断層診断撮影装置）などの医療機器が心理学研究にも応用され，活動している脳そのものを研究の対象にできるまでに発展してきている。

表1-1　科学原則

単　純　性	現象の説明は，できるだけ単純であること
整　合　性	現象の説明は一貫性があり，矛盾が含まれないこと
反証可能性	説明がまちがっていることを，他の説明によって反証することができること
実　証　性	説明は，客観的なデータにより証明されていること
再　現　性	実証は2回以上行なわれていること

表1-2　トピックス：夢を研究の対象としたフロイト

　フロイト（Freud, S., 1856-1939）は，精神力動論の提唱者であり，心理学の発展に大きな影響を及ぼしたオーストリアの精神科医である。フロイトの学説で特徴的なものの1つは，無意識を想定したことである。意識に加えて無意識を仮定することで，人間の行動で認められる矛盾や精神病理を合理的に説明することができると考えたのである。その無意識をとらえるために，フロイトは夢を研究の対象としたのである。夢の内容に，抑圧された性的衝動や攻撃衝動，満たされない欲望や願望が投影されると考え，夢の分析を進めたのである。その後，フロイトは自由連想法へと研究の手法を変えていくが，夢の分析は弟子のユングに受け継がれることになる。
　無意識の世界を科学的に証明することはむずかしい。現時点では無意識の存在を明らかにすることはできない。記憶における抑圧や心理検査の投影法を用いて，間接的に観察されているにすぎない。そのため，精神力動論は，非科学的であるとの批判もなされている。ニュートン力学の矛盾を解消する理論であったアインシュタインの相対性理論が発表されたのが1915年（一般相対性理論）。その証明である重力場の歪みを観察することができたのは，1919年の日食のときであった。それまで，理論の証明はできなかったのである。無意識の存在も，心理学の研究手法や技術の発展にともない，いずれ発見されるかもしれないのだ。それを証明するのは，あなたたちかもしれない。

表1-3　心理学の応用領域

　心理学は，心の働きや行動を通して人間を理解しようとする学問である。そのため，心理学の研究分野は，かなり多岐にわたるものとなっている。その一部を以下に示した。
・人間行動の原理や法則性を明らかにしようとする領域：知覚・認知心理学，学習・記憶心理学
・動物の行動をもとに行動原則を明らかにしようとする領域：動物心理学，比較心理学
・個人差や個人特性を明らかにしようとする領域：人格心理学
・人の発達や人格形成に関する領域：発達心理学（乳幼児，児童，青年）
・老人の行動や特性に関する領域：老人心理学
・教育活動に応用しようとする領域：教育心理学
・人や社会とのかかわりに関する領域：社会心理学，集団力学
・産業活動や企業活動とのかかわりに関する領域：産業心理学，組織心理学
・乗り物操作の行動特性を明らかにし，事故予防を目的とした領域：交通心理学
・行動と生理機能との関連に関する領域：生理心理学，精神生理学
・心の問題や治療に関する領域：異常心理学，臨床心理学
・犯罪行動の分析や矯正に関する領域：犯罪心理学
・物理環境や社会環境とのかかわりから人間行動を解明しようとする領域：環境心理学
・文化とのかかわりに関する領域：文化心理学，民族心理学
・人間行動を進化論的観点から解明しようとする領域：進化心理学

3．心理学の研究法と倫理

（1）心理学の研究法

心理学では，生体の内的環境と外的環境の変化とそれによって生じた反応（観察可能な行動）との因果関係を推定し，それを検証していくという手続きをとって研究が進められる。そのためには，どのような要因と反応が関係しているかを見つけだす必要がある。そのため，観察法，面接法，調査法，実験法を用いて検討が行なわれる（表1-4）。

人前でのスピーチにより生じる不安である「スピーチ不安」を例に，研究の進め方をみていこう。
①観察法：スピーチをしている人がどのような行動やしぐさをしているのかをよく観察する。この観察を通して，スピーチ状況で，人がどのような反応をするのか，その反応が生起する原因となる出来事にどのようなものがあるのかを記録する。
②面接法：スピーチをしているときに，自分がどのような状態になるのかを尋ねる。不安や緊張，羞恥心といった感情の種類，心臓がドキドキした，手に汗をかいたといった身体上の変化，どのような対応をしようとするのか，相手のどのような言動が気になるのか，などを自由に話してもらう。
③調査法：観察や面接を通して得られたさまざまな反応をもとに，質問項目を作る。対人不安状況で生じる反応に関する項目だけでなく，対人不安状況の認知，その状況で行なったストレスを下げるための対処や試み，不安傾向やソーシャル・スキルといった個人特性，など，対人不安の説明として必要な要因についても項目として付け加えておくと，結果の説明が容易になる。調査では，おもに多変量解析（因子分析，重回帰分析，共分散構造分析など）を用いて，主要な要因の抽出と相互の関連性が明らかにされる。調査で明らかにされるのは，変数間の相関関係であり，因果関係ではない（図1-1参照）。

④実験法：調査により明らかにされた要因のなかから，対人不安に影響を及ぼしている要因と不安反応との因果関係を調べるのが，実験法である。スピーチ状況を設定し，実験参加者にスピーチを実際に行なってもらい，反応を測定する。たとえば，聴衆の性別や服装，権威の程度といった要因を体系的に操作して実験が行なわれる。反応には，尺度を用いて主観的な反応を測定するだけでなく，心拍数や血圧といった生理的な反応も測定することができる。また，話し方や話の内容の評価を行なうことも可能である。実験で操作する要因を独立変数といい，測定された反応を従属変数という。条件の統制が不十分である場合には，従属変数には独立変数以外の予期せぬ要因の影響を受け，結果を歪めることがある。これを剰余変数とよんでいる。剰余変数の介在を極力抑えることが実験を行なう上で大切である。実験では，独立変数と従属変数との関係に関する仮説を立て，その検証を行なうことで研究が進められる。こうした研究の進め方を仮説演繹法という。

（2）研究の倫理

実験を行なう際，もっとも気をつけなければならないのは，実験参加者（被験者）の人権と尊厳を守るということである。実験参加者には尊敬の念をもって接することは，研究者としてあたりまえのことである。実験者は，実験や調査の目的や内容を正しく伝え，了解を得た上で研究に協力してもらわなければならない。研究を行なう上で，実験参加者に苦痛や不快感を与えるようなことがあってはならない。実験参加者に負荷や苦痛を与える可能性がある場合には，研究の主旨と受けるかもしれない苦痛や不快感についてよく説明し，了解を得る必要がある。

人の場合は，研究に対して文句を言い，実験を拒否することができるが，実験動物の場合はそれができない。それだけに実験者は，倫理規定を順守して研究を行なわなければならない（表1-5）。

3. 心理学の研究法と倫理

表1-4 心理学における研究法

観察法	自然な状況やある程度操作された状況で、人が示す行動を観察・記録する研究法である。観察法では、重要な行動現象の特定、および先行する刺激（独立変数）と記録すべき行動（従属変数）を明確にすることが目的である。観察には偏見や思い入れが入らないよう気をつけ、ありのままを記述しなければならない。
面接法	個人を評定するための情報をとるための手段として広く用いられている手法である。あらかじめ質問の内容を決めて行なうこともあるが、被面接者の自由な表現をうながすことで形式的な質問では得られない特徴を知ることもできる。
調査法	ある事象が他の事象とどのような関係にあるかを明らかにする研究法で、多くの事象から関係性の高い事象を選択する際に用いられる。得られる知見はあくまでも相関的関係であり、直接的な因果関係を明らかにすることはできない。
実験法	独立変数（原因である刺激）と従属変数（結果である反応）との関係を示す仮説を立て、それを検証していく研究法で、変数間の因果関係を明らかにすることができる。実験法では、仮説の検証には信頼性と再現性が要求されるため、条件の厳密な統制と操作が必要である。

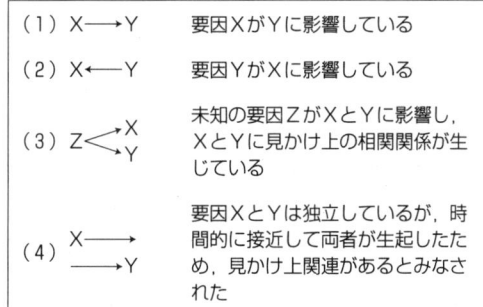

図1-1 相関関係が認められる場合の2変数（XとY）間で想定されうる関係

表1-5 心理学における研究倫理

心理学において研究を行なう際、実験参加者の人権と尊厳を守るために、以下の問題に留意しつつ研究を行なわなければならない。

1．インフォームド・コンセントについて
　研究者は、研究の意義や内容について、実験参加者にあらかじめ理解と了解を得ておく必要がある。とくに、ストレスをかけたり不快感を喚起したりする研究や、研究方法論上の必要性から隠したりごまかしたりしなければならない研究では、細心の注意を払わなければならない。研究に協力するか、拒否するかは、実験参加者がもっている基本的権利であり、研究者がそれを侵害したりそこなったりしてはいけない。

2．プライバシーの保護について
　研究資料として得られたデータには、実験参加者のプライバシーに直接的にかかわる情報も多く含まれている。研究の成果を公表する際、個人が特定されるような形での公表は避けるべきである。実験参加者には、個人のプライバシーは保護されることの説明を十分行なう必要がある。

3．研究成果のフィードバック
　研究によって得られた成果は、学会等での公表だけではなく、実験参加者や実験参加機関に対しても行なわなければならない。実験参加者は、自分の参加した研究がどのような成果を得たのかを知る権利があり、研究者は報告する義務がある。

【トピックス１】偽りの関係

心理学では科学的な評価が求められる。本トピックスでは，研究を進める上での落とし穴となりうる要因のなかから，連関認知上の錯覚とプラセボ効果を取り上げる。

（１）連関認知上の錯覚

昔からよくいわれる「黒猫を見ると不吉なことが起きる」という迷信は，事象A「黒猫を見る」と事象B「不吉なことが起きる」という２つの事象が関連していることを示したものである。本当に，黒猫を見ると不吉なことが起きるのだろうか。それとも単なる勘違いなのか。

２つの事象の関係には，表1-6に示したように，事象Aでは「黒猫を見る」と「黒猫を見ない」，事象Bでは「不吉なことが起きる」と「不吉なことが起きない」という場合に分けて関連をみる必要がある。日常生活において，「黒猫を見る」ことよりも「黒猫を見ない」ことの方がはるかに多いし，同様に事象Bでも「不吉なことが起きない」場合の方がはるかに多い。よって，２つの積である「黒猫を見ると不吉なことが起きる」という出来事は，確率的にはほとんどゼロに近い。まず体験することのない出来事なのである。それを私たちが信じてしまうのは，出来事から受ける印象に左右されるからである。ともにまれにしか起きないことであるから，ひとたび起きてしまえば印象に強く残り，記憶されやすい。そうした出来事が連続して起こると，両者に何らかの関係があると思いこんでしまうのである。こうした現象を「連関認知上の錯覚」とよんでいる。確率論的にもっとも多く認められるのは，「黒猫を見ないので，不吉なことは起きない」という出来事であるが，あたりまえのことなので印象も薄く，記憶に残ることはない。

私たちは，ある出来事が連続して起きると，そこに何らかの関係があると，誤った関係性を信じこみやすい。心理学の研究法の１つである観察法でも，この連関認知上の錯覚が生じていないという保証はない。だからこそ，心理学では調査法や実験法を用いて，事象間の因果関係を証明していくのである。

（２）プラセボ効果

私たちが風邪を引いたときには，風邪薬を飲んで治そうとする。それは，薬が効くと思っているからであって，これまでも薬を飲んで治してきたという経験があるからである。しかし実際には，風邪薬ではなく，単に砂糖やデンプンの錠剤を飲んでも治ることがある。薬を飲んだから治るだろうという思いが風邪を治してしまうこともあるからである。これをプラセボ（偽薬）効果とよんでいる。「病は気から」といわれるように，「これで大丈夫，治るのだ」と思うことで，治癒に向かうことがある。気の持ちようで病気が治るということは，私たちにとってよいことかもしれないが，薬の効果という点からすればどうだろうか。何を基準として薬の効果があったと評価すべきなのだろうか。プラセボ効果があるために，薬を飲まない状態を基準とするわけにはいかない。プラセボと比べても高い治療効果がなければ，その薬に治療効果があるとはいえないのだ。

心理学の実験を行なう場合，操作条件の設定も重要であるが，統制条件の設定にも十分配慮しなければ，得られた結果を誤って解釈してしまう危険性があることを忘れないでほしい。

表1-6　黒猫と不吉なことの関係マトリックス

A＼B	不吉なことが起きる	不吉なことが起きない
黒猫を見る	AとB両方の事例 確率：きわめて低い 印象：強い	Aのみの事例 確率：高い 印象：弱い
黒猫を見ない	Bのみの事例 確率：高い 印象：弱い	AもBも起きない事例 確率：きわめて高い 印象：弱い

第2章 生涯発達

1. 発達とは

　母親の胎内で新しい生命が生まれてから，時の経過とともに心身の形態や構造，機能などが変化していくことを発達という。発達とほぼ同義の言葉に成長がある。一般的に，成長は身体面や生理面における量的な変化を意味し，発達は精神面や機能面における質的な変化を意味している。しかしながら，身体と精神は不可分であり，厳密に成長と発達を区別することは困難であるために，成長を含めて発達を考えることが多い。発達には成熟と学習の2つの側面がある。成熟は環境の違いによる影響を受けない遺伝によって規定された変化であるのに対して，学習は経験によって生じる変化である。成熟と学習は互いに作用しつつ発達に影響を及ぼしている。

　心身機能の発達の特徴として，はじめ細かく分かれていき，その後まとまりが生じること（分化と統合），一定の方向性や順序性があること，その時期だけに有効な発達があり，その時期を逃すと発達が困難になること（臨界期・最適期），個人差があること，心身の種類によって成長率に違いがあること，たとえ発達がある程度遅れても条件がそろえば元通りに回復すること（順応性）などがあげられる。

　人間の心身の変化は，人生の前半期である胎児期，乳幼児期，児童期，青年期は上昇的変化期，成人期以降の中年期と老年期は下降的変化期として大別することができる。従来，未熟な子どもが成熟した大人の状態にどのようにしてたどりつくのかに大きな関心がもたれ，上昇的な変化を発達とみなすことが多かった。

　近年高齢化社会の到来とともに定着してきた感のある生涯発達（life-span development）の視点は，老年期のみならず長い成人期を含めた大人の時代にも発達を認める考え方である。発達の概念から進歩や向上の意味合いを排除して，人生の段階的な推移すなわちライフサイクル（生活周期）ととらえ，退歩や衰退を含む新しい展開の継起という意味で発達を考えるのである。

　それぞれの発達段階（life-stage）において遭遇する変化は多岐にわたるので，ひとは毎日の生活の中でそれらに対処していくことを求められる。成人期には他者をはぐくむ関係を，老年期には自らの健康問題と折り合うことを新たに学び，その時期におけるその人らしさをくり返し確立していくのである。

　本章は，遺伝と環境の問題，発達課題，知能と言語，自我，道徳性と社会性，パーソナリティの観点から発達を考える。

2. 遺伝と環境

(1) 遺伝と環境に関する古典的研究

性格や知能は人それぞれだが、その原因は遺伝か環境かという疑問をもったことのある人は多いだろう。「瓜のつるに茄はならぬ」や「氏より育ち」と相反する諺もある。この問題に関して心理学では古くから論じられてきた。遺伝的要因を強調する遺伝説（生得説）と環境を重視する環境説、遺伝も環境もの相互作用説（図2-1）がある。まずは遺伝と環境に関する古典的な研究を紹介しておこう。

(2) 野生児の研究

フランスで発見された「アヴェロンの野生児」やインドで発見された「オオカミに育てられた2人の少女、カマラ8歳とアマラ1歳半（1年後に死亡）」の話は有名である。アヴェロンの野生児は発見時推定11～12歳の少年でヴィクトールと名づけられた。イタール医師によって人間性を回復する教育が6年にわたって行なわれたが、発達は停滞し、ふつうの水準には到達しなかった。また、カマラもシング牧師夫妻により9年間17歳で死亡するまで愛情をこめた教育が行なわれたが、発達水準は4歳児レベルにとどまった。これらの野生児たちの事例は、人間が人間らしく発達するためには幼少時期に適正な環境で過ごすことの重要性を示している。

(3) 家系研究法と双生児研究法

古くから遺伝が発達に及ぼす影響を評価するために「家系研究法」が用いられてきた。代表的なものに優秀家系の研究がある。この研究では、ある特定の家系で学術、芸術の面で傑出した人物が多く輩出されていることから、知能は遺伝的要素によって規定されているとしている。カリカック家の5世代にわたる善と悪の家系の研究（Goddard, H.H., 1912）も有名である（図2-2）。これらの家系研究の結果は、遺伝的要因が発達に及ぼす効果を示すものとされた[★1]。

しかし、上述の家系研究は環境的要因が遺伝的要因から分離されていないので、発達が遺伝によって規定すると結論づけることはできない。経済的環境や文化的環境が悪くて学校や家庭での十分な教育が受けられずに、子どもたちが社会的に不適応になってしまった可能性もある。これらの問題点や遺伝と環境の要因をきちんと分離して、発達に及ぼすそれぞれの効果を評価しようと「双生児研究法」がなされている（図2-3）。この方法では、一卵性双生児（遺伝学的には同一）が別々の環境で育てられたときに成長の違いを比較したり、二卵性双生児（異なった遺伝的素因、遺伝学的にはきょうだいと同じ）が同じ環境で育てられた場合と別々の環境で育てられた場合とを比較したりすることで遺伝的要因と環境的要因が発達に及ぼす効果を調べようとしている。

他人どうしやきょうだい、二卵性双生児、一卵性双生児を対象に遺伝と環境の影響を検討した研究（図2-4）では、どの関係性でも、いっしょに育てられたペアの場合が、別々に育てられたペアより、知能指数の類似性が高いこと、また、遺伝的類似性の度合いが知能指数の類似性に大きな影響を与えていることが報告されている。さらに、そのほか、精神機能や性格を比較した研究も数多くある（図2-5）。

現在では遺伝か環境かといった孤立要因説（生得説あるいは環境説）ではなく、遺伝的要因と環境的要因が相互作用的に影響するといった相互作用説を多くの研究者が支持している。相互作用説のなかでも環境は閾値要因として働くと主張する環境閾値説（Jensen, A.R., 1968）が有名である[★2]。

図2-6に示すように、知能は学力より遺伝の影響が強く、環境条件がよくなるにつれて顕在化する。もし、同レベルの知能を有す2人であれば、環境条件のよい方の学力が高いことになる。また、身長・発語などのように、ある程度の環境条件で

2. 遺伝と環境

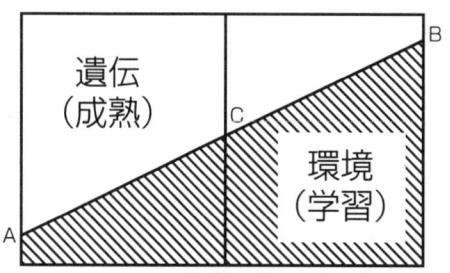

図2-1　遺伝と環境の相互作用の概念図
（山上, 1990を一部改変）

人間の形質のうち, Aに近い形質ほど遺伝の要因の影響を強く受け, Bに近い形質では環境の影響を強く受けることを示している。これまでの研究では, 反射的機能, 身体的機能などにおいて遺伝的要因は強く働き, 知的機能（注意, 知覚等）においては, 経験, 学習と環境要因が強く働くことを示す報告が多い。

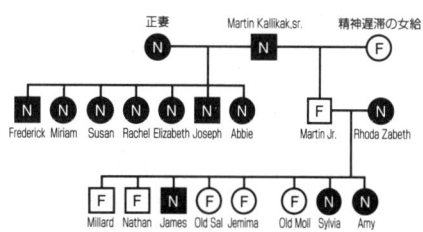

図2-2　カリカック一家の家系図
（Goddard, H.H., 1912を一部改変）

ゴッダード（Goddard, H.H.）は悪名高いカリカック一家を5世代にわたって研究したが, ここにあげたのは, その第2世代までの家系図である。図の中でFとあるのは精神遅滞（feebleminded）で, Nとあるのは正常（normal）な子孫であることを示している。遺伝的な要因が, 発達にどのように影響を及ぼすかを検討するために用いられた家系研究の古典的な例である。

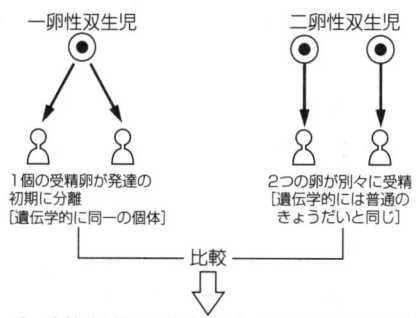

- 一卵性双生児間で差が小さく, 二卵性双生児間で差が大きい場合, その特徴は遺伝しやすいと考えられる
- 一卵性双生児間で差があれば, その特徴は環境の影響を受けていると考えられる

図2-3　一卵性双生児と二卵性双生児
（北尾, 1997を一部改変）

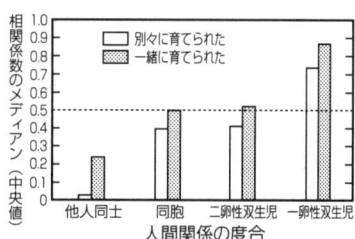

図2-4　知能指数に及ぼす遺伝と環境の効果
（Erlen-meyer-Kimling,L. & Jarvik,L.F. 1963）

横軸は遺伝的類似性で, 右にいくほど類似性が大きい。縦軸はIQスコアの相関係数のメディアンで, 上の方が類似性が強いことを示している。養育のされかた（＝経験）と遺伝的要因とが, どのように知能の発達に関与しているかを示したものである。他人同士やきょうだい, 二卵性双生児, 一卵性双生児を対象に, 遺伝と環境の影響を検討している。

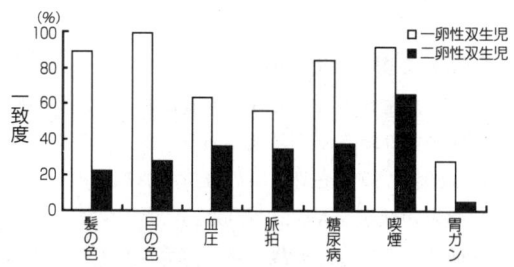

図2-5　双生児の身体的および精神的な特性についての類似度
（山村, 2002を一部改変）

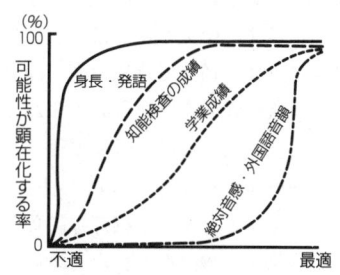

図2-6　環境条件がどの程度発達に適しているか
（東, 1969を一部改変）

Jensen, A.R.（1968）の説の概念モデル。ある特性が発現するためには一定の閾値以上の環境条件が必要であり, もし, 閾値以外に環境が劣悪であれば, その特性の実現は妨げられる。

も顕在化し，遺伝によって強く規定されているものもあると考えられている。一方，体格，敏捷性がかかわる運動能力は遺伝的要因が，立幅跳びや垂直跳びのような筋力にかかわる運動能力は環境的要因が大きく関与することも報告されている。運動能力の発達にも，環境により左右されやすいものとされにくいものがある。

(4) 胎児・新生児の脳と行動発達の関連

最近，生命科学や脳科学の発展により，脳の形成にあたって，先天的要因と後天的要因が微妙なバランスで働いていることが明白になっている。そこで，次に，脳と行動発達の関連，および発達阻害要因，出生前からの発達などについてふれる。

誕生までの発達の経過は，あらかじめ遺伝子的にプログラムされた順に従って成熟する。胎児は3か月ごろに子宮内でこぶしを握る運動，親指と他の指を別々に動かすこと，足の蹴り運動などの自発的運動が可能となる。さらに6か月ごろには身体全体の回転運動，まぶたを開くこと，眼球の水平・垂直運動も可能になり，多様な自発的運動がみられるようになる。また，把握反射も現われる。8か月ごろの胎児は体重1000ｇ，身長35cm程度になり，脳の発達が進んで体温調節や自発呼吸もできるようになる。新生児にみられる反射も多く現われはじめて感覚器官も徐々に完成に近づき，音や光，触刺激に反応するようになる。表情筋も発達し，自発的微笑も可能になる。特に音に対して敏感で母体を通して母親の声を聞けるようになる。出生後母親の声を聞き分けられるのはこのためである。新生児には，一連の粗大な運動を伴う反射が生来備わっている（表2-1）。これらの原始反射は，主として生命維持に関係した反射行動で多種多様なものがある。たとえば，足裏を軽くたたくとつま先をよじったり振ったりする「バビンスキー反射」は生後1年以内には消失し，その後類似した行動すら認められなくなる。「モロー反射」などの成人後も形態は異なるが基本的な驚愕反射は残存している反射もある。また，出生直後から始歩（自立歩行）が始まるまでの経過は，出現時期に関しては個人差が大きいが，それぞれの出現順序はほとんど変わらない。

歩行に関しては，学習や経験よりも成熟によって規定されているとする成熟説がこれまで有力であった。ところが図2-7に示すように，出生直後から原始反射の一種である自動歩行を積極的に訓練された新生児は，そうでない新生児よりも自動歩行の出現頻度が増加し，始歩の時期が有意に早いことが報告されている。歩行のような基本的な運動機能の発達においても，学習と経験の要因が関与しうることがうかがえる。また，1歳以降に出現する随意的な歩行と出生直後にみられる原始反射の自動歩行とがまったく無関係なものではないことがわかってきている。

誕生前の外界からの影響には，タバコやアルコールや母体の精神状態などがある。母親が喫煙者である場合には，胎児にどのような影響があるのだろうか。母親が妊娠期間中ずっとタバコを吸っていると早産が多くなることが報告されている（図2-8，図2-9）★3。遺伝子は生まれる前でさえ胎児の脳の中で複雑に変化する化学的環境と関連しているが，脳が発達し精巧になるにつれさらに複雑な影響を及ぼす。生まれつきと環境（養育）というテーマは，脳の可塑性や分子レベルからも探求されている。今後，私たちは，脳の発達と行動発達の関連を遺伝子レベルの知見を踏まえてとらえる必要がある。

(5) 高齢社会での研究

また，生涯の課題を達成するためには，死への問題の取り組みも不可欠である。ライフスタイルが高齢者の脳・心身健康の維持増進（田中，2002）や痴呆の発現（Asada, 2002）に影響することも指摘されている。介護，ターミナルケアの問題は，本人や家族の人生に重要な発達的意味をもち，背景の解明と問題解決への心理学への期待は大きい。

2. 遺伝と環境

表2-1　さまざまな原始反射（山村, 2002を一部改変）

吸啜反射	唇に軽く指などを触れると口唇が吸引運動する
口唇探索反射	新生児の唇の周辺に触れるとその方向に顔を向けて，乳首を探す動きをする
把握反射	手のひらを強く押すと強く握る
モロー反射	赤ちゃんを仰向けに抱き，急に頭の支えをはずすと，両手と両足を左右対照的に伸ばし，それに続いてゆっくりと何かを抱き込むように腕が動く
バビンスキー反射	足の裏の外縁をこすると，足の親指が反り，他の指が開く
緊張性頚反射	頭が一方に向くと顔側の手足が伸び，後頭部側の手足が曲がる
自動歩行	脇で身体を支え，床に足を立たせると，歩くようにステップを踏む

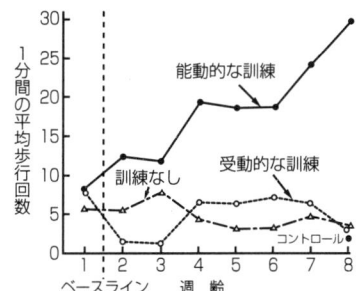

図2-7　原始反射と訓練の効果（Zelazo, P.et al., 1972を一部改変）

原始反射を積極的に訓練した新生児と，とくに訓練しなかった新生児とで自動歩行の出現率を比較している。図で受動的な訓練と書いてあるグループでは，能動的な訓練の新生児と同様の社会的・身体的刺激を与えてある。ただし，自動歩行だけは，とりたてては訓練しなかったというグループである。始歩の期間は，能動的な訓練を受けた新生児が平均10.12か月，受動的訓練群が平均11.38か月，まったく訓練を受けなかった群が11.71か月，8週齢コントロール群では12.35か月で，能動的な訓練を受けた新生児は統計的に有意に早い時期に自立歩行が始まっている。

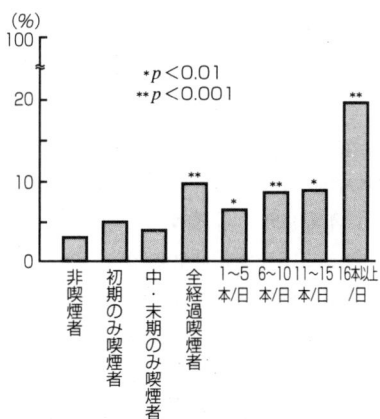

図2-8　タバコの本数と早産児の発生率
（高林ら, 1981を一部改変）

1日に吸うタバコの本数が増えるにつれて早産の率は高まり，1日16本以上吸う母親では，早産の発生率は20％にも及んでいる。

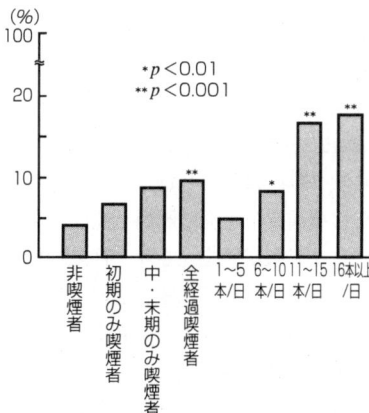

図2-9　母親の喫煙とSFD児の発生率
（高林ら, 1981を一部改変）

タバコを吸う母親の胎児は，発育状態が悪く，在胎期間に比べて体重が少ないSFD（small for days：不当軽量児）の多いことを示している。ずっとタバコを吸う母親のなかでも，1日6本以上吸う母親が問題となる。

3．発達課題

（1）発達段階と発達課題

発達現象においてある時期に独自の質的特徴が見いだされるとき、これに基づいてある時期を他の時期から区別して発達段階という。発達段階は、社会的習慣や制度、身体的発達、全体的な精神構造の変化、および特定の精神機能の発達などによって区分される。

ハヴィガースト（Havighurst, R.J.）は、各時期に達成すべき課題を発達課題（developmental task）とよび、「発達課題は、人生の一定の時期あるいはその前後に生じる課題であり、それをうまく達成することが幸福とそれ以後の課題の達成を可能にし、他方、失敗は社会からの非難と不幸をまねき、それ以降の課題の達成を困難にする」と述べている（児玉・飯塚, 1997）。

（2）エリクソンの発達課題

フロイト派だった精神分析学者エリクソン（Erikson, E.H.）は、フロイトの生物学的視点の発達段階をベースに生涯にわたる発達を考えて、自己と心理社会的側面のかかわりを重視した発達段階をつくり出した（本章8節参照）。ライフサイクルを8段階に区切り、それぞれの段階に社会的・文化的課題を記した個体発達分化の図式（epigenetic scheme）に示されているのは、ある段階から次の段階に移行したときに個体と環境との関係から要請される発達課題を達成できるかどうかといった緊張状態を「心理・社会的危機」とよび、それを乗り越えて課題を達成することで自我は発達していくということである。課題が達成できないとその次の課題にうまく取り組むことができず、さまざまな病態像（ひきこもり、強迫、役割拒否、排他性など）を呈することもある。

（3）ハヴィガーストの発達課題

発達課題には、身体の成熟から生じるもの、主として社会文化の圧力から生じるもの、個人的な価値観や動機から生じるもの、この組み合わせから生じるものがある（Havighurst, R.J., 1972）。

ハヴィガーストは、乳幼児期から老年期までの6段階において6〜10個の発達課題を設定し、現実の社会の中でどのように生活し問題に遭遇しながら発達していくのかを具体的に解明した。そして人生後半の成人期と老年期においてどのように連続させていくのかを説くことで、人格形成の全貌を明らかにした（表2-2）。

さらに、ハヴィガーストは発達と行動を教育と関連づけようと試みており、個々人が課題を達成するために教育にできることは何であるのかを問うている。

（4）レビンソンの発達課題

レビンソン（Levinson, D.J.）は、35〜45歳の小説家、管理職、生物学者、労働者の4つの職業グループから各10名、合計40名の男性を対象に個別面接をして、人間は成人した後も一定の段階を踏んで発達していくことと、中年期にも危機が存在することを明らかにした（Levinson, D.J., 1978; 南, 1992）。

図2-10はレビンソンの発達段階を示したものである。人生半ばの過渡期の発達課題は、①成人前期という発達期を完全に終わらせる、②中年期に向かって第一歩を踏みだす、③若さと老い、破壊と創造、男らしさと女らしさ、愛着と分離という4つの両極性を克服することである。青年期を過ぎて中年期以降の段階は自らの老いとどのようにつき合っていくかが問われる。

近年、第一線で活躍している著名な高齢者による人生最後の一幕たる老いを生きる者へ向けたメッセージ本がベストセラーになっている。高齢者は自己の死期からきたる時間的展望の狭まりを実感するなかで、現実を生きていくためのさまざまな課題を解決しながら、今までの人生と、現在、置かれている環境を統合させる術を求められている。

表2-2　発達課題（Havighurst, R.J., 1972；児玉・飯塚, 1997）

乳児期および幼児期（誕生からほぼ6歳まで）	早期成人期（18歳から30歳まで）
1　歩くことを学ぶ 2　固い食べ物を食べることを学ぶ 3　話すことを学ぶ 4　排泄を統制することを学ぶ 5　性差および性に結びついた慎みを学ぶ 6　社会や自然の現実を述べるために概念を形成し言語を学ぶ 7　読むための準備をする 8　善悪の区別を学んで，良心を発達させはじめる	1　配偶者を選ぶ 2　結婚相手と暮らすことを学ぶ 3　家庭を形成する 4　子どもを育てる 5　家庭を管理する 6　職業生活を開始する 7　社会的責任を負担する 8　気心のあう社交集団をみつける
児童期（ほぼ6歳から12歳まで）	壮年期（30歳から60歳まで）
1　ふつうのゲームに必要な身体的技能を学ぶ 2　成長しつつある生活体としての自分に対する健全な態度を身につける 3　同じ年頃の仲間とうまくつきあっていくことを学ぶ 4　男子あるいは女子としての適切な社会的役割を学ぶ 5　読み書きと計算の基本的技能を発達させる 6　日常生活に必要な概念を発達させる 7　良心，道徳心，価値基準を発達させる 8　人格の独立性を達成する 9　社会集団と社会制度に対する態度を発達させる	1　十代の子どもが責任を果たせる幸せな大人になるよう援助する 2　社会的責任を確立し，市民としての責任を果たす 3　職業生活で満足のいく地歩を築き，それを維持する 4　余暇活動を楽しむ 5　自分をひとりの人間としての配偶者に関係づける 6　中年期の生理学的変化の受容および適応をする 7　老いてゆく親と協調する
青年期（12歳から18歳まで）	老年期（60歳～）
1　男女両性の同じ年頃の仲間と洗練された新しい関係を結ぶ 2　男性あるいは女性としての社会的役割を獲得する 3　自分の身体構造を理解し，男性または女性としての役割を理解する 4　親や他の大人たちから情緒面で自立する 5　結婚と家庭生活のために準備をする 6　職業につくための準備をする 7　行動の指針としての価値観や倫理体系を身につける──イデオロギーを発達させる 8　社会的に責任ある行動をとりたいと思い，またそれを実行する	1　体力と健康の衰退に適応する 2　退職と収入の減少に適応する 3　配偶者の死に適応する 4　自分の年齢集団の人と率直な親しい関係を確立する 5　柔軟なやりかたで社会的役割を身につけ，それに適応する 6　満足のいく住宅を確保する

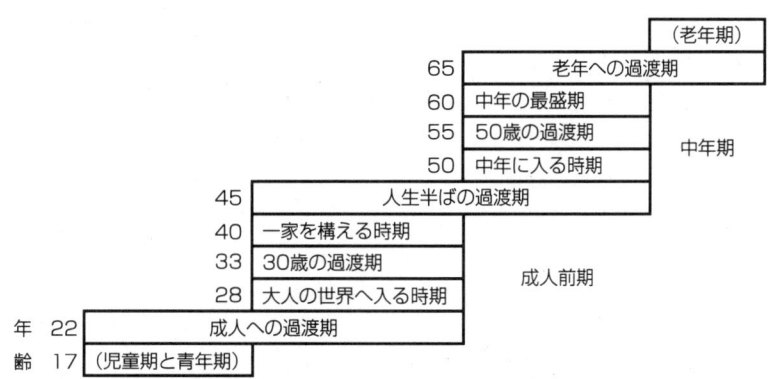

図2-10　男性成人前期と中年期の発達段階（Levinson, D.J., 1978；南, 1992）

4．知能・言語の発達

（1）新生児の能力

人間の新生児が他の哺乳類より身体的に未熟な状態であることをポルトマン（Portmann, A.）は「生理的早産」とよんだ。しかし，その後の研究で人間の赤ちゃんは能動的に環境とかかわる存在であることがわかってきた。たとえば，母親の声を聞きとるなど感覚の発達は母親の胎内ですでに始まっている。

ブラゼルトンら（Brazelton, T.B. et al., 1966）は，目から約40cm離れたところで手やボールを動かすと新生児はそれを目で追えることを報告している。図2-11に示すように，ファンツ（Fantz, R.L., 1966）は，誕生後5日以内と2～6か月の乳児にさまざまな刺激を呈示したとき，各刺激を同程度見るのではなくて顔とか左右対称な刺激を凝視する傾向があることを確かめた。

（2）感覚・知覚の発達

生後数年間は感覚にかかわるシステムの微調整を行なう時期といえる。自分で歩けるようになるまでに，その後の発達に必要な基礎的な能力が形成されていくと同時に大脳の発達も急速なスピードで進む。

乳児の奥行き知覚を調べたギブソンとウォーク（Gibson, E.J. & Walk, R.D., 1960）の視覚的断崖の実験装置が図2-12である。生後2か月をすぎると深さの知覚は可能になるといわれるが，はうことができるほとんどの乳幼児が模様板の切れる断崖のところで躊躇したり泣き出したりした。乳児は深さを知覚しており，それが恐れの感情と結びついて回避反応を起こしたと思われる。この自発的，能動的に移動する経験が，生後8か月ごろになると大脳皮質，ことにそこでの記憶および表象能力の成熟とあいまって，空間の位置関係に関して外的情報を利用する高度な判断へと発達をうながしたと考えられている（無藤, 1994）。

（3）記憶の発達

生後6か月で長期にわたる記憶が可能になる。幼児は目の前にないことも思い出すことができるようになるが，まだ感覚や知覚に近いものなので記憶することを目的としたものではない。この感覚運動的記憶の基礎の上に目の前に存在しない事物を想定したり，事物間の関係をつけたりする心象機能が確立する。1年目後半に対象の永続性が確立することによって，記憶は目の前にないものや過去の経験を再現したり，将来の予定・計画を保持したりできるようになる。

児童期には意図的に記憶方略を使用して覚える意図的あるいは随意的記憶をすることが明確になり，リハーサル（復唱），体制化，メタ記憶などを積極的に使用して記憶を定着させるようになる。

（4）思考の発達

感覚運動的段階から表象的思考段階へと段階的に変化すると仮定したピアジェ（Piaget, J.）による思考の発達段階を表2-3に示す。直接的な関与・体験を通して形の恒常性や生物学的動きの知覚が開発され，対象への働きかけ方や数の概念，見かけと実際のものとの区別を学んでいく（図2-13）。

①思考と概念の発達

子どもは見かけや直感によって物事をとらえ，判断する傾向である親族的類似性をもっている。8歳ごろからは概念の階層構造を利用して上位概念から下位概念へと質問を狭める収斂方略で課題を解決するようになる。

このほかの子どもの心性として，自分以外のすべてのものに生命や心があると考えるアニミズム，すべてのものは作られたものと考える人工論，現実に起こったことと夢や物語の区別ができない実念論があげられ，これらは子どもの不完全な知識のゆえに大人と異なる概念を示した結果であると考えられている。

4. 知能・言語の発達

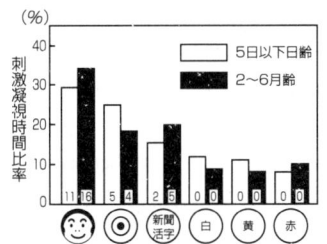

図2-11 異なった刺激パターンに対する乳児の凝視時間 (Fantz, R.L., 1966)

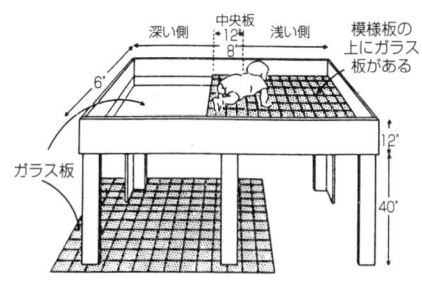

図2-12 視覚的断崖の装置 (Gibson, E.J., 1967；高橋, 1990)

表2-3 ピアジェが仮説化する各発達段階での子どもの思考特徴 (丸野，1990を改変)

段　階	年齢の範囲	特　徴
感覚運動的段階 (誕生～2歳)	1か月まで	活動のシェマは，吸う，飲み込む，泣くなどの反射に限定される／均衡を形成する同化と調節の萌芽がみられる
	1～4か月	簡単な習慣の形成，行為の供応／活動そのものに興味が向けられた形での循環反応が生じる
	4～8か月	循環反応の原因が自己から活動によって生じた環境の変化に変わる／興味ある環境の変化を求める目的志向性がある／目的と手段の分化の萌芽が認められる
	8～12か月	シェマが志向性をもったひとつの新しい全体として統合される／目標は手段に先行し，目標に達した手段の選択が可能となる
	12～18か月	循環反応を介して外界にはたらきかけ，生じた変化に興味をもつ／目と手の供応動作が成立する
	18～24か月	真の心的表象の始まり／延滞模倣が可能となる
前操作的段階 (2～7歳)	2～4歳	記号的機能が発現する（ことば，内的イメージの発達が顕著）／自己中心的コミュニケーション
	4～7歳	ことばや心的イメージのスキルが改善する／認知的推論はひとつの知覚的次元で反応・判断される
具体的操作段階 (7～12歳)		具体物に関して論理的操作が可能となる／みために左右されず，保存問題やクラス化問題が解決できる／あらゆる組み合わせを考えるような問題には困難を示す
形式的操作段階 (12歳～)		仮説に基づく論理的操作や命題間の論理的関係を理解できる／抽象的で複雑な世界についての理解が進む／抽象的概念や知識（エネルギーの保存や化学的合成など）が獲得できる

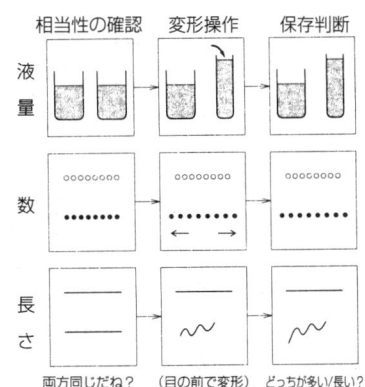

図2-13 保存テストの例 (村田,1991；佐藤,1997)

②論理的思考の発達

学童期になると具体的場面において論理的操作を適用することができるようになる。ただし判断の根拠や論理は一貫していない。同時に2つの操作を適用したり1つの対象を異なる性質としてみなしたりすることができず、自己中心性[★4]の作用で視点の把握が制限されるために論理的判断ができない。

③メタ認知の発達

メタ認知機能は、社会的相互作用のなかで他者の働きかけが内面化してはじめて自らもできるというように発達する。

(5) 多知能理論

乳児から大人まで一定の順序で変化する発達の段階を想定しているピアジェやエリクソンと異なり、ガードナー(Gardner, H.)は人間が記号操作することに着目して、文化の中でそれぞれの知能が独自の記号体系をもっていること、および脳のシステムにおいて各知識とその記号に対応する独自の領域があるらしいという事実から、言語的知能、音楽的知能、論理数学的知能、空間的知能、身体運動的知能、個人内および個人間知能(自己理解と対人理解)の6つからなる多知能理論を提唱している(無藤, 1998)。

(6) 言語の獲得

乳児は言語を獲得する以前から積極的に環境に働きかけている。養育者(母親)は、乳児の行動から内的な情動状態を察知し、その情動状態を映し返すような反応をする(情動調律)。母親の応答は乳児の体験している情緒を共有したサインとして機能することから、母親と前言語期にあたる乳児とのやりとりにおけるこの情動調律は重要かつ典型的なものである(Stern, D.N., 1985; 下山・丹野, 2001)。表2-4は自分と他者との相互作用が、指さし行動を用いたモノを介在する自分と他者との3項関係へと発達していくようすである(矢野, 1991)。3項関係のなかで言語は獲得される。

乳幼児の言語は、喃語(babbling)からマンマのようなはじめての言葉(初語)が出現する。しばらく1つの単語だけを使う時期が続いてから、20か月齢くらいで2つの単語を組み合わせて文を作り(2語文)、文法規則が使えるようになっていく。

言語の獲得は、発音が明瞭で韻律の変化も豊かな、文法を最小限含んだ短文で発話されることが多い母親語(motherese)の影響が大きい。母親語の母音は大人に向けて発話される母音より広い周波数成分を含むように誇張がされている。乳児の初期状態の聴覚能力として、全世界で用いられている普遍的な母音を区別して聞きわけることができる。生後6か月ごろの乳児は体験から特定の母音に特化した識別能力を身につけ、曖昧な母音を聞いたときは記憶されたもっとも母音に近い母音に引きつけて認識する。生後12か月ごろの乳児は初期状態の識別能力を失って母語[★5]に特化した識別だけが可能になる(Kuhl, P.K., 1994)。

(7) 身体的、認知的、社会性と感情的発達

表2-5は誕生から4歳までの発達のプロセスをまとめたものである(ニューズウィーク日本版, 2001)。最初の1年間に子どもは身体的、認知的、社会的に急激に成長する。たとえば自分の名前を呼ばれるとそれに応えたり、養育者の真似(模倣)をしたり、首をふって意思を示したりする。ハイハイをして、自分で移動できるようにもなる。

2年目には個人差はあるものの身体の活動能力が格段に高まり、立って歩いたり、走ったりするようになる。

3年目以降になると語彙が急速に増えて、「ごっこ遊び」を通して社会のルールを身につけていく時期でもある。

4. 知能・言語の発達

表 2-4　母親－子どもの相互作用の発達 （矢野，1991をもとに作成）

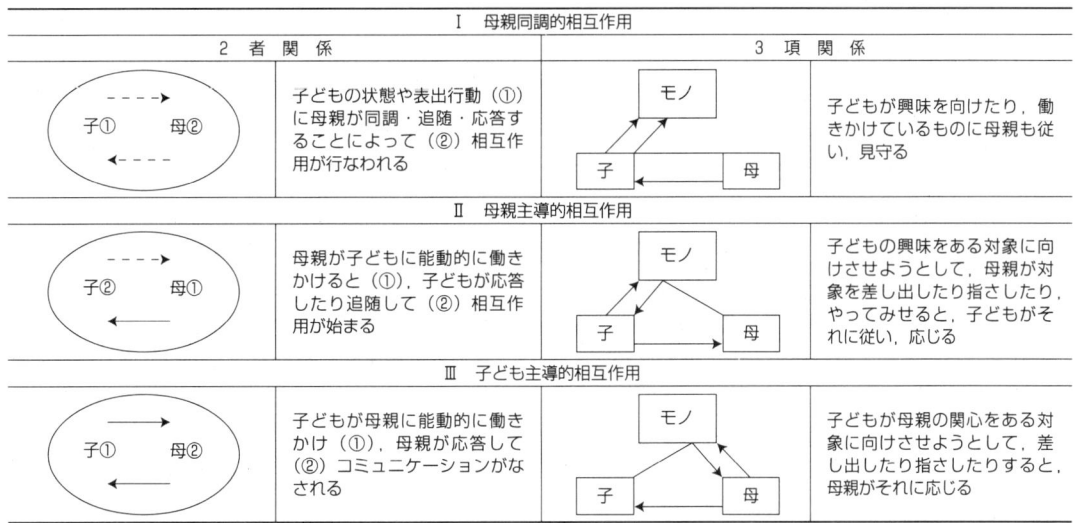

	Ⅰ　母親同調的相互作用	
	2　者　関　係	3　項　関　係
	子どもの状態や表出行動（①）に母親が同調・追随・応答することによって（②）相互作用が行なわれる	子どもが興味を向けたり，働きかけているものに母親も従い，見守る
	Ⅱ　母親主導的相互作用	
	母親が子どもに能動的に働きかけると（①），子どもが応答したり追随して（②）相互作用が始まる	子どもの興味をある対象に向けさせようとして，母親が対象を差し出したり指さしたり，やってみせると，子どもがそれに従い，応じる
	Ⅲ　子ども主導的相互作用	
	子どもが母親に能動的に働きかけ（①），母親が応答して（②）コミュニケーションがなされる	子どもが母親の関心をある対象に向けさせようとして，差し出したり指さしたりすると，母親がそれに応じる

表 2-5　発達プロセスの特徴 （ニューズウィーク日本版，2001より作成）

月齢と状態	身体的測面	認知的測面	社会性と感情的測面
0～3カ月 依存状態	こぶしを口にもっていって吸ったり，手足をぐんと伸ばす／手を握ったり開いたりする／うつぶせになると，肘で体を支えて頭や胸を起こそうとする	音や光，動きに反応する。声が聞こえたら，そちらの方向に頭を向ける／手と目が連携しはじめる／いくつかの母音をまねする	他人に微笑むようになる。親の顔を見つめることが増える／泣くことで不快感や疲れを表現する。嬉しいときや興奮したときは，笑ったり喉をならす
4～7カ月 動きだす	寝返りが打てるようになる。お座りの姿勢をさせるとバランスを取ろうとする／手に届く物をつかむ。片方の手からもう一方の手に物を持ち替えることもある	自分の目の入らないところにも物が存在していることがわかる／届かないところにある物を，手を伸ばして取ろうとする。物をたたいたり揺さぶったり，落としたりして，結果がどうなるか確かめる	他の子どもに興味を示しはじめる。人見知りをすることもある／おかしな表情に対して声をあげて笑う。おもちゃを取りあげると怒る／他人の声の抑揚をまねする
8～12カ月 ハイハイ	肘や膝を使って活発に動き回る。家具などを支えにつかまり立ちをする／興味のある物を見つけると親指と人さし指を使ってそれをつかもうとする	首を振るのは「いや」，手を振るのは「バイバイ」と意味を理解してジェスチャーできるようになる／欲しい物を人さし指でさせる子もいる	鏡に映った自分に笑いかけたり，なでたりキスをしたりする／ベビーベッドなど囲いのなかに入れられるのを嫌う子もいる／知らない人に会うと，親の肩に顔をうずめる
13～18カ月 歩く	成長は穏やかになるが，体はより丈夫になり，バランスの取れた動きをするようになる／1人歩きをはじめる／クレヨンでなぐりがきをしたり，人さし指で物をさす	物の名称がわかる。「鼻はどれ？」と聞かれて正しく鼻をさす／ブラシや電話など，それぞれの物に機能があることを知る／絵本がさかさまになっていたら，その事に気づく	規則や注意というものをほとんど理解していないが，誉められると笑い，しかられると泣く／かんしゃくを起こして，物を投げたりする
19～23カ月 走る	走ることやよじ登ることを覚える。蹴かずにボールを蹴る／子どもによっては排尿や排便をコントロールできるようになる／手でコップを持って飲み物を飲んだり，簡単な丸が描ける	「ごっこ遊び」をはじめる／「すごく大きい」「もうなくなっちゃった」などの簡単なフレーズをしゃべる／家の人がよく使う言葉を使って，不満やイライラを表現する子もいる	他人の気持を徐々に理解するようになる。抱きついたり，微笑んだり，キスをして親に対する愛情を示す／おもちゃの独占欲が高まる。共有という概念はほとんどない
24～36カ月 探求する	転げ回るのが好き。音楽に合わせて踊ったり，ケンケンをする子もいる／トイレトレーニングが進む／手首を使ってビンの蓋を開けたり，ねじやボトルを回す	語彙が急速に増え，文を構成する能力も伸びる／猫と犬は動物の1種というような分類の概念がわかる／指示された内容を理解するようになる。それに逆らう子もいる	ちょっとした雑用が好きで，食卓の用意などを手伝いたがる／1人でも楽しく遊べるが，誰かに見てもらう方が好きである／親の権威を試そうとする。「いや」ということが増える
37～48カ月 理解する	おとなの助けを借りずに，1人で服の脱ぎ着ができるようになる／三輪車のペダルをこぎ，ハンドルを動かせる／鉛筆をきちんと持って，人にもわかるような形を描く	類似や相違といった概念がわかるようになる。形や色別におもちゃをわけることができる／お話を覚えてその通りに話す／「どうして？」を連発する	他の子どもたちとのつきあい方がますます上手になる／親の気持ちを敏感に感じ取るようになる。思いやりをみせる子もいて，親が悲しんでいると慰めようとする

5．自我の発達

（1）自我の身体的基礎
依存状態の新生児にも，意識以前の体感や姿勢感覚，運動感覚によって自分の身体全体を内部から感じる身体我（body ego）があるとされている。身体の状態を感じる内受容感覚と姿勢や筋肉運動を感じる自己受容感覚からなり，これが発信と受信の主体となる自我の基礎となる。

（2）鏡映像－アイデンティティの基礎
乳児期は自己と他者や外界のものごとが区別されていない自他未分化の状態である。しかし2歳ごろになると鏡に映った鏡映像を自分の姿と認識するようになる。この鏡映像認知は自己客体視の能力によって成立する。これができてはじめて自分を認識したり，考えたりすることができる。また，他者の認知が先行することから，自己認知成立に対する他者存在の重要性を知ることができる。

（3）自己主張と自己制御
2～3歳ごろに自己主張が顕著に増加する第一反抗期を迎える（図2-14）。これ以降，自他の区分が明確になり，自己の所有の表現が出てくる。

また，乳幼児期は，子どもどうしのぶつかりあいを経験するなかで社会化の働きかけが強まり，しだいに自己制御・自己抑制が可能となってくる。これには言語の発達が欠かせない。

（4）同一化
学童期の子どもは現実の生活の中で主体としての自己と集団的な共同性を形成していく。父母や周囲の立派な大人やスポーツ選手などを理想的な人物として，考え方や行動などを受け入れて同じようにふるまったりする同一化の対象とする。

（5）自己概念
自分にとって重要な他者からの期待や価値づけを取り入れつつ，自己の経験で得た自己関連情報を概念化し，構造化したものが自己概念である。

①準拠枠としての自己概念
自己概念は出来事をとらえる準拠枠となっている。枠組みを用いて情報を処理することによって効果的に環境に働きかけることができるが，環境が大きく変化したり能力が大幅に変わったりするときに準拠枠としては不適当となる。

青年期前期（思春期）は心身ともに急激な変化にみまわれる。身体は乳幼児期に次いで人生で2番目に急激な発育を遂げる。加えて第二次性徴が心身を性的に変化させ，性に対する関心や欲求が青年を圧倒する。行動範囲も広がり新しい対人関係が生まれる。思春期は身体面，心理面，環境面のすべてにおいて大きく変化するために，それまでの自己概念では現実の出来事を適切に処理できない情報が多くなる。そのことが現実への対応を困難にし，不安を高めて自己評価を低下させる。他者からの評価に影響されやすく，少しの刺激に過敏に反応する特徴がある。このことがこの時期に対人恐怖症をはじめとする不適応症状が多発しやすい理由の1つとなっている。

②自己概念の測定
自己概念は，内省により明確に意識化されるし，言語的に把握できるものとして研究が進められてきた。自己概念を把握する方法には「私は誰でしょうか？」という問いに自由に回答させる20答法（表2-6）のほか，文章完成法，印象測定法，質問紙法による性格テストなどがある。

最近は，自己概念にアクセスしたり言語化したりすることが困難である事実が重要視されるようになってきた。エプスタイン（Epstein, S., 1990）の「認知経験的自己理論」[★6]が代表的なものである（辻, 1993）。

（6）同一性－自己アイデンティティの確立
同一化の過程から脱して自分をつくっていく心の働きを，エリクソンは自己アイデンティティとよんだ。生涯を変化していく主体の変化としてとらえるライフサイクルに基づく発達理論から，青

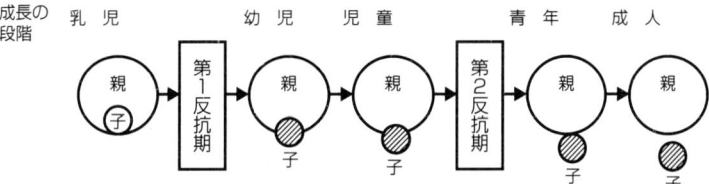

図2-14 反抗期と子どもの発達（新井,1997を改変）

表2-6 20答法において得られた自己概念の特徴
(Montemayor, R.& Eisen, M., 1977；古川, 1997)

記述された内容の分類	年齢				
	10	12	14	16	18
[固有の特徴]					
性別	45	73	38	48	72
年齢	18	35	30	25	41
名前	50	10	8	11	31
先祖	5	4	2	13	15
親族関係	37	28	18	25	57
国籍，市民権	48	16	21	13	11
[所有するもの]					
持ち物	53	22	24	14	8
身体的特徴	87	57	46	49	16
[個人の活動]					
知的関心	36	28	40	24	23
芸術活動	23	36	30	28	18
その他の活動	63	62	82	75	60
[社会における役割]					
職業	4	12	29	28	44
学生という役割	67	59	37	54	72
社会的地位	4	0	0	2	3
[思想および信条]					
宗教	7	0	4	5	10
政治的信条・感情	0	0	4	3	5
思想や信念	4	14	24	24	39
道徳的価値観	4	23	17	28	26
[個人の存在様式]					
個としての存在感	0	34	19	26	54
個としてのまとまりの感覚	0	0	15	17	21
[個人の意識]					
自己決定の意識	5	8	26	45	49
能力の意識	36	37	44	48	36
好み	69	65	80	45	31
気分のタイプ	27	42	65	81	72
他人の判断に帰する	23	23	24	28	57
対人関係の持ち方	42	76	91	86	93
[その他]	19	15	10	6	8

注）数値は出現頻度（％）

年期における心理・社会的危機としてのアイデンティティの形成というアイデアは創出された。アイデンティティとは歴史と時代の中で揺れ動く自分の存在意識をさしている（鑪，1990）。「自分とは何者か」「社会とのつながりで自分はどう生きていくのか」と若者はつねに現在の存在を模索し，将来を展望し，自己を吟味していく存在なのである（図2-15）。

アイデンティティは自己が他者とは異なる独自の存在であるという「個別性」の感覚，いろいろの側面がある自己に全体としてのまとまりがあるという「統一性」の感覚，異なる側面をもってはいてもいずれも自分であることに変わりはないという「同一性」の感覚，現在の自己は過去の自己とは異なり将来さらに発達変化していくが「連続性」があるという感覚，自分の重要な特徴は，親，配偶者，親友などの重要な他者に自分と同じように認知されているというイメージの「共有性」の感覚がある。

(7) 現実自己と理想自己

自己像にはこうありたいと望む，願望や達成目標としての自己像（理想自己），現在のありのままの自己像（現実自己），こうあるべきと自分に課している，実現していて当然とみなしている義務や責任，規範としての自己像（義務自己）がある。

ロジャーズ（Rogers, C.R.）は人間は自分を中心とする絶え間なく変化する私的な世界に存在していること，このなかで自己の一貫性を感じることが大切であるとしている（図2-16）。ヒギンズ（Higgins, E.T., 1989）の自己不一致理論によれば，私たちは理想自己と義務自己を基準にして現実自己を評価しており，その不一致は情緒的問題を発生させる（表2-7）。

(8) アイデンティティの拡散

マーシャ（Marcia, J.E.）は，自分にとって意義のある選択事項を意思決定する時期である「危機」とその後の職業とイデオロギーへの「積極的関与」経験の程度によってアイデンティティが達成されるまでの過程を分類することを試みた（表2-8）。

早期完了（予定アイデンティティ）型は親自身の目標との間に違和感なく予定された道を歩む。モラトリアム型は同一性危機の真っ最中で（疾風怒濤）模索の段階にあたる。アイデンティティ拡散型は危機経験の有無で2つに分けられる。危機前のタイプはこれまで自己探求欲求に駆られることなく過ごしてきたために自分の責任で選択をしなければならない事態に混乱してしまう。危機後に積極的関与を拒否するタイプはすべてのことを可能なままにしておかなければならないと思う。この不安な状態から逃れるために何者かに過度に同一化したり（たとえば，カルト），社会的価値感とは合わない否定的方向に自分を定義づけてしまったり（たとえば，暴力団），モラトリアムから無気力な状態に陥ったりする。

(9) 思春期・青年期危機

思春期は誕生に次いで成長著しい時期であり，自分の身体の変化を強く意識するのに伴って自己意識も高まり，短所や劣等性に悩んだり不安を感じるようになる。恋愛をしたことがないとか，大学のゼミなどで堂々と発表する友人をうらやましく思ったりすると，自己評価が低下したり，自分を変えたいと強く望むことがある。これこそが能動的に自分の人格を変容する主要な動機づけとなるのである。

成人になるための自己探求や親から友人へと心理的離乳が行なわれるこの時期は，第二次性徴期を思春期の開始，30代の前半までを青年期とみなすと，不登校，家庭内暴力，ひきこもり，摂食障害，醜形恐怖症，パニック障害，職場不適応症など，心理的諸問題が顕在化しやすい。しかし，これらの問題は周囲からの適切なサポートによっては成長のための揺れの範疇にあるとみなすこともできる。

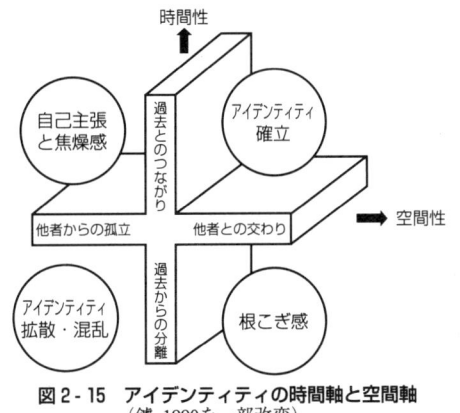

図2-15 アイデンティティの時間軸と空間軸
（鑪, 1990を一部改変）

表2-7 理想自己・義務自己と現実自己の不一致による感情状態 （Higgins, E.T., 1989 ; 戸田, 1997）

	一　致	不一致
理想自己	喜び・満足感	落胆・不満
義務自己	安堵感	不安・緊張

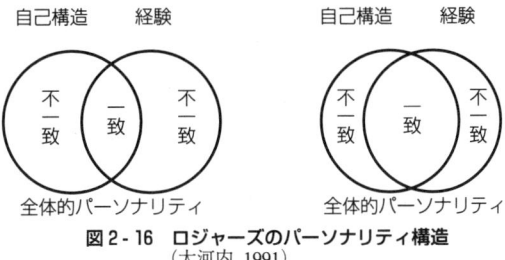

図2-16 ロジャーズのパーソナリティ構造
（大河内, 1991）

表2-8 アイデンティティ地位 （Marcia, J.E., 1966 ; 無藤, 1979を一部改変）

アイデンティティ地位	危　機	傾　倒	概　　略
アイデンティティ達成 (identity achievement)	経験した	している	幼児期からのあり方について確信がなくなり，幾つかの可能性について本気で考えた末，自分自身の解決に達して，それに基づいて行動している。
モラトリアム (moratorium)	その最中	しようとしている	幾つかの選択肢について迷っているところで，その不確かさを克服しようと一生懸命努力している。
早期完了 (foreclosure)	経験していない	している	自分の目標と親の目標との間に不協和がなく，どんな体験も幼児期以来の信念を補強するだけになっている。硬さ（融通のきかなさ）が特徴的である。
アイデンティティ拡散 (identity diffusion)	経験していない	していない	危機前：今まで本当に何者かであった経験がないので，何者かである自分を想像することが不可能である。
	経験した	していない	危機後：全てのことが可能だし，可能なままにしておかれなければならない。

6. 道徳性の発達

(1) 道徳性とは

道徳性は、ひとが社会の一員として生活をしていく上で身につけておくべき重要な資質であるといえる。どんな社会にもしきたりやルールがあり、これに沿わなければ適応的に生活することはむずかしい。このしきたりやルール、社会規範を守ろうとする個々人に内在する心理学的メカニズムを広い意味で道徳性とよび、一般的には、主体的な良心も含めてとらえられている。

(2) 道徳性の発達に関する理論

道徳性は生得的なものではなく、後天的に学習されるものとされる。つまり道徳性は、生まれてから後のいわゆる社会化のプロセスを通じて形成されていく。この形成過程を縦断的にとらえるなら、それを道徳性の発達として考えることができる。

ここでは代表的な道徳性発達の理論として、ピアジェ（Piaget, J.）とコールバーグ（Kohlberg, L.）の理論を順にみていく。両者はいずれも道徳性の自律的側面を強調し、道徳判断という認知的側面を重視している、いわゆる認知的発達理論に位置づけられるものである。

①ピアジェの理論

ピアジェ（1932）は、子どもの道徳性の発達を他律的な道徳判断から自律的な道徳判断への変化ととらえた（表2-9）。道徳的判断をもっていない無道徳の段階から、周囲の大人の判断を絶対視する他律的段階を経て、他者との関係や周囲の状況を考慮しつつ、自分の判断を重視する自律的な段階に移行すると指摘した。他律的道徳判断では、自己中心的な心性によって自分自身は規則を破ったりするが、他者の行為に関しては周囲の大人の判断だけを優先させそれに従う。他者の行為を大人が非難しなければ、その行為は悪くないと考えたり、同じ行為であっても大人が非難すれば悪いことだと言ったりする。しかしながら自律的道徳判断に移行すると、周囲の大人や慣習などを考慮しつつ、自分なりに状況を判断し、自分なりの道徳性を示すことができるようになる。

またピアジェの理論は、結果論から動機論へ、と要約されることも多い。たとえば、母親を喜ばそうとお裁縫のお手伝いをしようとしたが、ハサミをうまく使えず、自分の洋服に大きな穴をあけた場合と、母親の留守中、イタズラ心でハサミを持ち出し、自分の洋服に小さな穴をあけたという2つの状況を子どもに示し、どちらが悪いか、それはどうしてかを尋ねる。小さい子どもは、洋服の穴の大きさを問題とし、ある行為の善悪を行為の結果に基づいて判断するが、年長になるに従い、それにいたった経緯や本人の動機を重視するようになる。つまり道徳的判断は、結果論的判断から動機論的判断に移行することを示している。

②コールバーグの理論

コールバーグ（1963）は、ピアジェの理論を発展させて、3水準6段階からなる道徳性発達段階を示した（表2-10）。コールバーグもまた基本的には、道徳的判断の発達は、他律から自律へと発達するものととらえている。

第Ⅰ水準（前習慣的水準）では、罰や制裁を避け報酬や利益を得ることが善、その逆が悪であるとし、道徳的価値は外的条件に左右される。続く第Ⅱ水準（習慣的水準）では、他者に配慮しその期待に応えてよき個人の役割を果たすことが重要とされ、慣習的な仕方で行動することに方向づけられる。つまり、道徳的価値はよい、または正しい役割を遂行し、形式的な秩序や他者の期待を維持することにある。第Ⅲ水準（自律的水準）では、自ら定めた原則によって道徳的価値判断がなされ、真に自律的な道徳判断が行なわれる。またコールバーグの考えは、発達段階を年齢と直接関連づけて考えていない点に特徴がある。

表 2-9 ピアジェの道徳性発達段階 （内藤, 1982 より作成）

道徳判断の領域	他律的（拘束）道徳性	自律的（協同）道徳性
規則	規則は神聖で，変えることはできない	合法的な手続きで，合意によって規則は変えられる
責任性	行為の善悪は，行為の結果に基づいて判断する	行為の意図・動機によって判断する
善悪と罰の関係	罰せられることが悪いこと	善悪と懲罰とは別もの
内在的正義（善悪と自然との関係）	悪い行為は自然によって罰せられる	自然主義的な因果関係による
応報的正義	応報的観点から判断する（悪い行為には厳しい罰）	分配（平等主義）的観点から判断する
集団的責任	犯人を告げないなど，権威に対して忠実でないときは，集団に罪が及ぶ	集団の連帯のもとに1人の責任を全体がとることもある
平等と権威	権威者による不公平な分配を受けいれる	平等な分配を主張する
義務	権威者による命令	平等や相互的な信頼を裏切らないこと

表 2-10 コールバーグの道徳性発達段階 （内藤, 1992 より作成）

水準		段階	行動
Ⅰ 前習慣的	1	罰と服従の志向	罰や制裁を回避し，権威に対し自己中心的に服従
	2	素朴な道徳的快楽主義	報酬・利益を求め，報われようとして同調する／正義よりも人類平等主義が優先
Ⅱ 習慣的	3	良い関係を維持する「良い子」の道徳	良い子への志向／他者からの是認を求め同調する／多数派への同調
	4	権威維持の道徳／「法と秩序」の志向	罪を犯した結果，法的権威による制裁を避けるために同調する／社会秩序の維持
Ⅲ 自律的	5	人間としての権利と公益の道徳性	社会契約法的な志向／平等の維持，契約（自由で平等な個人同士の一致）への志向／正義は個人的な価値の問題という相対的な態度
	6	良心の個人原理の道徳性	自責の念を避ける／良心と原則への志向／相互の信頼と尊敬への志向

7. 社会性・対人関係の発達

　社会的存在としての人間のさまざまな発達は，他者との関係のなかではじめて生じるものである。対人関係を形成し広げ深めていくことは，子どものあらゆる発達の原点であるといえる。ここでは対人関係のなかで特に親子関係と友人・仲間関係に焦点をあてる。

(1) 親子関係

　子どもが誕生して，はじめて経験する対人関係はほとんどの場合，親子関係である。ボウルビィ（Bowlby, J., 1969）は，ある個人と特定の他者との間に形成される情緒的な絆（affectional tie）を愛着（attachment）とよび，母親をはじめとする愛着対象を求めることが生得的なものであると主張した。子どもは，母親（または主要な養育者）との相互作用を通じて環境内の種々の対象に対する内的な表象（internal working model：IWM）を発達させる。このIWMには愛着対象に対する表象と自己に対する表象が含まれる。そして，母親との関係において形成されたIWMが後のさまざまな対人関係の基礎となる（図2-17）。

　また，子どもと母親との相互作用の質によって，愛着スタイルとよばれる個人差が生じる（表2-11，図2-18）。多くの母子関係の場合は安定した（secure）愛着スタイルが形成されるが，母親が子どもに適切な反応を返さない場合は不安定な（insecure）愛着スタイルが形成されることになる。不安定な愛着スタイルをもつ子どもは，その後の仲間関係の形成においてさまざまな不適応行動を示す。

　さらに，このような愛着スタイルは，成人にも適応され，恋人や配偶者を愛着対象とした多くの研究が行なわれている（戸田，1992；Shaver et al., 1998）。

(2) 友人・仲間関係

　幼少期の親子関係の特質は後の対人関係の特質を規定する側面をもち，社会性発達の基礎となる。しかしながら，子どもの社会性は，親子関係のみによって形成されるのではなく，その後の友人との関係のなかで発達していく。

　幼児期における仲間との接触は，主として遊びという形で生じる。パーテン（Parten, M.B., 1932）は乳幼児保育園の行動観察によって遊びの発達を明らかにした（図2-19）。その結果，他児を見たり声をかけたりするが仲間には入らない「傍観」→「ひとり遊び」→自分だけで他児と同じようなことをする「平行遊び」→同じような活動をしながら会話をかわす「連合遊び」→一定の目的のためにいっしょにする「協同遊び」の順に発達することを明らかにした。遊びを通して，相手を模倣したり，相手の活動に合わせて会話したりするなかで子どもの社会性が発達していくと考えられる。

　児童期になると，子どもの対人関係において，仲間との関係の重要性が増してくる。特に小学校中学年になると，親しい友人どうしで集団を形成し，仲間内だけで通用することばを用いたり，他のグループへの対抗意識を強くもったりするギャング・エイジとよばれる時期を迎える（小林，1968）。学年があがるにつれて，友人選択の理由も物理的なもの（席が近い）から相手の内面に関する理由（尊敬できる）へと変化していく（田中，1975）。

　青年期には自己の内面を打ち明け合うといった，より深い友人関係をもつようになっていく（榎本，1999；本書第5章4節参照）。

　このような仲間との関係のなかで自己と他者との視点の違いに気づき，他者の感情や気持ちを推論し，それに基づいて自分のとるべき行動を決定することができるようになっていく（Selman, R.L. & Byrne, D.F., 1974）。このプロセスが対人関係の発達にとって重要であるが，現代の子どもをとりまく対人環境の希薄化によってうまく仲間関係が取り結べない子どもも増えている（蘭，1992）。

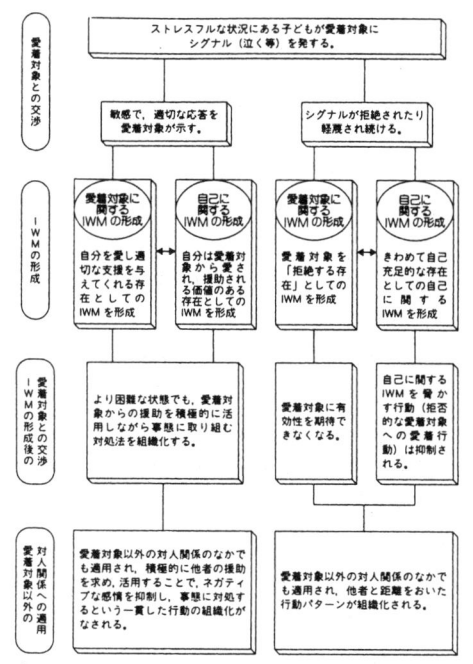

図2-17 インターナル・ワーキング・モデルの形成と発達
（戸田, 1991；田中, 2000）

表2-11 ストレンジ・シチュエーションでの乳児の行動と家庭での母親の養育態度（戸田, 1992；田中, 2000）

A群（回避群：不安定群）
乳児：母親がいなくても探索活動を行なえる。分離時にほとんど泣かない。再会時にも母親を避け、目をそらしたり、顔をそむけたりすることで、母親への歓迎の気持ちを隠す。抱かれても抱きつくことはなく、降ろされても抵抗しない。
母親：子どもに対して、拒否的・強制的で、身体接触を嫌う。子どもが自分の思い通りにならないとイライラしがちで、怒り出すことが多い。

B群（健常群：安定群）
乳児：母親がいっしょならば活発に遊ぶことができる。分離時に多少の不安を示すが、C群ほどは泣かない。再会時には積極的に身体接触を求め、母親によって容易に慰められて、再び探索活動に移ることができる。
母親：子どものシグナルに敏感で、適切に応答している。愛情のこもった抱き方をすることが多く、全般的に受容的で協調的な養育態度をとっている。

C群（アンビバレント群：不安定群）
乳児：母親がいても、母親の周囲でしか遊べない。分離時に強い不安を示し、激しく抵抗する。再会時には身体接触を強く求めるが、同時に母親を叩く、反抗するなどのアンビバレントな感情を示し、なかなか探索活動を再開できない。
母親：A群ほど拒否的・強制的ではないが、B群ほど応答的でもない。微妙なタイミングのセンスに欠け、一貫して肯定的な身体接触を与えることができない。

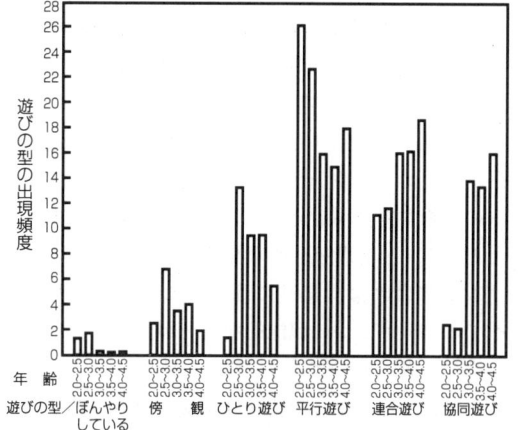

図2-19 乳幼児保育園での遊びの型の年齢変化
（Parten, M.B., 1932；藤崎, 1993）

 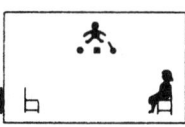  

① 実験者が母子を室内に案内、母親は子どもを抱いて入室。実験者は母親に子どもを降ろす位置を指示して退室。

② 母親は椅子にすわり、子どもはオモチャで遊んでいる。

③ 見知らぬ人が入室。母親と見知らぬ人はそれぞれの椅子にすわる。

④ 1回目の母子分離。母親は退室。見知らぬ人は遊んでいる子どもにやや近づき、働きかける。

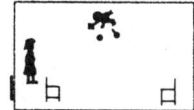   

⑤ 1回目の母子再会。母親が入室。見知らぬ人は退室。

⑥ 2回目の母子分離。母親も退室。子どもはひとり残される。

⑦ 見知らぬ人が入室。子どもをなぐさめる。

⑧ 2回目の母子再会。母親が入室し、見知らぬ人は退室。

図2-18 〈見知らぬ場面〉を用いた愛着の実験（Ainsworth & Bell, 1970；繁多, 1983）

8. パーソナリティの発達

(1) 精神分析学理論における発達

パーソナリティの理論に関しては，さまざまな立場があるが，各理論によってパーソナリティの発達的側面に関する考え方には差異がみられる。なかでも精神分析学理論においては人生における初期の段階に重点を置いている。精神分析学の創始者であるフロイト（Freud, S.）はリビドーとよばれる本能エネルギーを仮定し，性衝動の現われの典型的な発達過程を重要視した。フロイトによれば，性は思春期になってから急に出現するものではなく，さまざまな身体部位から快感を獲得することは生後まもなくから始まるとされる。ステージは，性感帯の優位性によって口愛期，肛門期，男根期，性器期に分けられている（表2-12）。

一方で，エリクソン（Erikson, E.H.）は，フロイトの生物学的発達論を継承しつつ，性的な発達にとどまらず，心理社会的な発達を考察した。エリクソンによれば，発達にはすでに予定があり，すべての部分が1つの機能的な統一体を形成していく際に，各部分ごとにその成長が優位になる時期があり，優位になった要素は環境との接触のなかでそれぞれ危機に直面するとされる。ステージは心理・社会的危機の所産によって8つに区分され，特に自我同一性（アイデンティティ）を重要視している（表2-13）。

その他に精神分析学理論に分類されるのは，対象関係論の立場があり，クライン（Klein, M.），スピッツ（Spitz, R.A.），ボウルビィ（Bowlby, J.）などが独自の理論を展開している。これらの理論に共通しているのは，幼児期初期の母子関係がそのパーソナリティの発達に大きな影響を及ぼすとしている点である。

(2) 学習理論における発達

伝統的学習理論の立場では，人間は環境に受動的に反応する存在であって，パーソナリティの発達は習慣の累積であるにすぎないとされる。その後，学習の理解が単なる刺激－反応の連合としてではなく，認知的変数が重要視されるようになると，学習理論の立場からもパーソナリティの発達が論じられるようになった。

バンデューラ（Bandura, A.）の社会的学習理論によれば，パーソナリティの発達は，行動・環境・認知の相互決定的なプロセスであるとされる。特に，観察学習（モデリング），コンピテンス（自己有能感），自己効力感（self-efficacy）の発達を重視しているところに特徴がある。また，ミッシェル（Mischel, W.）は，認知行動理論の立場から，個人の行動が状況（環境）によって変化することを踏まえ，パーソナリティを相対的に持続する個人変数であるとした。したがって，それらの個人変数（パーソナル・コンストラクトなど）の形成のプロセスこそが，パーソナリティの発達であるとされる。

(3) 現象学的理論における発達

現象学的理論の立場では，物理的に同じ事象であっても，その個人によって主観的に異なって知覚，解釈され，その個々の主観的な経験が個人のパーソナリティをつくり上げていくとされる。現象学的理論の代表であるロジャーズ（Rogers, C.R.）によれば，パーソナリティの発達の重要な過程の1つは自己の発達であるとされる。すなわち，子どもは早期に自分自身について考えるようになり，自己実現の傾向に従って行動するようになり，自己概念に合致しない行動をしだいに拒否するようになるとされている。

以上のようにパーソナリティの発達には，さまざまな理論があるにもかかわらず，実際に子どものパーソナリティの発達の援助を考える際には，表に見えている行動のみに目を向け，それを固定的にとらえてしまいがちである。援助にかかわる者は，この点に十分に留意しなければならない。

表2-12　精神分析的な性格傾向とその特徴　(小此木, 1989)

適・不適型	精神発達段階	性格傾向	性格の特徴
神経症的性格	口愛期	口愛性格傾向	他人の面倒をみたり，気を使い，愛他主義的態度が強い 本質的には依存的な性格
神経症的性格	肛門期	肛門性格傾向	几帳面，けち，頑固，潔癖 強迫神経症の基礎をなす性格
神経症的性格	男根期	男根期 自己愛性格	過大に尊大，自信過剰，自己顕示的，絶えず人より優位に立ち，ときには躁的にさえなるような誇大感をもつ 無意識的には，絶えず去勢不安におびえる
昇華型性格	性器期	性器的性格	エディプス・コンプレックスを完全に通り過ぎたより健康な人がもつ性格 本能的な欲望を適度に社会化された形で解放しながら，内的に安定したパーソナリティの機能を営むことができる性格

表2-13　エリクソンによる個体発達分化に関する理論的図式　(鑪ら, 1984)

段階	心理・社会的危機所産	人格的活力（徳）	重要な対人関係の範囲	社会価値，秩序に関係した要素	心理・社会的行動様式	儀式化の個体発生	心理・性的段階
I	信頼：不信	望み	母および母性的人間	宇宙的秩序	得る，見返りに与える	相互的認知	口唇期
II	自律性：恥，疑惑	意志	両親的人間	"法と秩序"	つかまえ，はなす	善悪の区別	肛門期
III	自主性：罪悪感	目的感	核家族的人間	理想的原型	ものにする（まねる），らしく振舞う（遊ぶ）	演劇的	エディプス期
IV	勤勉性：劣等感	有能感	近隣，学校内の人間	技術的要素	ものを造る（完成する），ものを組み合わせ組み立てる	遂行のルール	潜状期
V	同一性：同一性拡散	忠誠心	仲間グループ，グループ対グループ，リーダーシップのモデル	知的，思想的な将来の展望	自分になり切る（あるいはなれない），他人が自分になり切ることを認め合う	信念の共同一致	青年期
VI	親密性：孤立	愛情	友情における相手意識，異性，競争・協力の相手	いろいろな型の協力と競争	他人の中に自己を見出す，見失う	世代継承的認可	性器期
VII	世代性：停滞性	世話	分業ともち前を生かす家族	教育と伝統の種々相	存在を生む，世話をする	世代継承的認可	性器期
VIII	統合性：絶望	知恵	"人類" "私のようなもの"（自分らしさ）知恵	一貫した存在を通して得られる実存，非実存への直面			性器期

【トピックス2】元気な高齢者はよく眠れる？

　現在では一般に65歳以上を高齢者とよんでいる。日本では平均寿命の延長から，高齢期は余生や付け足しではない新たなライフステージとなっている。65歳以上の人口が占める割合を高齢化率といい，2000年に17％台だった高齢化率は2015年には25.2％にまで急速に進むことが予想されている。このように近い将来，4人に1人が高齢者になると推定される。高齢化は今や世界的な問題となっている。高齢期をいきいきと活動的に過ごすためには，健康であることが不可欠であるという認識は，先進国にも途上国にも共通している。しかしながら，加齢に伴う身体的機能の低下は避けることができない。

　加齢に伴って生じる身体的な変化に睡眠も含まれる。ストレスの多い現代社会では，高齢者に限らず睡眠問題は一般的となりつつあるが，加齢に伴う睡眠問題はさらに深刻である。夜は早くから眠くなり，朝は暗いうちから目が覚めて再度眠ることができない。このような早寝早起きは意図したものであればじつに健康的だが，意図しない極端な早寝早起きは本人にとってはむしろ苦痛となる。いったん寝ついても夜中に何度か目が覚めてしまったり，朝起きても熟眠感が得られないなどの睡眠不満は高齢者には一般的なことと考えられており，これらの睡眠不満は「年のせい」ということで仕方ないものとあきらめるか，睡眠導入剤などを処方してもらうくらいしか対処法が考えられなかった。そのため，睡眠問題は高齢者に一般的にみられる健康問題とかたづけられてきた。しかし単に年のせいとあきらめてしまうのは早計である。

　城田ら（Shirota, A. et al., 2001）は，退職している65歳以上の在宅高齢者を対象に質問紙調査を行ない，社会的自信度や主観的な幸福感の高い高意欲高齢者と低い低意欲高齢者を抽出し，両群のライフスタイルと夜間睡眠を比較した。その結果，日中に趣味のゲートボールや将棋などに熱中している人，あるいは自分で決めた仕事を精力的にこなしている人は睡眠に対する不満が少なく，夜の睡眠効率が高く質の高い睡眠を維持していることがわかった。これらのことから，日中に意欲的に活動することで夜間の快適な睡眠を導くことができると考えられた。ここで注目したいのは，日中に体を動かすことは大切であるが，必ずしも身体的な活動に限らないことである。先にもふれた通り，加齢に伴う身体的な衰弱は避けることができない。たとえ体を動かさなくとも，将棋や囲碁，あるいは読書などといった精神的な活動も夜間の睡眠に貢献すると考えられる。

　老年学の分野では1970年代からサクセスフル・エイジング（幸福な老い）をめざした介入研究が進められている。これは教育や訓練，心理療法，薬物療法などによって，加齢に伴って生じる心身の機能低下や社会的役割の喪失などによって起こってくるストレスを緩和させ，年をとっても低下せず活発になる能力を最大限に生かそうとするものである。精神生理学の分野においても，高齢者の日中生活に介入を試みる研究が始められつつある。高齢者の日常生活に社会的な刺激や，軽い身体活動を長期間取り入れていくことで，夜間の睡眠を改善させるだけでなく，日中の短期記憶課題の成績を向上させたと報告されている（Naylor, E. et al., 2000）。これらの研究から，日中の過ごし方を工夫することで夜間の睡眠を改善し，さらに翌日への活力につなげていく循環を形成することが可能であることがわかる。

　人は生まれたときから死に向かって進んでいる。ふだん生活しているときには気がつかないが，退職や近親者との離別や死別によって喪失体験を経験したときに私たちは老後を考える。年をとることは死に近づくだけではない。与えられた環境の中で，自分ができることを楽しんでやる。それが高齢期をいきいきと過ごす秘訣ではないだろうか。

第3章 パーソナリティ

1. 個人差を理解する

「十人十色」といわれるように、私たちは1人ひとりに個性がある。同じ状況に置かれても、人によって現われる行動に違いが認められる。たとえば、休みの日の過ごし方でも、人づき合いが好きで友人たちと遊びに出かける人もいれば、本を読んだり映画を見たりして1人で静かに時間を過ごすことが好きな人もいる。また、異なる状況でも、その人に特有の行動傾向や態度といった「その人らしさ」が認められる。このように行動や思考に現われる個人差と個人内の一貫性にかかわる概念をパーソナリティという。一般に広く使用されているパーソナリティは、personality（人格），character（性格），temperament（気質）の3側面の総体としての意味をもっている。

(1) パーソナリティとは

パーソナリティは、ラテン語のペルソナ（persona）に由来する語で、はじめは演劇で使用される仮面を意味していたが、しだいに俳優の演じる役割をさすようになり、その役を演じる人の意味をもつようになった。「人格」と訳されるが、人格という表現には「人格者」のように価値観を含んだ意味があるので、訳語ではなく「パーソナリティ」をそのまま用いることが多い。

性格とは"character"の訳語で、個人の行動にみられる一貫性のある安定した感情や意思の発現のことであり、その個人を特徴づける基本的な行動傾向をさしている。気質（temperament）は、刺激への感受性や反応の強度に現われやすく、生物学的過程の関連の深い、遺伝的・生理的な側面を示している。

性格とパーソナリティは、同じ意味として用いられることが多いが、性格が一貫して存在する個人的特徴を強調しているのに対して、パーソナリティは環境への適応機能の全体的特徴を問題としている点で異なる。パーソナリティには、知能や興味、態度、価値観なども含まれ、性格よりも広い概念として用いられている。

パーソナリティの定義をまとめると、①個人の特徴を列記するオムニバス的定義、②個人の行動に秩序を与える統合の機能を重視する定義、③個人の社会生活への適応を強調している定義、④個人の独自性にアクセントをおく定義、⑤個人の本質こそ性格であるとする定義、に分類することができる。こうしたもののなかで、比較的穏健で包括的な定義はオールポート（Allport, G.W., 1961）によるもので、「パーソナリティとは個人のうちにあって、その個人に特徴的な行動や思考を決定する心理物理的体系の力学的体制である」という

ものである。

パーソナリティのとらえ方には、「相手に対する刺激価、あるいは社会的効果としてのパーソナリティ」とする立場と「パーソナリティはその人の内部にあって、その人らしい行動の傾向を生み続けているもの」とみる立場の2つがある。前者は、個人のパーソナリティはその個人にあるのではなく、その個人の発するものを周囲の人がどのようにとらえるかに重点を置いている。この立場に立てば、周囲の人の認知がパーソナリティということになる。しかしそれでは、孤島で一人暮らしをしていたロビンソン・クルーソーにはパーソナリティはないということになる。後者の立場は、その個人に一貫した持続性のある思考や行動傾向があるという立場であり、他者からの評価にさほど重きを置いているわけではない。

(2) パーソナリティをどうとらえてきたか

性格に関する最古の書物は、紀元前3世紀にギリシャのテオフラストスの書いた『エチコイ・カラクテス（人さまざま）』だといわれている。彼は貪欲、猫かぶり、虚栄、臆病、お節介といった性格の人々を描いたとされている。

2世紀にギリシャのガレノスは、優勢となる体液により気質が異なるという体液説を提唱している。体液には、血液・胆汁・黒胆汁・粘液の4種類があるという説に基づき、そのなかでどの体液が優勢になるかで、多血質・胆汁質・ゆううつ質・粘液質の4気質が現われると考えた（表3-1）。気質の4分類は、生物学の進歩により、その後否定されることになるが、4つの気質の名称は、その後も長く使用されることになる。こうした考え方は、その後、類型学へと発展していくことになる。

その後19世紀半ばまでは、観相学や骨相学、筆跡学などが現われてくるものの、パーソナリティ研究はめだった発展をしていない。心理学の初期は、感覚生理学に基づいた実験室研究が行なわれていたために、研究対象が感覚や知覚の領域に関するものが多く、人間全体を対象とするパーソナリティの問題はなかなか取り上げられなかったからである。むしろ、パーソナリティに関心をもっていたのは、精神医学の領域であった。精神疾患により定型的な性格の変化が認められることや、一般の人とかなり性格が異なることが知られていたからである。

パーソナリティの研究は、その初期は分類を目的とした類型論に関するものが多くなされた。やがてパーソナリティを記述するにはどの程度の特性があれば十分であるかという特性論的なアプローチが行なわれるようになり、統計手法の裏づけを得て大きく発展することになる。研究者により抽出された因子数は異なっていたが、現在は、ビッグ・ファイブといわれる5因子論に集約されつつある。この他、パーソナリティがどのような構造をしているのかについては、精神力動論や人間学的心理学、場の理論、学習論といったさまざまな領域からのアプローチがなされている。おのおのの立場からのパーソナリティ理論を表3-2にまとめてある。

パーソナリティ研究は、パーソナリティ理論や構造の解明にとどまらず、パーソナリティの形成要因の解明、パーソナリティの評価法、パーソナリティと環境との力動的相互作用の解明をめざして行なわれてきた。近年は、脳科学の進歩に伴い、脳内物質との関係やパーソナリティに関連する脳部位の特定といった脳生理学的なアプローチも行なわれるようになってきている。

パーソナリティを研究することは、その個人の示す行動や思考の特徴を説明することだけではない。刺激と行動との関係だけでは説明することがむずかしかった現象を、パーソナリティを媒介要因とすることによって、それまで以上に説明することができるようになり、正確な行動予測につながるからである。

表3-1 ガレノスの4体液説

体液	気質	性格特徴
血液	多血質	快活，明朗，気が変わりやすい，深みがない，世話好き
胆汁	胆汁質	せっかち，短気，積極的，意志が強い，興奮しやすい
黒胆汁	ゆううつ質	用心深い，苦労性，消極的，敏感，無口，悲観的，気が重い
粘液	粘液質	冷静，冷淡，勤勉，感情の変化が少ない，沈着，粘り強い

表3-2 パーソナリティの諸理論と分類 (蘭, 1990)

分類	それぞれの理論
体質や情緒，価値観といったような一般特性に注目し，多くの人間行動の中から共通性を把握し，パターン化することでパーソナリティを理解しようとする立場	・類型論 　クレッチマーの体型論 　シェルドンの体質類型 　シュプランガーの価値類型 　ユングの向性類型 ・特性論（因子論） 　ギルフォードの10因子説 　キャッテルの16因子説 　矢田部・ギルフォードの12因子説 　アイゼンクの階層論
パーソナリティを学習によって形成されたものとして理解しようとする立場	・学習理論 　ミラー・ダラード・マウラーの不安獲得説 　シアーズの養育学習説 　ロッターの社会的学習理論 ・モデリング論 　バンデューラのモデリング（観察学習論）
役割や場など，社会的状況に影響される思考や行動としてパーソナリティを理解しようとする立場	・役割理論 　リントンの文化型の総体論 　サービンの相互作用説 ・場理論 　レヴィンの場理論
自我や自己の発達からパーソナリティの構造や形成を理解しようとする立場	・精神分析論 　フロイトの自我理論 　フロム・ホーナイのネオフロイト理論 　エリクソンの自我同一性理論 　クラインの対象関係論 ・人間学的心理学 　ロジャーズの現象的自己理論 　マスローの自己実現論

2．パーソナリティの諸理論

（1）類型論

　類型論とは，人間をユニークな全体的存在としてとらえ，ある視点から設定した典型的な性格像をもとに多様な性格を分類しようとするものである。人間をこれ以上分けることのできない全体的存在としてとらえることから，性格の理解が直感的で容易にできるという利点がある。

　性格研究は，性格類型の研究に始まり，その歴史はギリシャ時代のガレノスにまでさかのぼることができる。その後20世紀になると，ドイツを中心とするヨーロッパで活発に研究が進められることになる。類型論の代表的な理論に，クレッチマー（Kretschmer, E.）の体型論，ユング（Jung, C. G.）の向性類型，シュプランガー（Spranger, E.）の価値類型（表3-3）がある。

①クレッチマーの体型論

　クレッチマー（Kretschmer, E., 1955）は臨床経験から，精神病と体型には関連があることを見いだした。正常な人たちにも，統合失調症（精神分裂病）や躁うつ病，てんかんの患者にみられる行動や性格と関連する特徴を有するとして，分裂気質，躁うつ気質，粘着気質という3類型を考えた（図3-1）。

　分裂気質は細身の体型をしており，非社交的であり，自分だけの世界に閉じこもろうとする傾向が強い。そのなかで過敏傾向をもつ人は，外界からの刺激を避け，自分だけの内的世界に浸ろうとする傾向をもつ。一方，鈍感なタイプが示す内閉性は，周囲に対する情緒の共鳴に欠けていることによるもので，周囲のものに興味を示したり心を動かされたりすることは少ない。分裂気質の人の交際は表面的で，相手と深くかかわろうとしないし，自分にかかわられることも嫌う。

　躁うつ気質は肥満体型をしており，一般に社交的で，分裂気質とは反対である。周囲の雰囲気にとけ込むことができ，現実の環境に融合し適応することができる。躁うつ気質は，活発で社交的な軽躁型と物静かで穏やかな抑うつ型に分けることができる。

　粘着気質は筋肉質の闘士型の体型をしており，1つのことに集中しやすく，几帳面で凝り性である。粘り強くてやり始めたことは最後までやり通すまじめな人である。ものごとを固苦しく考えてしまい，融通が利かない。不正や不正直を嫌い，正義感が強いという特徴がある。

②ユングの向性類型

　ユング（Jung, C. G., 1967）は外向型と内向型による分類を行なっている（表3-4）。心的エネルギーが主として外に向かい，外部の刺激に影響されやすい人を外向型とよび，心的エネルギーが内面に向かい，自分に関心を向けやすい傾向をもつ人を内向型とよんでいる。向性は年齢によっても変化し，子どものときは外向型であっても，思春期前後は内向的になり，青年期を終えるとまた外向的になりやすいといわれている。

③類型論への批判

　人の性格を類型という枠組みでとらえるため，人の性格を理解しやすくなるが以下の欠点もある。

・多様な性格を少数の類型に分けるため，中間型や移行型が無視されやすい。
・類型に固有な面のみが強調され，個人の他の面が無視されることがある。これがステレオタイプ的な見方や偏見につながることもある。
・性格を固定的にとらえすぎてしまい，性格の形成や環境との相互作用といった力動的な面からとらえにくい。

（2）特性論

　性格を基本的な単位である特性に分け，その個人がその特性をどの程度有しているかという量的に記述しようとするものが特性論である。個人差は特性の量的な違いとしてとらえ，質的な問題ではないと考える立場である。

表3-3 シュプランガーの興味をもとにした価値類型

類型	心理的特徴
経済型	すべての物事を経済的観点から見て，利用性に従って判断する。生活の目的は財産の獲得である。
理論型	物事を客観的に冷静に眺め，知識の体系に価値を見いだす。現実の問題に対しては無力で実生活には適応しにくい。
審美型	現実の生活には関心を示さず，最高の感覚的事実である美に人生本来の価値を見いだす。印象派と感覚派が区別される。
宗教型	聖なるものの救いと恵みを感じ，絶対的生命を肯定しようとする。内在的神秘家と超越的神秘家がある。
権力型	権力の獲得に向かって努力する。他人を支配し命令することを欲する。
社会型	他人や社会一般の福祉の増進に興味をもつ。他人を愛し進歩せしめることに最高の価値をおいている。

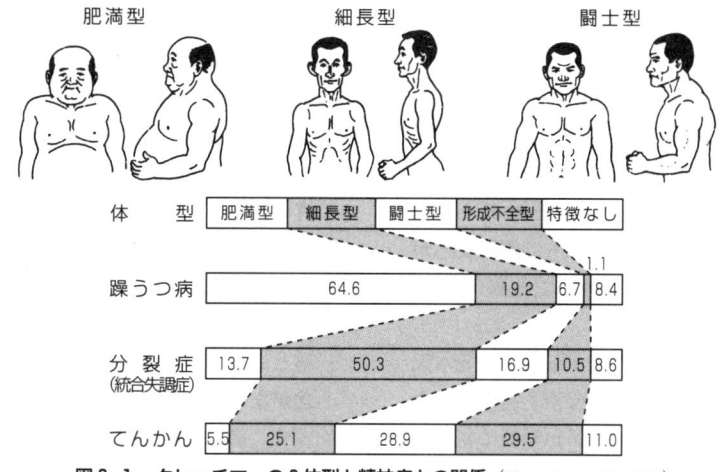

肥満型　　　細長型　　　闘士型

体型	肥満型	細長型	闘士型	形成不全型	特徴なし
躁うつ病	64.6	19.2	6.7	1.1	8.4
分裂症(統合失調症)	13.7	50.3	16.9	10.5	8.6
てんかん	5.5	25.1	28.9	29.5	11.0

図3-1　クレッチマーの3体型と精神病との関係（Kretschmer, E., 1955）

表3-4　ユングの外向型・内向型分類（Jung, C.G., 1967；林，1987）

	外向型	内向型
感情的側面	情緒の表出が自由で活発 気分の流動が早い あっさりしていてあきらめも早い 陽気で心配することが少ない	感情の表出は控えめ 気分の変化は少ない 気むずかしい 内気で心配しがちである
意志的側面	精力的で独立心が強く，指導力がある 決断が早く実行力も旺盛である 慎重に考慮しないで着手し，失敗することがある 飽きやすく気持ちが変わりやすい 新しい状況に対する適応は早い	自分が先に立って行うより，他人に従うことが多い 思慮深いが実行力は乏しい やり始めたことは良心的に粘り強く行う 凝り性 新しい事態への適応には時間がかかる 他人との関わりが少ない仕事を好む
思想的側面	常識的で奇をてらうようなことがない 概して折衷的である 他人の考えをよいと思えば抵抗なく受け入れる	物事に対して懐疑的，批判的である 理論的分析に長じている 自説を固辞し，ときに些細なことにこだわり大局を見失う
社会的側面	広い範囲の人と交際する 流ちょうな話し方と巧みな機知を持って明るく，楽しく談笑することを好む 他人におだてられたり，だまされたりすることもある	交友範囲は狭い 多くの人と気軽につきあうことが不得意である おとなしいが自分に対する他人の意見や批判には敏感で，感情を傷つけられやすい

①キャッテルの特性論

キャッテル（Cattell, R.B., 1965）は，特性の抽出を生活史，自己評定，客観テストという3つの方法を用いて行なっている。まず特性要素のリストを作成し，それらをもとに成人男子を対象として行動等の相互評定を行なわせることで，12の根源特性を抽出している（表3-5）。その後，4つの因子（急進性－保守性，自己充足性－集団依存性，高い自己一貫性－低い自己一貫性，エルグ緊張－エルグ弛緩）を加えた16の根源特性を示している。

②アイゼンクの特性論

アイゼンク（Eysenck, H.J., 1960）は性格の階層的構造を考え，特性のレベルよりも抽象化された類型（タイプ）の次元をもとに，その下に特性，特性の下に習慣反応，さらにその下に個別反応があるという4つの階層構造を考えている（図3-2，表3-6）。

健常者ならびに神経症の研究から2つの基本因子を抽出し，内向性－外向性の因子，神経症傾向の因子と名づけた。この基本因子が類型に相当する。その後精神病質傾向を基本次元に加えている。

③5因子論（ビッグ・ファイブ）

近年，特性次元が5つに集約できるとする研究が数多くなされ，5因子論（またはビッグ・ファイブ）とよばれている。性格表現語の分類を行なった研究によると，くり返し5因子構造が見いだされることから，パーソナリティを包括的に理解するための基本次元は5因子であると考えられるようになった。現在もっともよく用いられている尺度が，ネオ人格目録改訂版（NEO-PI-R）である（Costa, P.T. & McCrae, R.R., 1992）。神経症傾向，外向性，経験への開放性，調和性，誠実性という5つの因子から構成されている。これら5因子（ドメイン）にそれぞれ6つの下位次元（ファセット）が含まれ，30のパーソナリティ特性から，個人を評価することができる（表3-7）。

④特性論の問題点

個人を量的に比較しようとする特性論には，以下の問題点が指摘されている。

・個々の特性が性格すべてを網羅しているのか。
・研究者によって用いる資料が異なることから，抽出される因子（特性）が異なる。
・特性のプロフィールは断片的であり，個人の全体像を明らかにしていない。
・量的な比較では，個人にユニークな特性を無視してしまう危険性がある。

■（3）学習理論によるパーソナリティ

学習理論の立場によるパーソナリティ観は，環境がパーソナリティの形成と維持，変容に影響していると考えている。徹底的行動主義では，仮説構成体あるいは内部に存在するものとしてのパーソナリティを仮定せず，強化（条件づけ）の結果として自発される行動の総体をパーソナリティと考えている（Skinner, B.F., 1974）。人を白紙の状態とみなし，成育の過程において，どのような強化がなされ，どのような習慣が形成されたかによって，個人の性格が異なると考えている。たとえば，過保護で支配的な親のもとで育つ場合には，親の指示に従う行動は強化され，自発的な行動は強化されないか罰が与えられることになる。その結果，子どもの自発的な行動が少なくなり，親の指示を待つ指示待ち人間になりやすくなる。

バンデューラ（Bandura, A., 1985）の社会的学習理論では，モデリング（模倣学習）により行動が形成されるとしている。モデリングでは，直接的な強化は必要ではなく，モデルへの代理強化や自己強化によって行動を獲得していく。人の社会的行動は，両親やきょうだいをモデルとしてモデリングが行なわれることが多い。バンデューラは，個人要因のなかで自己効力を重視し，そのなかでも適切な行動ができるかという効力予期が積極的な生活を送ることにつながりやすいと指摘している（第8章7節参照）。

2. パーソナリティの諸理論

表3-5 キャッテルの12特性（Cattell, R.B., 1965；斉藤ら, 1981）

因　子	性　格
躁うつ気質－分裂気質	クレッチマーの類型とほぼ同じ
一般的精神能力－知能欠如	聡明さ，思慮深さ，教養の高さと愚かさ，無反省，粗野を両極とする一般知能因子
情緒安定性－神経症的情緒不安定性	情緒が安定した現実的生活態度と，不平が多く未成熟な神経症的傾向を両極とする因子
支配性・優越性－服従性	自己主張的，自信にあふれ高慢で他罰的な傾向と，服従的で遠慮がち，自信に乏しく内罰的な傾向を両極とする因子
高潮性－退潮性	快活，社交的，精力的，ウィットに富む傾向と，抑うつ的，悲観的，隠遁者的な鈍重さを持つ傾向を両極とする因子
積極的性格－消極的性格	決断的で責任をとる態度と，移り気で軽薄で不真面目な態度を両極とする因子
冒険的躁うつ性気質－退嬰的分裂性気質	冒険的で親切，異性に関心を持ち，率直で衝動的な傾向と，はにかみやで冷淡，異性に関心が少なく，秘密主義で抑制的な傾向を両極とする因子
敏感で小児的・空想的な情緒性－成熟した強い安定性	落ち着きがなく，依存的で，空想的な傾向と，情緒的に安定し，独立心があって，空想などによって影響されない傾向を両極とする因子
社会的に洗練された教養のある精神－粗野	知的教養，洗練された感じ，芸術的趣味と，無反省，偏狭，無作法，無教養を両極とする因子
信心深い躁うつ性気質－偏執病	信じやすく，物わかりのいい傾向と，疑い深く，嫉妬深い傾向を両極とする因子
ボヘミアン風の無頓着さ－月並みの現実主義	型破りで，想像力にとむがあてにならない傾向と，平凡で，面白みはないが手堅い傾向を両極とする因子
如才なさ－単純さ	洗練された緻密さと，気の利かない，とりとめのなさを両極とする因子

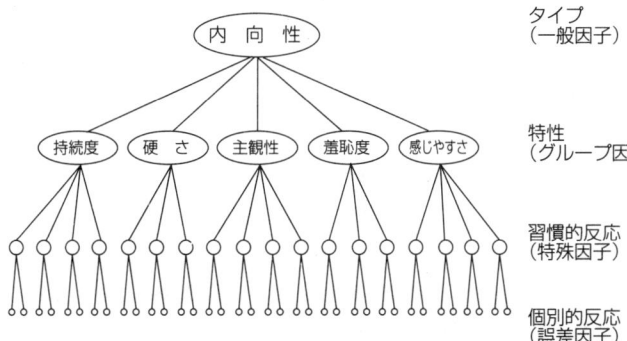

図3-2 アイゼンクの階層構造（Eysenck, H.J., 1960）

表3-6 アイゼンクの類型と特性（Eysenck, H.J., 1960）

類型	特性
内向性	持続性・堅さ・主観性・羞恥心・易感性
外向性	活動性・社交性・冒険性・衝動性・表出性・反省の欠如・責任感の欠如
神経症傾向	自尊心の低さ・不幸感・強迫性・自律性の欠如・心気性・罪悪感

表3-7 NEO-PI-Rの特性次元と下位次元（Costa, P.T.Jr. & McCrae, R.R., 1992）

次元(ドメイン)	下位次元（ファセット）
神経症傾向	不安，敵意，抑うつ，自意識，衝動性，傷つきやすさ
外向性	暖かさ，群居性，断行性，活動性，刺激希求性，よい感情
経験への開放性	空想，審美性，感情，行為，アイデア，価値
調和性	信頼，実直さ，利他性，応諾，慎み深さ，やさしさ
誠実性	コンピテンス，秩序，良心性，達成追求，自己鍛練，慎重さ

3．パーソナリティの理解

　パーソナリティをどのように評価し，理解することができるだろうか。ここではもっとも基本的でよく利用される5つの方法についてふれる。

（1）観察法

　観察法とは，いろいろな条件下で個人の性格をありのまま観察して記録する方法である。観察法には，条件を決めることなく自然な状態で比較的自由に行なう自然的観察法と，特定の側面に着目し，特定の場面や状況を設定して行動の変化を調べようとする実験的観察法がある。

　個人の行動様式を明らかにすることができる手法であるが，観察者の主観が入りやすいので，気をつけなければならない。観察の視点や項目などをあらかじめ設定し，複数の観察者が観察を行なうなど，客観性や信頼性を高める工夫が必要である。

（2）面接法

　性格を理解するもっとも基本的な方法が面接法だといわれている。面接法では，他の方法では得られない豊富なデータを得ることができ，個人を全体的に把握することができる。面接の仕方によっては，被面接者も気づいていない側面や言語化できない内容も類推することができるという特徴がある。

　面接には自由面接と構造化面接とがある。自由面接では，面接者と被面接者が比較的自由な関係のなかで面接を行なうため，予想されなかった回答を引き出すことも可能である。構造化面接では，あらかじめ質問項目を準備し，それに従って面接を進めるというものである。誰に対しても同じように面接を行なうことができるという利点がある。

　面接に際して，面接者は被面接者との間に信頼関係（ラポール）を形成できなければ，被面接者から十分な回答を引き出すことはできない。そのためには，堅苦しい雰囲気を避け，被面接者の興味や親しみのもてる話題から入ることが大切である。また，被面接者の発言に対しては受容的態度で接することも忘れてはいけない。相手の発言だけではなく，態度や表情，話し方にも注意を向けることで，全体的な理解が可能となる。しかし，面接者の経験や洞察力に依存するところが大きく，性格の理解がどこまで客観的で信頼できるものかという点には疑問が残る。

（3）質問紙法

　質問紙法は，パーソナリティ検査のなかでもっとも種類が多く，よく用いられている方法である。被検査者に多くの質問項目を示し，それについて自分の内省にあてはまる箇所にチェックを入れて回答させる方法である。質問紙法は，性格の基本となるものは比較的安定しており，その現われ方は個人により異なるものの，基本的な特性は共通しているという考えに基づいている。

　質問紙は，構成や目的から3つに分けることができる。第1が，重要であると思われる人格特性を測定するために，先験的方法に基づいて作成された検査で，EPPS（Edwards Personal Preference Schedule）やタイプA-B質問紙（Jenkins Activity Survey），VPI（職業興味検査）などがある。第2に，因子分析によって抽出された基本的人格特性を尺度とするもので，Y-G（矢田部・ギルフォード）性格検査（図3-3，表3-8），アイゼンク人格質問紙（EPQ），16人格因子質問紙などがある。第3に，臨床的な診断などから経験的に得られた基準に基づいて作成された検査で，ミネソタ多面的人格目録（MMPI），RS（Repressor Sensitizer）尺度，顕在性不安尺度（MAS），CMI（Cornel Medical Index）などがある。質問紙の測定対象を表3-9に示した。

　質問紙は応用範囲が広く実施も簡単である。一度に多くの人に対して実施することができ，集計も容易であるという利点がある。しかし，自己評定であるために，社会的に望ましいと思われる自

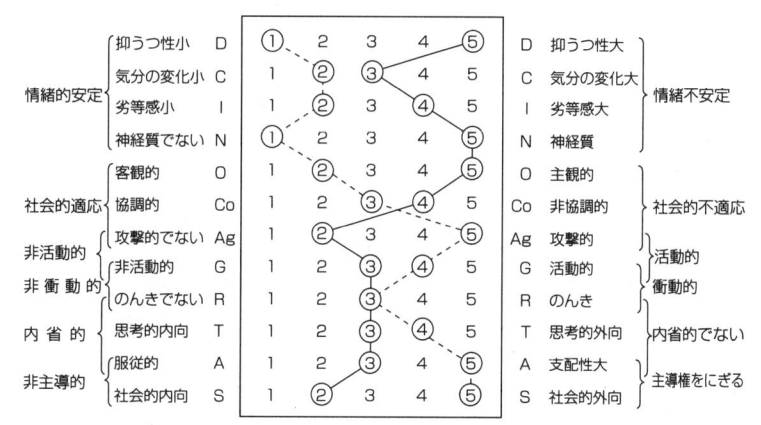

図 3-3　矢田部・ギルフォード（Y-G）性格検査の因子と得点プロフィール
12の因子から構成され，得点プロフィールから表 3-8 にあるように 5 つの類型に分けることができる。

表 3-8　Y-G性格検査の類型と心理的特徴

類　型	心理的特徴
A（平均）型	全体的調和がとれており，臨床的には特に問題ない
B（不安定積極）型	情緒不安定，社会的不適応，活動的，性格の不均衡が外に出やすい
C（安定消極）型	大人しい，消極的だが安定している。内向的
D（安定積極）型	情緒が安定しており，社会適応もよい。活動的で対人関係もよい
E（不安定消極）型	情緒不安定，社会的不適応，非活動的，内向的，神経症的傾向がある

表 3-9　代表的な質問紙（尺度）とその使用目的

質　問　紙	測　定　の　目　的
EPPS	達成や親和，支配といった15の欲求を測定
タイプA-B質問紙	攻撃性や敵意，時間切迫感といったタイプA行動特性の測定
職業興味検査（VPI）	現実的，研究的，社会的，慣習的，企業的，芸術的の6領域の興味を測定
アイゼンク人格質問紙（EPQ）	外向性，神経症傾向，精神病的傾向を測定
16人格因子質問紙	キャッテルの16人格を測定
ミネソタ多面的人格目録（MMPI）	精神病患者と正常者を判別するために作成されたもので，一般的健康や性的態度など26領域を測定
RS尺度	対処スタイルとしての感作(sensitization)と抑圧（repression）傾向を測定
顕在性不安尺度（MAS）	不安を測定する代表的なテスト
特性－状態不安尺度（STAI）	不安を特性不安（不安になりやすさ）と状態不安（現在の不安状態）に分けて測定
ベック抑うつ尺度（BDI）	抑うつ状態を測定する代表的尺度
CMI健康調査票	MMPIよりも臨床的色彩の強い尺度で，身体的自覚症状12尺度と精神的自覚症状6尺度からなる

己像や理想の自己像を答えてしまうというように，意識的・無意識的に回答の歪みが入るという危険性がある。また，被検査者によっては，質問項目の意味を異なって解釈したり十分に理解できなかったりするという問題がある。

(4) 作業検査法

作業検査法は，被検査者が一定の作業を行ない，その作業結果を基に性格を測定しようとするものである。意志の緊張，興奮，慣れ，練習効果，疲労，混乱，欲求不満などがパーソナリティを反映するということが前提となっている。質問紙法と比べて，被検査者が何を測定されているのかがわかりにくく，意図的に回答を歪めることがむずかしいのが特徴である。実施も比較的容易であり，同時に多くの人に実施することが可能である。しかし，結果の集計や判定にはかなりの手間がかかる。また，検査で得られたものが，パーソナリティのどの側面を表わしているのかについての十分な検討が行なわれていないという批判もある。

代表的な検査に，意志・注意的側面に関する検査である内田クレペリン精神作業検査（図3-4）や認知的側面に関する検査であるゲシュタルト完成検査，埋没図形検査がある。

(5) 投影法

比較的あいまいで文化的様式に影響されにくい刺激を与えて，自由な反応を引き出すことで個人の性格を測定しようとするものが投影法である。刺激に対する反応が心の反映だとみなすことから，この名がつけられている。

曖昧な刺激に対する反応であるため，被検査者は何を測定されているのか，正しい反応は何であるのかがわかりにくい。そのため反応の歪みが生じにくいという利点がある。しかし，結果の判定をするためには，かなりの訓練や熟練が必要であり，判定者の主観が入りやすいという問題がある。検査の理論的根拠も十分でないという問題も指摘されている。このように検査としての信頼性と妥当性については検討の余地が残されている。また，検査の多くが個別的に行なわれることから，検査の実施と結果の集計にはかなりの時間がかかり，大勢の人に実施することには適さない。

投影法には，測定手段の上で以下のように分けられている。第1に，非言語的な視覚刺激を用いる検査で，ロールシャッハ・テスト（図3-5），TAT（主題統覚検査：図3-6），CAT（児童用TAT）などがある。第2に言語刺激を用いた検査で，SCT（文章完成テスト），PFスタディ（絵画欲求不満テスト：図3-7）などがある。第3に表現を用いる検査で，HTPテスト，バウム・テスト（図3-8），風景構成法がある。第4に心理療法としての性格の強い投影法で，フィンガー・ペインティング法，サイコ・ドラマ（心理劇），箱庭療法がある。

非常によく用いられる検査であるロールシャッハ・テストは，左右対称のインクのシミでできた10枚の図版に対して，それらが何に見えるのか，何のように思われるのかを答えてもらう検査である。反応は，①反応領域（どこに対してなされたのか。全体・部分・異常部分・空白），②反応決定因（何によって決定づけられたか。形態・運動・陰影・色彩），③反応内容（人間・動物・植物・芸術など），④反応の質（平凡・独創），という4つの観点から分類され，得点化される。

TATは，被検査者と同性，同年輩の人物の描かれている20枚からなるTAT図版を呈示して，空想的な物語をつくらせるというものである。絵を被検査者に呈示し，この絵にはどんな事柄が描かれているのか，なぜ絵に描かれているようなことが起こったのか，この人は今何をしようとしているのか，そしてその後どうなったのか，について自由に思いつくまま答えてもらうという方法をとる。回答の内容から，主人公の欲求，主人公への圧力，主人公の内的状態，解決行動の様式，行動の結末，という観点から評価が行なわれている。

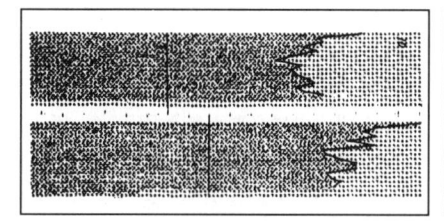

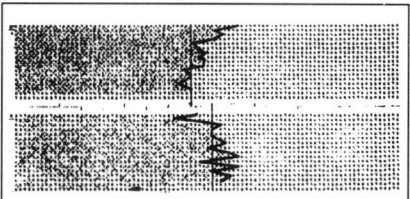

図3-4　内田クレペリン精神作業検査のプロフィール
1桁の数字を連続加算させたときの作業量のプロフィールを描いたもので，左図が定型曲線，右図が否定型曲線の例である。

図3-5　ロールシャッハ図版（見本）

図3-6　TAT図版

PFスタディは，日常生活における欲求不満状況を示す絵（左図）を用い，これに対する答えから，攻撃の向けられている方向と反応の型を分類する。

・攻撃反応の方向
　外罰方向（E）：攻撃を人や物，状況に向ける
　内罰方向（I）：自分自身に攻撃が向けられる
　無罰方向（M）：欲求不満を制御して攻撃を避ける

・反応の型
　障害優位型（O-D）：欲求不満を引き起こした障害をはっきり述べている
　自己防御型（E-D）：自我を強調している
　欲求固執型（N-P）：欲求不満をあくまでも解決しようとする

図3-7　PFスタディの例と反応分類

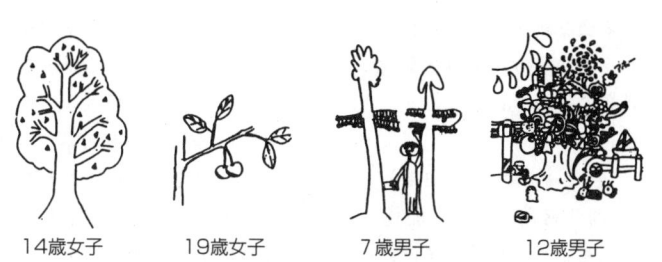

14歳女子　　19歳女子　　7歳男子　　12歳男子

図3-8　バウム・テストの描画例（蘭, 1990）

4. 知　能

知能とは人間の認知・知的能力を示すために用いられる言葉であり，一般には「頭の働き」「かしこさ」などの言葉に置きかえることができるだろう。では，「頭の働き」や「かしこさ」とは何をさしているのだろうか。何を基準に「かしこい」といえるのだろうか。

(1) 知能とは何か

知能の定義は研究者により異なり，①知能を環境に対する適応力ととらえる立場，②知的活動全般をさす学習能力ととらえる立場，③高度な抽象的思考能力をさすと考える立場，の3つにまとめることができる。いずれの定義も一長一短があり，どれが望ましいかを決めることはむずかしい。すべての人を納得させるだけの科学的な定義がなされているわけではない。現在では，むしろ，知能の構造から知能の本質を明らかにすることに重点が置かれている。

本節では，代表的な知能研究を示しながら，知能という概念がどのように考えられているのかをみていくことにする。

(2) 知能の因子構造

初期の知能研究では，知能とは何かを明らかにするために，因子分析という統計的手法が用いられた。これらの研究では，知能をとらえるのに適切だと考えられるさまざまな検査を実施し，検査成績間の関連性から抽出された共通成分を知能の基本的な構成要素とみなしている。これを知能の因子とよんでいる。多種多様な検査を，必要かつ最少の因子に集約することで知能の本質的な構造を明らかにすることが研究の目的である。

①スピアマンの2因子説

スピアマン（Spearman, C.E., 1927）は，知能と深い関係があると考えられる感覚，思考，記憶，態度，心的速度，運動，注意などの94種の検査を実施し，知能の因子を抽出している。その結果，すべての検査を解くために必要な能力をあらわす一般知能因子（g因子）を抽出し，これが知能の主要な成分であると考えた。さらにそれぞれの課題を解くのに必要な特殊因子（s因子）があるとし，図3-9に示すように，知能は一般知能因子といくつかの特殊因子からなるとする知能の2因子説を唱えた。

②サーストンの多因子説

サーストン（Thurstone, L.L., 1938）は，スピアマンが一般知能因子を重視することに異を唱え，知能はいくつかの基本的な能力から構成されるという多因子説を唱えた。図3-10に示すように，サーストンは，いくつかの因子に共通する因子の存在は認めているが，すべての検査に共通する一般知能因子を設けることは適切ではないとしている。57種の検査を用いて収集した資料の因子分析とそれに基づく検査の精製，再検査を何度もくり返すことで，最終的に，「計数」「語の流暢性」「言語理解」「記憶」「推理」「空間関係」「知覚の速さ」の7つの因子を同定し，これを基本的精神能力と名づけている。表3-10はこれらの7つの因子を代表する検査項目の一部を示したものである。サーストンは，ある課題を解くためには，基本的精神能力因子のうちのいくつかが必要であり，その組み合わせに応じて特定の課題を解くための活動が規定されると考えた。

③ギルフォードの知能構造モデル

多因子説は，ギルフォード（Guilford, J.P., 1967）によって，より構造的なモデルへと発展した。因子分析による研究では，分析対象とする検査でとらえきれない能力については因子として抽出しえないという限界がある。これに対してギルフォードは，無秩序に知能因子を抽出するのではなく，まず知能構造をあらわす理論モデルを提案し，そのモデルを出発点に検査を考案し，因子分析的研究を行なうことで，モデルに示した知能因子の存在を確かめようとした。

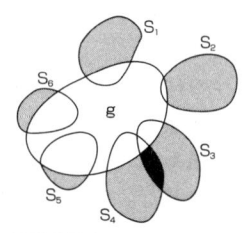

図3-9 知能の2因子説（Spearman, G.E., 1927；村田, 1987）
知能は，一般知能因子（g）と各知的活動特有の特殊因子（s）からなる。一般知能因子が知能の主要な成分である。

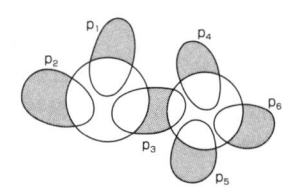

図3-10 知能の多因子説（Thurstone, L.L. & Thurstone, T.G., 1941；村田, 1987）
知能は，いくつかの基本的知能因子（p）から構成されている。複数の基本的知能因子に共通する因子は存在するが，すべての基本的知能因子に共通する一般知能因子は存在しない。

表3-10 サーストンの7つの基本的精神能力因子（Thurstone, L.L. & Thurstone, T.G., 1941；村田, 1987）

因子名	因子の特徴	検査項目の例
計　数	簡単な計算を迅速正確に行うことに関係する因子	下の数列の中から，右隣の数が左の数より3だけ多いものを見つけて○で囲みなさい。 15　19　21　26　29　22　25　5　8　7　11　4
語の流暢性	話したり書いたりするための基本能力に関する因子	tionでおわる語をできるだけたくさん書きなさい。
言語理解	言語理解に共通する因子	左端の語と同義の語に下線を引きなさい。 FRANK－popular　queer　brutal　open
記　憶	機械的で簡単なことの保持・再生に関係する因子	下にファースト・ネームとラスト・ネームが組にして書いてある。あとでラスト・ネームをきいてファースト・ネームが思い出せるよう，よくおぼえておきなさい。 　　ファースト・ネーム　　　ラスト・ネーム 　　　　Mary　　　　　　　　Brown 　　　　John　　　　　　　　Davis
推　理	複雑な問題を解き，経験を活かして新しい活動を計画するための因子	つぎの4つの綴りのうち，3つが，ある面で相互に似ています。似ている3つを○で囲みなさい。 　　XURM　　ABCD　　MNOP　　EFGH
空間関係	事物の大きさと空間関係を知覚することに関係する因子	左端の図と同じものを○で囲みなさい。うらがえしのものは囲んではいけません。
知覚の速さ	一対の対象を速く発見することに関係する因子	どのくらい速く異同の認識ができるかみてみよう。下の1列4個の絵の中で，まったく同じ2つの絵に丸印をつけなさい。

ギルフォードは，図3-11に示したように，「種類」「操作」「所産」の3つの軸からなる立方体の知能構造モデルを提唱した。「種類」は4つの材料，「操作」は5つの思考，「所産」は6つの概念からそれぞれ構成されており，4×5×6の組み合わせによってできる120個の構成単位が知能因子にあたる。ギルフォードのモデルは，どんな知能因子がありうるかを示唆する発見的機能を備えている点に特徴がある。

(3) 研究法の多様化と新しい知能観

1960年代以降，因子分析による研究以外にもさまざまなアプローチによる知能研究が進展し，知能の研究法は近年かなり多様化している。特に，認知心理学的立場からは，人間が知的活動を行なう際の情報の処理の仕方やそこで働く心的操作など，「過程としての知能」が検討され，知能研究に新たな展開をもたらしている。

東（1989）は多様化した知能の研究法を表3-11に示す5つに分類し，これらのアプローチは相互に相補的なものであると述べている。現在の知能研究では，複数のアプローチにおける知見を統合することで，因子分析による研究から示された「伝統的な知能観」にかわる「新しい知能観」が模索されている。

スターンバーグ（Sternberg, R.J., 1985）は，従来の知能の諸理論は限られた側面しか扱っていないという点で不完全であるとし，より完全な理論体系として知能の3部理論を提唱した。この理論では，①「人が考えるとき頭の中で何がおこっているか」に着目する構成要素的理論，②「経験が知能に，知能が経験にどう影響するか」に着目する経験的理論，③「外的環境と個人の知能との関係」に着目する文脈理論，という3つの下位理論をもとに知能をとらえる必要性が論じられている。知能が現実生活でどのように働くかに着眼し，経験や文脈の役割を重視している点が特徴である。

(4) 知能の生涯発達

子どもが日々「かしこく」なっていくようすに目を見張ったり，記憶力の衰えから老化を実感したりすることがある。そうかと思えば，高齢者の知恵やユーモアに富んだ話に感心させられることもある。知能は生涯においてどのように変化するのであろうか。

ホーンとキャッテル（Horn, J.L. & Cattell, R.B., 1966, 1967）は，年齢の上昇に伴い知能がどのように変化するかについて，流動性知能と結晶性知能という2つの知能区分を用いて論じている。流動性知能とは，情報を知覚し操作する能力であり，記憶や計算，推理・推論，関係性の把握といった能力の集合体である。結晶性知能とは，単語理解や一般的知識など，人間が自国の文化に適応する過程で蓄積していく知識を中心とする能力である。

図3-12は，2つの知能が年齢とともにどのように変化するかを示したものである。ホーンとキャッテルによれば，流動性知能は，文化や教育の影響を比較的受けにくく，個人の能力のピークが10代後半から20代前半に現われ，老化に伴う能力の減退が顕著である。一方で結晶性知能は，文化や教育の影響を大きく受け，生涯にわたって上昇するという特徴をもつ。

その後の研究で，流動性知能のピークはキャッテルとホーンが考えたよりももっと年長（60代以降）になってあらわれることが示された（Schaie, K.W., 1984）。また，平均年齢70歳の人々を対象に思考パターンの訓練を行なうことで，流動性知能の上昇が認められたとする報告もなされている（Hofland, B.E., Wills, S.L., & Baltes, P.B., 1981）。高齢化社会を迎えた現在，加齢に伴う知的能力の衰退を予防し，現在の能力を維持していくかに関する研究は，さらに重要性をもつことになるだろう。

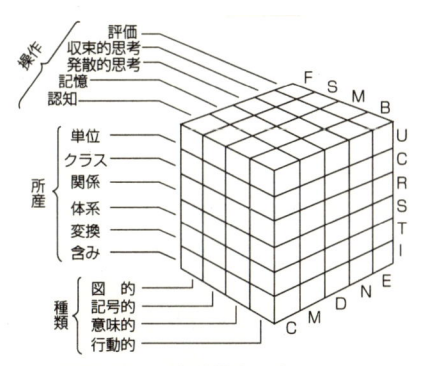

図 3-11　ギルフォードの知能構造モデル（Guilford, J.P., 1967；芝, 1970）
ギルフォードは，どのような種類の検査や材料を用いて（種類），それにどのような知的な操作を加え（操作），どのような水準の情報（所産）を得るかという観点から知能の構造を考えた。

表 3-11　知能へのアプローチ（東, 1989）

アプローチ	研究の関心	測定データ	研究方法
心理測定的 （因子分析的）	個人差の定量 将来の予測	検査得点	相関 因子分析
ピアジェ的	時間空間カテゴリー 科学的理解の達成	推論の根拠の言論的説明	臨床的面接や観察
認知心理学的 （情報処理的）	課題遂行過程 人工知能	反応時間 眼球運動 誤パターン 発話思考	実験
神経生理学的	治療	課題遂行における難易	行動と解剖学的所見とのつきあわせ
比較文化的	知能の社会文化的規定性	異なる文化の下で得られたデータ	質的な比較 平均・分散等の統計量の比較

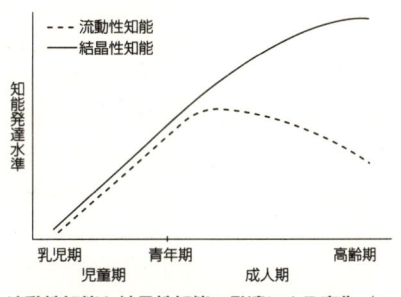

図 3-12　流動性知能と結晶性知能の発達による変化（Horn, J.L., 1970；村田, 1989）
グラフの縦軸は知能発達水準，横軸は年齢を示している。結晶性知能は生涯にわたって発達するか，少なくとも高齢期までは着実に上昇するのに対して，流動性知能は児童期・青年期に発達し，成人期には減退に向かう。

5．知能検査

知能指数（IQ）は，もっともよく知られた心理用語の1つではないだろうか。しかし知能指数がどのように測定され，何を意味しているのかについて，どれほど正しく理解されているだろうか。

（1）知能の測定

知能検査は，個人の知能発達の程度や特徴を科学的・客観的に測定するために考案された測定用具である。その歴史は古く，すでに19世紀後半から知能の測定が試みられている。「知能とは何か」「何を基準に知能を測定するのが望ましいか」という根源的な問いをつねに抱えながらも，知能検査は教育・心理臨床分野における必然性から広く普及し，今日，世界各国で利用されている。

（2）伝統的な知能検査

20世紀前半に作成された伝統的な知能検査は，教育現場を中心に普及すると同時に，因子分析的研究をはじめとするさまざまな知能研究の影響を受けてきた。研究の進展とともに理論的な裏づけがなされた部分もあり，必要に応じて改訂が加えられた部分もある。

①ビネー式知能検査

現在の知能検査に類似した最初の知能検査は，子どもの知能を測定する意図で1905年にビネー（Binet, A.）によって作成され，のちアメリカのターマン（Terman, L.M.）により重要な改訂がなされた。この改訂版が，ビネー式知能検査として今日一般に普及している（辰野，1995）。日本では，1987年全訂版の田中・ビネー検査（田中教育研究所，1987）が最新版として知られている。

ビネーは知能を個々の能力の寄せ集めではなく，1つの統一体として存在すると考えており，一般知能があらゆる知的機能の基礎にあると考えていた。そのためこの知能観を反映したビネー式知能検査では，多様な検査課題を用いて一般知能を包括的に測定し，数量化している。

ビネー式知能検査は2歳から成人にいたる広い年齢範囲に適用が可能である。表3-12に，田中・ビネー検査の項目例を示した。検査項目は，標準的な3歳児ができる問題，標準的な4歳児ができる問題，というように年齢別・年齢順に配列されている。3歳児の項目には正答できるが4歳児の問題には正答できない場合，知能は3歳児のレベルにあるととらえていく。これが精神年齢とよばれるものである。

1916年に，改訂版のスタンフォード・ビネー検査を作成したターマンは，精神年齢と，実際の年齢である生活年齢との比をとることで，知能の発達の進み具合をあらわす方法を導入した。これが知能指数である（表3-13，表3-14参照）。

②ウェクスラー式知能検査

1939年に，ウェクスラー（Wechsler, D.）は，ビネー式検査は言語能力に依存しすぎており，また，子どもの知能の測定を意図したもので成人には不適当であると考え，成人用の知能検査を開発した（小林，1998）。これがウェクスラー式知能検査の最初のものである。

ビネー式知能検査が一般知能をとらえる目的で開発されたのに対し，ウェクスラー式知能検査は，個人のなかで知能のどの側面が優れ，どの側面が劣っているかを診断的にとらえることができる検査として開発された。測定対象により検査が異なり，成人用（WAIS），児童用（WISC），幼児用（WPPSI）が作成されている。

ビネー式知能検査が精神年齢と生活年齢との対応で単一の知能指数を算出するものであるのに対し，ウェクスラー式検査では，複数の下位検査からなる言語性検査，および動作性検査のそれぞれで知能指数が求められ，さらにそれらを総合した知能指数が算出される。また，下位検査のプロフィールを表示することで個人の知能の特徴を診断的にとらえることができる。表3-15に日本版WAIS-R（品川ら，1990）の下位検査の内容をまとめ

表3-12　1987年全訂版田中・ビネー知能検査の検査内容例（田中教育研究所, 1987）

年齢級	問題番号	問　　題	合格基準	検　査　内　容　の　例
3歳	25	語い（絵）	13／15	よく知っている物の絵をみて名称を答える
	26	小鳥の絵の完成	完成	小鳥の絵のたりないところを書く
	27	理解	1／2	「眠い時どうするか」を答える
	28	犬と自転車の配置	完全	絵の上に配置された物をいったん取り去り，再び同じ場所に配置する
	29	文の記憶（B）	1／2	「うさぎが，います」などの文の復唱
	30	数概念（A）	4／4	積み木の個数を答える
	31	反対類推（A）	2／4	「うさぎははやい，かめは……」に答える
	32	物の選択	5／6	絵の中から「水の中を泳ぐもの」を選ぶ
	33	物の定義	2／3	「本とはなんですか」に答える
	34	絵の異同弁別	9／9	2つの絵の異同を言いあてる
	35	3数詞の復唱	1／2	一桁の3つの数を正確に復唱する
	36	数概念（B）	2／2	立方体の積み木を3つとる
4歳	37	語い（絵）	15／15	よく知っている物の絵をみて名称を答える
	38	順序の記憶	2／2	3つのミニチュアの順番を正しく回答する
	39	理解（B）	1／2	「目は何をするものか」を答える
	40	数概念（C）	2／2	碁石を数えて個数を答える
	41	長方形の組み合わせ	2／2	2枚の三角形を組み合わせて長方形をつくる
	42	迷路	2回目まで完	迷路を正しくたどる

1987年全訂版田中・ビネー検査では，1歳から3歳の水準については12項目ずつ，4歳から13歳までは6項目ずつ，成人について22項目の検査が用意されている。表は3歳児と4歳児の知能水準をはかる項目内容を示している。問題番号25と37のように，同じ問題でも合格基準が変わることで，何歳相当の問題かが変わってくる。

表3-13　知能の表示法

知能指数	$IQ = MA/CA \times 100$
知能偏差値	$ISS = 10((X-M)/SD) + 50$
偏差知能指数	$dIQ = 15*((X-M)/SD) + 100$

MA：精神年齢，CA：暦年齢，X：個人の得点，M：同一年齢集団の平均得点，SD：標準偏差
＊この数値は一定ではなく，検査によって15～20の数値が用いられる。

表3-14　知能指数の分布（Terman, L.M. & Merrill, M.A., 1937）

知能段階	知能指数	パーセント
天才	140以上	0.25
最優秀	120～140	6.75
優秀	110～120	13.00
ふつう	90～110	60.00
劣等	80～90	13.00
境界線級	70～80	6.00
知的障害	70以下	1.00

表3-15　日本版WAIS-Rの下位検査の構成（小林ら, 1998）

	下位検査	実施順序	測　定　さ　れ　る　能　力
言語性検査	知識	1	一般的な事実についての知識量
	数唱	3	暗唱と即時再生／順序の逆転
	単語	5	言語発達水準／単語に関する知識
	算数	7	計算力
	理解	9	実用的知識／過去の経験についての評価と利用／常識的行動についての知識／社会的成熟度
	類似	11	論理的範疇的思考
動作性検査	絵画完成	2	視覚刺激にすばやく反応する力／視覚的長期記憶の想起と照合
	絵画配列	4	結果の予測／全体の流れを理解する力／時間的順序の理解および時間概念
	積木模様	6	全体を部分に分解する力／非言語的概念を形成する力／視空間イメージ化
	組合せ	8	視覚－運動フィードバックを利用する力／部分間の関係の予測
	符号	10	指示に従う力／事務処理能力の速さと正確さ／紙と鉛筆を扱う技能／精神運動速度／手の動作の機敏さ

た。また，図3-13に下位検査プロフィールの一例を示した。知能の評価には，精神年齢を用いず，同一年齢集団の平均と比較した偏差知能指数という値を知能指数として算出する（表3-13参照）。

###③集団式知能検査

ビネー式知能検査やウェクスラー式知能検査は個別式のため，多くの人に同時に実施することはむずかしい。そのため，多人数を同時に検査する目的で開発されたのが，集団式知能検査である。アメリカ陸軍知能検査（U.S. Army Test）は，第一次世界大戦で多数の将校と兵士を選抜するために開発された知能検査である。この検査は，主として英語を理解できる人に用いる言語式のアルファ（α）式検査と，記号・図形・数字などから構成され，英語の読み書きができない人に適用するための非言語式であるベータ（β）式検査の2種類が作られている。アルファ式はA式，ベータ式はB式ともよばれる。日本では京大式知能検査が有名である。京大式知能検査は，言語・数学・図形・推論などの下位検査から構成されている。

集団式知能検査での知能の表示法には，知能指数あるいは知能偏差値が用いられる。あるいはパーセントで表示される場合もある。

(3) 知能検査の最近の動向

知能研究の多様化に伴い，認知心理学の知見を反映した新たな知能検査が開発されている。認知心理学的アプローチでは，知的課題の遂行結果だけではなくその遂行過程，すなわち「どのような処理方略で解いているか」「どのような情報をどのように操作しているか」などの過程を含めて知能をとらえている。

カウフマン（Kaufman, A.S.）が1983年に子ども用に開発したK-ABC心理・教育アセスメントバッテリーでは，情報処理方略の違いに着目して検査が構成されている。この検査は，情報処理能力検査と習得知識検査の2つの独立した検査から構成され（図3-14），情報処理能力検査はさらに，順番に考えることでより解きやすくなる継次処理能力検査と，全体を包括的にとらえることでより解きやすくなる同時処理能力検査に区分されている。表3-16にそれぞれの内容例を示した。カウフマンによれば，日常のさまざまな課題は継次処理と同時処理のどちらでも解決できるが，より得意な処理で解く方が効率がよい。そこで，検査結果を通してどちらの処理をより得意としているかを把握することで，その個人に適した教育・指導のプログラムを開発できるとしている。

(4) 知能検査の利用と問題点

パーソナリティ検査やその他の心理尺度と同様に，知能検査にも高い妥当性と信頼性が要求される。そのため，知能検査の開発や改訂にあたっては妥当性や信頼性を高める努力がなされてきた。

しかし，「知能とは何か」という根源的な問いに対する統一的な見解が見いだされないまま普及した伝統的な知能検査については，「何を測定し，何を予測しうるのかが不明である」という，検査の妥当性に対する疑問がつねに投げかけられる。さらに，「知能検査で測定された知能は生得的で不変的なものだと解釈されている」という誤解から，「知能検査は個人の能力や将来について宿命的な烙印を押す差別の道具である」として非難の対象とされることがある。実際には，知能指数は固定的なものではなく，知的活動や経験の影響を受けて変化をする。検査を受けたときの体調にも影響される。知能検査で，個人の能力を決めつけてしまうのは非常に危険である。

研究の多様化に伴い，知能検査の実施の意図もかわってきている今日では，検査でとらえた知能の特徴をもとに，対象者の能力をより効率よくのばすためにはどのような助言が可能かを検討していくことが重視されている。検査者は，検査で何がとらえられるのかを十分に理解した上で，目的に応じて検査を選定し，倫理的責任をもって結果を活用していく必要がある。

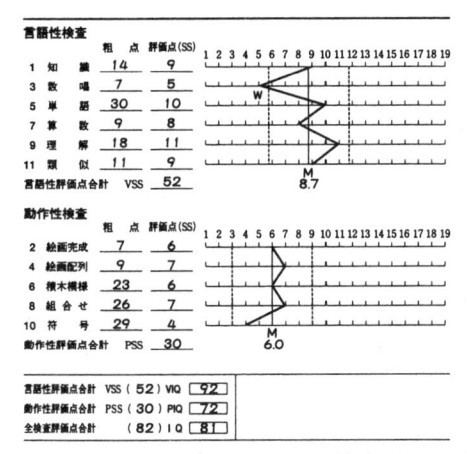

図3-13 WAIS-Rのプロフィールの一例 (小林ら,1998)
ウェクスラー式知能検査では，各下位検査の得点がプロフィールとして示される。この例からは言語性検査と動作性検査の得点のへだたりや，言語性下位検査得点のばらつきが読みとれる。

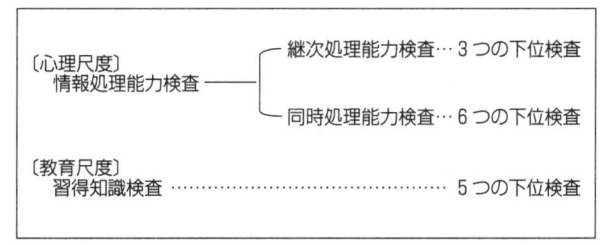

図3-14 K-ABC心理・教育アセスメントバッテリーの構成
(Kaufman, A.S., 1983)

K-ABC心理・教育アセスメントバッテリーは，情報処理能力検査と習得知識検査の2つの独立した検査から構成され，情報処理能力検査はさらに，順番に考えることでより解きやすくなる継時処理能力検査と，全体を包括的にとらえることでより解きやすくなる同時処理能力検査に区分されている。

表3-16 K-ABCにおける継次処理能力と同時処理能力の検査内容例 (松原ら, 1993)

処理能力	問題	検査内容
継次処理	数唱	1秒間に1つの速度で一連の数字を言う。子どもは同じ順序でその数字を復唱する。
	語の配列	子どもに示す影絵の中にある物の名前をいくつか連続的に言う。子どもは検査者が言ったとおりの順序でその影絵を指す。
同時処理	顔さがし	一人または二人の顔写真を見せる。子どもは次ページの集合写真の中から顔写真の人物を見つける。
	絵の統合	部分的にかけているあるものの影絵を見せる。子どもはその影絵が何の絵であるかを答える。

【トピックス3】自己愛

　自己愛という語は，ナルシズムという語の訳である。ギリシャ神話で，青年ナルシスが水面に映った自分の姿に恋して，水に落ちて溺れ死んだという物語に由来している。

　フロイトは異性への対象愛の前段階として，自己愛の時期があると述べている。コフートは，自己愛は健全な発達過程の1つであり，自己愛は健全な自己構造と自己評価を確立するために必要な過程と考えている（図3-15参照）。この時期において，健全な発達が妨げられると，自己愛性格傾向を示したり，自己愛人格障害に陥ると考えられている。

　自己愛人格障害者は，以下のような特徴をもっているといわれている。

①自分の有能さに対する誇大妄想的な感覚：実際には仕事の業績をあげていないにもかかわらず，自分はよく仕事ができると認められたい気持ちが強く，自分がいないとこの職場は成り立たないなどといった言動をとる。しかし，実際には仕事ができず，決断力がないことが多く，劣等感に悩んでいる。

②仕事や自分の才能，あるいは恋愛の成就等に対しての歪んだ自己満足や非現実的な空想：過去の仕事の失敗や失恋については，自分はいつも悲劇の犠牲者であって，いつも仕事の相手や恋愛の相手が悪いという行動をとる。

③自分への特別視：自分は選ばれた特別の人間であり，自分のことを理解できるのは，自分と同じような特別な人や自分以上の人間でなければという確信があり，他人をランクづけしないと気がすまない。

④自分への他者からの賞賛と自己顕示欲：仕事でも遊びでも，つねに自分が中心的な存在でないと気がすまない。自分以上に注目される人が現われると，いじめや嫌がらせをすることもある。

⑤特権意識：格別の理由がないにもかかわらず周囲から特別扱いされることを期待し，ホテルやレストランなどで他の客とは違った待遇を要求し，それが認められないと癇癪を起こしたりする。

⑥他者への共感や思いやりの欠如：自分が傷つけられると過剰に反応するが，他人に対しては，必要以上に厳しく批判したり傷つけたりしても平気である。

⑦他人への嫉妬：他者に対する嫉妬心がとても強く，その一方で，他者から特別視されている自分を人は嫉妬していると思っている。

⑧尊大，傲慢な態度や行動：人を平気であごの先で使うことがある。また，カラオケで自分が歌っているときには，人が注目して聴いてくれないと気がすまない。

⑨他人の利用・支配：自分の目的を達成するためには，人を平気で利用するし，裏切ったりする。他人は自分のために存在していると考えている。

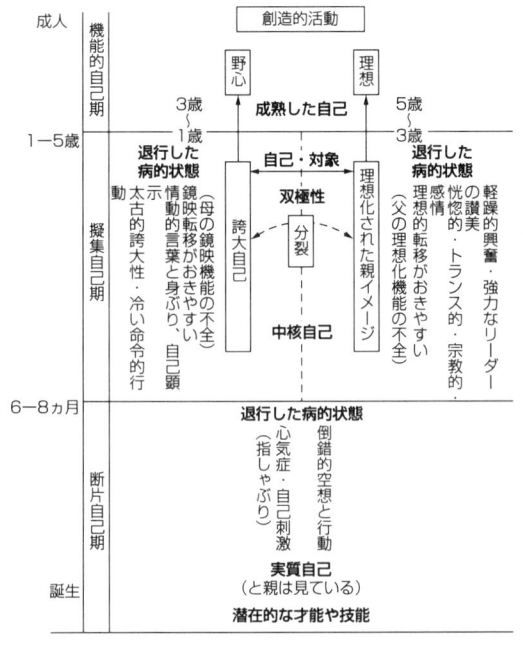

図3-15　コフートによる自己の発達と病理（中西・佐方，1986）

第4章 社会の中の個人

1. 個人内過程

　本章では，社会的刺激が個人の行動に及ぼす影響を個人内での過程と関連づけて整理する。

　最初に取り上げるのは，他者存在の影響である。まず社会的促進の諸研究を紹介する。自分の行動が人に見られていることを知ってあがる，あるいは人に見られるからこそ燃えてふだん以上の実力が出るといった影響過程に関する研究である。次いで，社会的手抜きの諸研究を紹介する。複数の人と力をあわせて何かをやろうとするとき，自分以外にもそれにかかわっている人がいることで少し手を抜いたりするといった現象に関する研究である。

　第2に帰属過程を取り上げる。これは，私たちが「なぜ」という疑問に「なぜならば」と答えるまでの一連の過程のことである。たとえば，他者の自分に対する親切な行動は私たちにさまざまな恩恵を与え，その他者とのつき合いを積極的なものにするかもしれない。しかし，その親切な行動の背後に欺瞞的な性格が垣間見えると，受けた恩恵が色あせ，その他者とのつき合いを見直そうという気持ちも出てくるだろう。このような原因や理由についての推論過程について正確に知ることは，私たちの行動の理解にとって重要な意味をもつ。

　第3のテーマは社会的比較である。私たちが自分のさまざまな能力の水準を正確に知ろうとしても，そのための客観的な基準は存在しないことが多い。そのようなとき，私たちは自分の周囲の人々と自分とを比較することで自分の能力の高さを知ろうとする。また，この比較の結果は私たちに対してさまざまな影響を及ぼす。このような他者との比較のなされ方，そして比較の結果が自分自身にどのような影響を及ぼすのかについて検討した研究を紹介する。

　第4のテーマは，認知的不協和である。私たちはできる限り整合的な認知的世界に生きたいという気持ちをもっている。この認知的な世界の整合性が崩れると，私たちは不快を感じその不快感を低減させようとする。このような一連の過程を扱ったのが認知的不協和理論である。この理論によって，学習理論からは必ずしも的確に説明できなかった興味深い現象を説明することが可能になる。

　本章の最後のテーマは自己過程である。自己もまた，私たちにとっては重要な社会的刺激である。人はあたかも他者を評価するかのように自分自身を評価し，また他者の行動からその行動を生起させた原因や理由を推論するのと同じように，自分自身の行動からその理由を推論する。このような自己をめぐる種々の認知過程に関して，興味深いいくつかの研究を紹介する。

2．他者が存在することの影響

　自分以外の誰かが自分のそばにいるとき，その存在は私たちにどのような影響を及ぼすのだろうか。心理学のなかで人と人との影響過程を扱う社会心理学の領域では，この問題についていくつかの研究領域で検討を重ねてきた。その代表的な領域が社会的促進に関する研究領域と，社会的手抜きに関する研究領域である。これらの領域では，対人的な相互作用の程度がかなり少ない場面での他者存在の影響を取り上げて研究対象としてきた。このような研究によって，私たちにとって他者の存在はいかなる意味をもつかという基本的な問いへの何らかの答えを得ることとが可能になる。いくつかの知見を紹介していくことにしよう。

(1) 社会的促進

　私たちが何かの作業をしているそばに，誰か他の人がいるとしよう。そのようなとき，作業成績はどうなるだろうか。時にはふだん以上の結果が出る場合もあるだろう。人に見られることで「燃える」というようなことである。逆にふだん通りの結果が出ない場合もある。人に見られて「あがる」というようなことである。前者のような影響が生じた場合，それは社会的促進（social facilitation）が生じたといい，後者のような影響は，社会的抑制が生じたという。

　これら２つの現象はよく考えてみると興味深い問題を含んでいる。なぜならば，どちらの現象においても生じている過程に大きな違いがないにもかかわらず，逆の結果が生じているからである。何らかの課題を行なっているとき，そばに他者がいるとすると，それは多かれ少なかれ私たちの生理的な喚起水準を高める。とすると，同じ課題を行なっており，同じように他者がそばにおり，同じように生理的喚起が高まっているにもかかわらず，それがふだん以上の結果につながる（燃える）場合もあれば，ふだん以下の結果につながる（あがる）場合もある。この違いを決定づける要因は何なのだろうか（図4-1）。

　ザイアンス（Zajonc, R.B., 1965）はこのメカニズムについて，ハルとスペンス（Hull-Spence）の動因理論に基づく説明を試みている。他者がそばにいることによって個体の一般的動因水準あるいは喚起水準が高くなるために，その時点でその個体にとって優勢な（dominant）反応が誘発される確率が高くなる。このことが社会的促進あるいは社会的抑制の効果となって現われるということである。

　ここで，優勢な反応とは遂行の結果として現われやすい反応のことである。何が優勢反応かは，課題の性質によって異なる。単純な課題を行なう場合や，十分に習熟した（つまりは，慣れた）課題については適切な反応が現われやすい。要するに，単純なあるいはよく習熟された課題における優勢な反応とは適切な反応である。逆に，複雑な課題や十分に習熟していない（つまりは，慣れていない）課題については，不適切な反応が現われやすい。つまり，複雑なあるいは習熟が不十分な課題についての優勢反応は不適切な反応である。

　したがって，他者の存在する場面では，次のようなメカニズムが働く。まず，他者存在によって喚起水準が上昇する。それがその時点での優勢反応の出現を促進する。そのため，単純な，または習熟された課題を行なっていれば，適切な反応が誘発される確率が高まり，それが促進効果となって現われる。逆に，複雑な，十分に習熟されていない作業を行なっていれば，喚起水準の上昇に伴って不適切な反応が誘発される確率が高まり，それが抑制効果となって現われる（図4-2）。

　ザイアンスによれば，このような社会的促進や抑制効果が現われるためには，他者が単に存在しているだけでよい。この「単なる存在」の考え方は，他者が単にそばにいるだけで社会的促進や抑制効果が生じ，その他の条件，たとえばそれらの

2. 他者が存在することの影響

環境条件と課題条件　　他者の存在　　　課題遂行

生理的条件　　　　　　　生理的喚起

介在するメカニズム

結　果　　　　　　課題遂行の促進　　　　課題遂行の抑制
　　　　　　　　　　　＝　　　　　　　　　＝
　　　　　　　　　　社会的促進　　　　　　社会的抑制

図4-1　社会的促進と社会的抑制の生起過程

他者の存在

　↓　　　　　　　　　ザイアンスの「単なる存在」の考え方では，この
　　　　　　　　　　　過程には他のメカニズムは介在しないと考える。
　　　　　　　　　　　これに対して次ページのコットレルや，サンダー
　　　　　　　　　　　スとバロンの理論は別の説明を試みている。

一般的動因の高まり

　↓

優勢反応の促進

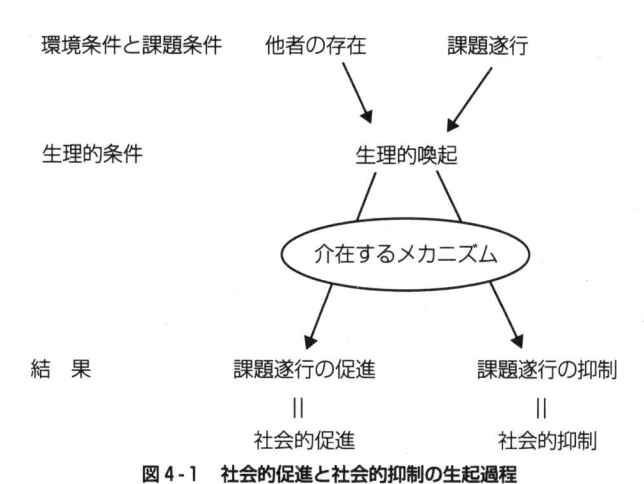

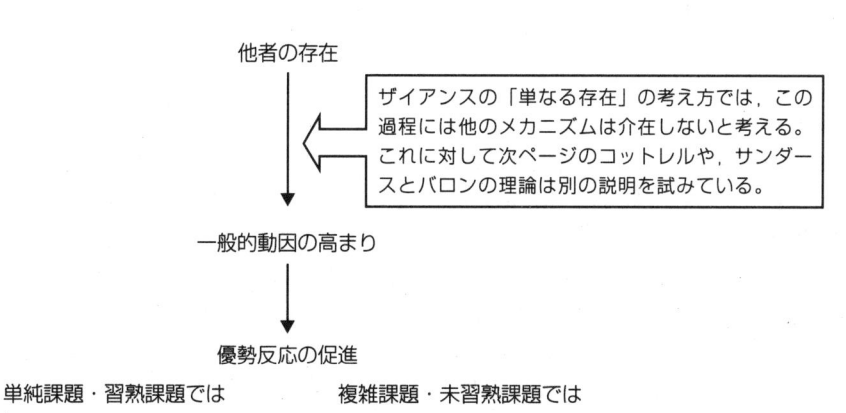

単純課題・習熟課題では　　　複雑課題・未習熟課題では
　　正反応　　　　　　　　　　　誤反応
　　　＝　　　　　　　　　　　　　＝
　　促進現象　　　　　　　　　　抑制現象

図4-2　社会的促進の動因理論（Zajonc, R.B., 1965）

他者との相互作用や他者による観察などは必要ではないというものである。実際，このようなザイアンスの主張を支持する研究結果は数多く報告されている。またザイアンスによれば，このような傾向はほとんど生得的なものであるという。

この単なる存在の説明に対するライバル説明の1つは，評価懸念の概念を用いた説明である。コットレル（Cottrell, N.B., 1972）は，他者の存在が人間の動因を高めるには，自らの課題遂行に対する他者からの評価への懸念が必要であると主張した（図4-3）。そしてこの評価懸念は学習されるものであるとしている。この説明では，人は成長の過程で，他者は自分の遂行に何らかの評価を与えるものであることを学習するという。その結果，そばにいる他者が自分の遂行に何ら働きかけなくとも，人は他者からの評価を懸念し，その評価懸念が動因を上昇させる原因になると考える。

さらに，注意葛藤による説明も試みられている。サンダースとバロン（Sanders, G.S. & Baron, R.S., 1975; Sanders, 1981; Baron, 1986）によると，作業中に他者がそばにいると，作業者の注意は作業と他者の双方に引きつけられる。これら異なった2つの方向に同時に注意を向けることで注意葛藤が生じ，それが動因を喚起すると考えられている（図4-4）。

(2) 社会的手抜き

他者の存在によって，個人の課題遂行への動機づけが低下することがある。自分以外にも同じ課題に取り組む者がいることを知って，「自分が精一杯がんばらなくても，他にがんばる人がいるのだから」という気持ちが生じるのである。このような現象は社会的手抜き（social loafing）とよばれ，そのメカニズムが分析されてきた。この現象についての検討はリンゲルマン（Ringelman, M.）による綱引きを課題とした古典的研究に始まるといわれている。被験者が1人で綱引きをする際に発揮する平均的な力を1とすると，人数が増えればその人数倍の力が出るはずである。しかし結果は，綱を引く人数が増えるほど1人あたりの平均的な引く力が小さくなり，その結果として全体の力は必ずしも人数倍にはならないことを示していたのである。

スタイナー（Steiner, I.D., 1972）は，リンゲルマンによるこの結果を協応（cooperation）の失敗によって生じたものと考えた。複数の人間が力を入れる方向を合わせたり，力を入れるタイミングを合わせたりすることは必ずしも容易ではない。そのため，全体の潜在的な力が十分には発揮されないために，一見手抜きにみえるような結果が生じると考えたのである。

一方インガムら（Ingham, A.G. et al, 1974）は，この結果が協応の失敗によって生じるのではなく，個々人の課題への動機づけが低くなることによって生じる可能性を指摘した。そして，協応の失敗を最小限にできるような方法を用いて実験を行ない，その場合にもなお，潜在的な力が十分には発揮されないことを見いだした。つまり，複数の個人が同時に1つの課題に取り組む状況では，個人の動機づけそのものが低くなる可能性が示されたのである。

ラタネら（Latané, B. et al, 1979; Latané, 1981）は，この複数個人による課題遂行での動機づけの低下を社会的手抜きと名づけ，実験的に検討した。たとえば，複数の個人がいっしょに大声を出したり拍手をしたりした場合と，1人でそれらを行なった場合の1人あたりの声や音の音圧を実験によって調べた。その際，他者が出した声や音がわかる条件と，目隠しとヘッドフォンでそれらをわからなくした条件を設定した。両条件ともに1人の場合よりも音圧が低いことが示されたけれども，同時に，後者の条件の方が前者の条件よりも音圧の低下が抑えられていた（図4-5）。これらの結果は複数で作業を行なう場合のパフォーマンスの低下に協応の失敗と社会的手抜きの双方がかかわっていることを示唆している。

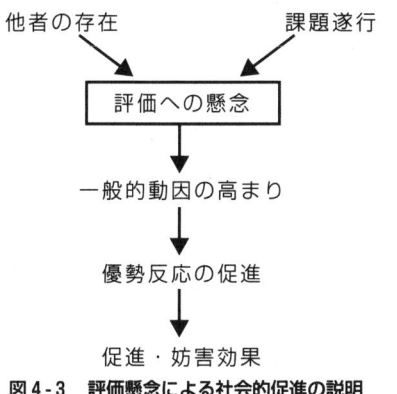

図4-3 評価懸念による社会的促進の説明
（Cottrell, N.B., 1972）

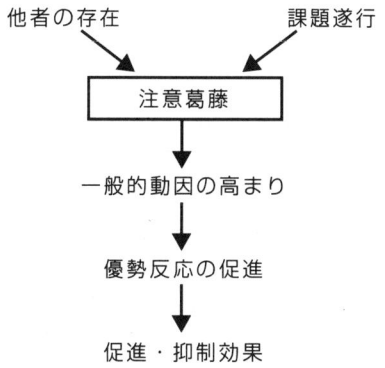

他者の存在 → 評価への懸念 ← 課題遂行
→ 一般的動因の高まり
→ 優勢反応の促進
→ 促進・妨害効果

図4-4 注意葛藤理論による社会的促進の説明
（Sanders, G.S. & Baron, R.S., 1975）

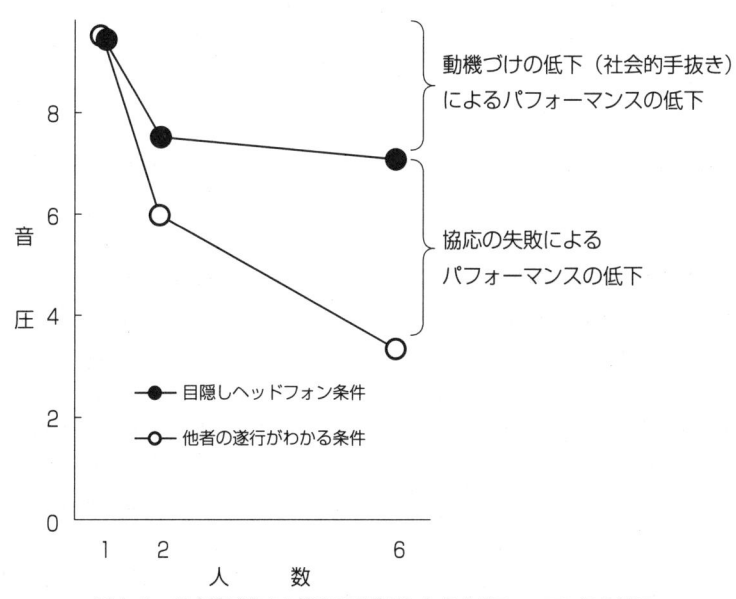

他者の存在 → 注意葛藤 ← 課題遂行
→ 一般的動因の高まり
→ 優勢反応の促進
→ 促進・抑制効果

図4-5 社会的手抜きと協応の失敗がもたらすパフォーマンスの低下
（Latané, B., 1981より作図）

- ● 目隠しヘッドフォン条件
- ○ 他者の遂行がわかる条件

動機づけの低下（社会的手抜き）によるパフォーマンスの低下

協応の失敗によるパフォーマンスの低下

3．帰属過程

ザイアンスは上述のように，他者の単なる存在だけで十分に個人の一般動因は喚起されると主張した。その理由として彼は社会的刺激の不確実性をあげる（Zajonc, 1980）。物理的刺激に比べて他者のような社会的刺激は不確実性が高く，予測が困難である。そのため人は他者のいる状況では次に生じる事態に対して何らかの構えをもち，これが動因喚起の水準を上昇させると考えたのである。

このように，社会的刺激は不確実性が高く予測が困難である。しかし人が環境に適応するためには，その環境を何らかの秩序あるものとして認知する必要がある。

この環境についての確からしさを扱うのが帰属過程研究である。帰属過程とは，人が自らの経験した出来事に対して「なぜそれが生じたか」を問い，「なぜならば」と答えるまでの過程をさす。

（1）ハイダーの素朴心理学

ハイダー（Heider, F.H., 1958）は，人は出来事の原因を安定的な要因へと帰属する傾向を本質的にもっていると主張した。ある他者の何らかの行動を，その他者の気まぐれや偶然によるものと考えたとすると，次の同じような機会にその人がどのような行動をとるかが予測できない。そしてその予測ができないとすれば，その場面でどのような行動をとればよいのかの判断が困難になる。そこで人は他者の行動を，その他者に特有の性格によるものであるとか，あるいは多くの人が同じような行動をとらざるをえないような何らかの状況的要因によるものであると考えようとする。

このようなハイダーの考え方は，ハイダー自身によって素朴心理学（naive psychology）とよばれた。この素朴心理学に基づいて，後にさまざまな帰属理論が提唱された。

（2）ケリーの帰属理論

ハイダーが主張したように，他者の内的要因と状況的要因の双方を扱うのがケリー（Kelley, H.H., 1967）による帰属理論である。この理論は共変原理に基づく。私たちがある現象についての原因を推論する際に複数の事態を検討し，その減少が生じるときには存在し，その現象が生じないときには存在しないような（すなわち，現象と共変するような）要因を探り，その要因に原因を帰属すると考えるのである。このケリーによる帰属理論では，人は出来事についての合意性，弁別性，一貫性という3種類の情報を組み合わせることで帰属を行なうと考えている（表4-1）。

（3）対応推論理論

ジョーンズとデイビス（Jones, E.E. & Davis, K.E., 1965）は対応推論理論を展開した。ここで，対応とは，ある人の何らかの行為がその人自身の属性とどれくらい関連しているかの程度のことである。たとえば，ある人の暴力的な行為がその人のもつ攻撃性という性格特性によるものであると判断されたとすると，その判断の過程では高い対応が推論されたことになる。一方，暴力的な行為が，たとえばその行為者の受けた他者からの挑発によって引き出されたものであると判断されたとすると，その判断の過程ではあまり高い対応が推論されなかったということになる（図4-6）。

このような対応推論の程度に影響を及ぼす要因の1つが非共通効果（noncommon effects）である。これは，他者が複数の選択肢のうちいずれか1つを選んだとき，その選ばれた選択肢が他の選択肢と異なる（非共通である）どのような特徴をもつのかを観察し，その観察に基づいて他者の属性を推論するというのである。

たとえば，就職活動をしている大学生Aが候補として考えていた3社のうち1社Xを選んだとする。そのことを知ったとき人は，選ばれたX社が他の2社と非共通のどのような特性をもつのかに着目する。表4-2の例でいえば，X社のみが成果主義の人事・給与体系である。このとき私たち

表4-1 「ある人物（A）が映画（B）を見て感動した」という事例についての帰属過程の例（Kelley, H.H., 1967）

合意性：映画Bは誰が見ても感動するというわけではなく（低）
弁別性：人物Aはどんな映画を見ても感動する人物であり（低）
一貫性：AはBをいつどこで見ても感動する（高）

⇩ 帰属結果

Aが感動したのは，彼がもともと感動屋だからである

合意性：映画Bは誰が見ても感動するような映画であり（高）
弁別性：人物Aはどんな映画を見ても感動するというわけではなく（高）
一貫性：AはBをいつどこで見ても感動する（高）

⇩ 帰属結果

Aが感動したのは，Bが感動的な映画だからである

合意性：映画Bは誰が見ても感動するというわけではなく（低）
弁別性：人物Aはどんな映画を見ても感動するというわけではなく（高）
一貫性：AはBを見て感動したのは今回だけである（低）

⇩ 帰属結果

Aが感動したのは，今回Aが置かれている状況に原因がある

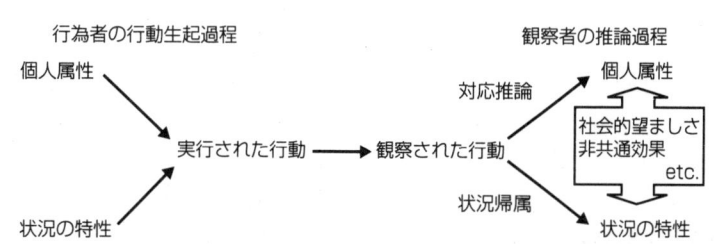

行為者の行動生起過程

個人属性 → 実行された行動
状況の特性 ↗

観察者の推論過程

実行された行動 → 観察された行動

対応推論 → 個人属性
状況帰属 → 状況の特性

社会的望ましさ
非共通効果
etc.

図4-6 行動の生起過程と観察された行動に関する推論過程
（Jones, E.E. & Davis, K.E., 1965）

表4-2 大学生Aの選択肢のもつ特徴

考慮された特性	Aの選択肢		
	X社	Y社	Z社
業種	製造	製造	製造
業績	高い	高い	高い
自宅からの距離	遠い	遠い	遠い
人事・給与体系	成果主義	年功制度	年功制度

はX社に固有の特徴から，この会社を選んだAが成果主義の下での仕事を希望している人物であり，さらにそのような人物はきっと自信家なのだろうと推測するかもしれない。つまり，この例では，X社に非共通の要素があるために，学生の選択と属性との対応が高まったと考えられるのである。

対応に影響する第2の要因が，行為の社会的な望ましさの程度である。人は他者が何か社会的に望ましい行為を行なったとしても，そのことからその他者の属性を推論しようとはしない。人は誰でも社会的に望ましい行為を行なおうとするものだから，そのような行為がその他者の属性を反映しているものだとは考えにくいからである。逆に，人はふつう社会的に望ましくない行為を自らすすんで行なおうとはしない。そのため，他者が社会的に望ましくない行為を行なった場合，私たちは，その行為にはそれを行なった人に固有の何らかの属性が反映されていると推論しがちである。

このように，対応の推論に影響を与える諸要因が整理されている一方で，私たちは他者の行動の背後に安定した属性を推論する傾向を強くもっていることも明らかにされてきた。この傾向は一般に「対応バイアス」とよばれる（たとえば，Jones, E.E. & Harris, V.A., 1967）。帰属にはこの他にもいくつかのバイアスの認められることが知られている（表4-3）。

■（4）ワイナーの原因帰属理論

以上のように，ケリーの帰属理論も対応推論理論も，他者の行動の原因や理由を他者自身に帰属するか状況要因に帰属するかの違い，すなわち出来事の原因の所在（locus of causality）の次元を扱っている。しかしハイダーが主張したように，人は出来事の原因を安定的な要因に帰属させようとする傾向を基本的にもっていると考えるならば，原因の安定性（stability of causality）の次元も考慮した枠組みが必要であろう。

ワイナー（Weiner, B., 1986）はこの両次元を考慮に入れた帰属理論を展開した。彼の帰属理論が問題とするのは，他者あるいは自己の行動の結果生じた成功や失敗の原因の帰属である。これに関して，ワイナーは原因の所在と安定性の2次元を組み合わせ，表4-4に示した4つの原因カテゴリーを考えた。人は成功と失敗の原因をこれら4カテゴリーのいずれかに帰属するということである。

これら4つの原因カテゴリーのうち，才能と一時的努力はいずれも行為者の内部にあると考えられるため，内的原因に分類される。一方，課題の客観的な特性や運は行為者の外部にあると考えられるため，外的原因に分類される。さらに，才能と課題の客観的な特性はいずれも比較的変化しにくい安定性の高い原因であり，一時的努力と運は不安定な原因であると考えられる。

ワイナーによると，自己の成功経験や失敗経験の原因をこれら4つのカテゴリーのどれに帰属するかによって，その後の動機づけが異なる。たとえば，何らかの課題遂行に成功しその原因を自分の優れた才能や課題の容易さに帰属したとする。その場合には，一時的努力や運に帰属した場合よりも人は次の同様の機会においても成功するだろうとの期待をもつことができる。さらに，その成功の原因が自分の内部，すなわち才能の高さにあると帰属すると，その成功のもつ価値が高まる。

課題遂行への動機づけは，それに取り組んだ場合に特定の成果が得られるであろうという期待と，その成果のもつ価値によって規定されることが知られている。このような考え方と，ワイナーの原因帰属理論を考えあわせると，人は自らの成功を内的で安定的な原因，すなわち自らの才能の高さに帰属した場合，その課題遂行への動機づけがもっとも高まると予測できる。

表4-3 帰属過程にみられるいくつかのバイアス

バイアスの名称	説　　明
対応バイアス	他者の行動を観察した場合，その原因としてその他者の内的な属性の影響を過大視する傾向（たとえば，Jones, E.E. & Harris, V.A., 1967）。
行為者−観察者バイアス	行為者は自分の行動の原因を外部の環境要因に帰属しがちであるのに対して，他者の行動を観察した者はその行動の原因を他者の内的な要因に帰属しがちであること（たとえば，Jones, E. E. & Nisbett, R.E., 1972）。
自己保護バイアス	自分の失敗の原因を外的な要因に帰属する傾向（Fiske, S.T. & Taylor, S.E., 1984）。
自己高揚バイアス	自分の成功の原因を内的な要因に帰属する傾向（Fiske, S.T. & Taylor, S.E., 1984）。

表4-4 ワイナーによる原因カテゴリーの分類
(Weiner, B., 1986)

原因の安定性	原因の所在	
	内　的	外　的
安定的	才能	課題の客観的な特性
不安定	一時的努力	運

4. 社会的比較

　同じゼミの親友が、卒業論文の中間発表会で、すばらしい発表をして先生から高い評価を得た。こんなとき、あなたはどのような気持ちになるだろうか。親友が成功したわけだから、うれしい。でも、なぜか自分の発表のできと比べてしまって、素直に喜べないかもしれない。

　このように、人が自分と他者とを比較することを社会的比較（social comparison）とよぶ。フェスティンガー（Festinger, L., 1954）の社会的比較理論によると、自分の能力を確かめるための物理的な基準がない場合には、人は自分と類似した他者と比較をする、とされる。この理論には、人は社会において適応的に生活していくために、自分の能力や意見の妥当性を正しく評価したいという動機をもつという前提がある（表4-5）。しかしながら、人はこのような動機（自己査定動機）以外にも、さまざまな動機をもっている（6節参照）。特に、自分をポジティブに評価したいという自己高揚動機や、自分をより高めたいという自己改善動機によって、自己と他者とを比較する場合もあることが明らかにされている。

（1）自己高揚動機に基づく比較

　自己にとって都合の悪い出来事に直面した場合、人はどのような比較を行なうのか。ウッドら（Wood, J. V. et al., 1985）は、乳ガン患者を対象に、彼女たちがどのような比較を行なうかを調査した（表4-6）。その結果、自分よりも悪い状態の人に比べれば、自分は幸運な方だという下方比較（downward comparison）がもっとも頻繁に行なわれていた。また、リウマチ性関節炎の患者を対象とした別の研究では、このような下方比較を行なっている人は、医師や看護師から適応がよいと判断されていた（Affleck, G. et al., 1988）。このように下方比較は、適応に対して短期的にはポジティブな機能をもつ。

（2）自己改善動機に基づく比較

　下方比較とは対照的に、自分よりも優れた人と比較を行なう場合がある。これを上方比較（upward comparison）とよぶ。たとえば、水泳選手が、もっとも速い記録をもつ選手と比較して、現在のトレーニングを行なったりする場合である。このような上方比較は、自己改善動機に基づくものであり、比較対象は成功のモデルとして機能する。つまり、上方比較は、自分を高めるための機会になる。しかしながら、この上方比較によって逆に自分の能力不足を認識して、ネガティブな気分に陥る場合もある（Wheeler, L. & Miyake, K., 1992）。

（3）自己評価維持モデル

　テッサー（Tesser, A., 1988）の自己評価維持（self-evaluation maintenance: SEM）モデルは、自己評価の上昇・下降に対する他者の影響を、3つの要因（他者の遂行レベル・課題の自己関与度・自己と他者との心理的距離）の組み合わせによって予測したものである。

　SEMモデルの前提は、人は自己高揚動機をもつということである。このモデルによると、自己定義と関連する領域において、親友が優れた業績を上げた場合には、比較過程（comparison process）が働き、自己評価が低下する。逆に、自己定義と関連しない領域で、親友がよい業績を上げた場合には、反映過程（reflection process）が働き、自己評価が高まるとされる。このように、親友の成功も、自己関与度の高低によって、自己評価が高まる場合もあれば、低まる場合もあるというまったく逆の現象が生じる（図4-7）。冒頭の例では、先生からほめられたのがもっとも親しい友人であり、さらに卒業論文という自己にとって重要な領域での成功であったために、比較過程が生起した結果、「素直に喜べない」ということになってしまったのである。

表4-5　フェスティンガー理論の要点（池上・遠藤, 1998）

・人には，自分の意見や能力を正しく評価しようという動因がある。
・直接的物理的な基準がない場合，人は他者と比較することによって，自分を評価しようとする。
・一般的に，人は類似した他者と比較することを好む。

表4-6　患者の身体的比較（Wood, J.V. et al., 1985；池上・遠藤, 1998）

カテゴリ	定義	比較件数	頻度	割合（%）
上方比較	自分より健康状態がよい人について語る	0	70	95.9
（例：彼女の腫瘍は指先ぐらいの大きさだった。私のと，取り替えたいぐらい。）		1	2	2.7
		2	1	1.4
下方比較	自分より悪い状態の人について語る	0	34	46.6
（例：はじめ，自分の手術痕はひどいと思ったけれど，友達の放射線物質埋め込みを見たら，自分のはそんなに悪くないと思えてきた。）		1	18	24.7
		2	10	13.7
		3	8	10.9
		4	2	2.7
		5	1	1.4
脅威的比較	身体が相当悪い人について語る	0	54	74.0
（例：患者友の会で，両方の胸を摘出した人に出会った。そんなひどいことがあるなんて。その夜は悪夢で寝られなかったから，もうその会には行かないことにした。）		1	14	19.2
		2	4	5.5

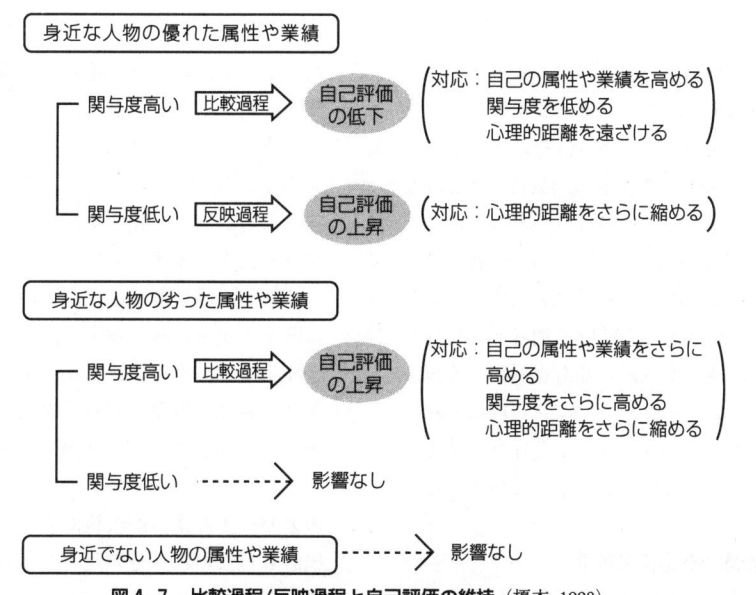

身近な人物の優れた属性や業績
├ 関与度高い → 比較過程 → 自己評価の低下（対応：自己の属性や業績を高める／関与度を低める／心理的距離を遠ざける）
└ 関与度低い → 反映過程 → 自己評価の上昇（対応：心理的距離をさらに縮める）

身近な人物の劣った属性や業績
├ 関与度高い → 比較過程 → 自己評価の上昇（対応：自己の属性や業績をさらに高める／関与度をさらに高める／心理的距離をさらに縮める）
└ 関与度低い ------→ 影響なし

身近でない人物の属性や業績 ------→ 影響なし

図4-7　比較過程/反映過程と自己評価の維持（榎本, 1998）

5. 認知的不協和理論

　私たちは自らの認知的な世界を，秩序があり矛盾のないものとして整えておきたいという動機づけを基本的にもっている。そのため，その秩序が崩れると不快さを感じ，その不快さの解消に向けて動機づけられる。このような認知的な世界における秩序の維持と回復に関する理論は多い。ここでは，それら多くのなかから，フェスティンガー（Festinger, L., 1957）による認知的不協和理論を紹介する。

(1) 強制応諾実験

　認知的不協和理論の主張をもっとも明快に示す実験がある。その実験で実験参加者は，実際には退屈な作業をしたにもかかわらず，他者に「おもしろい作業だった」と告げるよう誘導された。その事実とは異なる内容を伝えることに対して大きな報酬（20ドル）を得た場合と小さな報酬（1ドル）しか得なかった場合とで，作業の興味深さに対する評価に差が認められたのである。その評価の差の現われ方は具体的にはどのようなものだったのだろうか。

　1つの予測は，報酬額の大きい20ドル条件の実験参加者の方が作業に対する評価が高まるというものである。学習理論の観点からはそのような予測が可能である。しかしこの実験の結果はそうではなかった。受ける報酬の額が小さい1ドル条件の方が，作業の興味深さを高く評価しており，20ドル条件の実験参加者は，虚偽を伝えることも報酬を得ることもなかった統制条件の実験参加者と同程度の興味深さしか示さなかったのである（図4-8）。

　これはフェスティンガーとカールスミス（Festinger, L. & Carlsmith, J.M., 1959）の行なった強制応諾実験とよばれる実験の結果である。なぜこのような結果が得られたのだろうか。

(2) 認知要素間の不協和の解消

　認知的不協和理論によれば，それは実験参加者のもつ認知要素間の関係に不協和が生じ，実験参加者がその解消に向けて動機づけられたためであると説明される。ここで認知要素とは，私たちの周囲にあるさまざまな対象についての知識や信念・意見，あるいは自分自身についての知識や信念・意見のことである。そして不協和とは，それら複数の認知要素間に矛盾した関係がある状態のことをいう。この不協和は心理的な緊張や不快さを生じさせ，それらを経験した個人はそれらの解消に向けて動機づけられると考えられている。

　先の強制応諾実験の内容を認知的不協和理論から説明すると次のようになる。実験参加者が行なった作業は退屈なものであった。しかし，自分は他者に対してそれが興味深かったと伝えた。これら2つの認知要素は不協和な関係にあるため，実験参加者は緊張を感じその解消に向けて動機づけられる。そのとき，虚偽を伝えることへの報酬として20ドルを受け取ったとすると，その報酬は不本意な行動をとられたことに対して与えられたものであると考えて正当化できるため，不協和が解消される。しかし1ドルの報酬では正当化するには少なすぎるため，別の方法で不協和を低減するしかない。このとき，自分が他者に虚偽を伝えたという事実は打ち消しようがないのに対して，作業が退屈であるという評価は主観的なものであるため変えやすい。結果として，1ドル条件の実験参加者は自らの行為を正当化するため，作業が実際に興味深かったと評価するにいたるのである（図4-9）。

　認知的不協和理論は，以上のような強制的応諾に関する現象のみならず，決定後の不協和，不十分な正当化，努力の正当化，情報への選択的接触など，多様な現象を的確に説明できる高い一般性をもった理論であると評価されている。

　その一方で，フェスティンガー以後，この理論のカバーする条件が広範すぎることへの批判的な検討も行なわれ，その適用できる条件の精緻化も進められている（表4-7）。

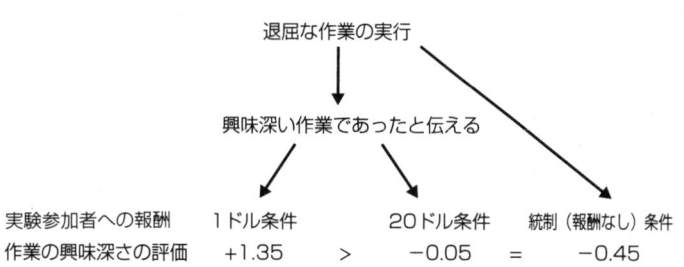

```
                          退屈な作業の実行
                                │
                                ▼
                      興味深い作業であったと伝える
                    ↙           ↓           ↘
実験参加者への報酬   1ドル条件      20ドル条件      統制（報酬なし）条件
作業の興味深さの評価  +1.35    >    －0.05    ＝    －0.45
```

図4-8　フェスティンガーとカールスミスの強制応諾実験の手続きと結果
（Festinger, L. & Carlsmith, J.M., 1959を一部改変）
注）興味深さの評価得点は－5から＋5の範囲

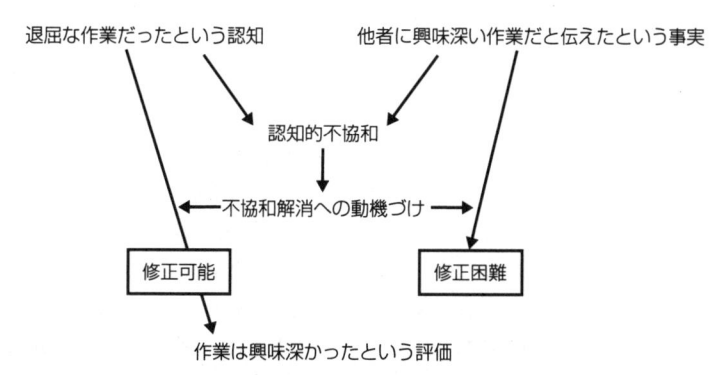

```
退屈な作業だったという認知        他者に興味深い作業だと伝えたという事実
            ↘                    ↙
               認知的不協和
            ←  不協和解消への動機づけ  →
     ┌─────────┐              ┌─────────┐
     │ 修正可能 │              │ 修正困難 │
     └─────────┘              └─────────┘
            ↓
  作業は興味深かったという評価
```

図4-9　強制応諾実験の結果の認知的不協和理論からの説明

表4-7　認知的不協和の効果を制限する条件にかかわる知見

・不協和にかかわる現象が生じるためには，コミットメントが必要である（Brehm, J. & Cohen, A.R., 1962）
・不協和は自己評価への脅威がある場合にのみ生じる（Aronson, E., 1968）
・不協和は
　　（a）本来回避すべき結果を招くことが予測できた
　　（b）予期できたにもかかわらずその結果を招いてしまった
　　（c）その結果を招いた責任は自分自身にある
　場合にのみ生起する（Cooper, J. & Fzio, R.H., 1984）

6．自己過程

「最近，自分に自信がなくなってきた」，「自分で自分をほめてやりたい」，「もっと自分らしく生きたい」，「自分を人にアピールしたい」。これらは，すべて心理学における自己研究の対象であるが，自己と一言でいっても，このようにさまざまな自己に関連する心理過程を考えることができる。

中村（1990）は，このような自己に関する多様な心理過程を統一的にとらえるために，自己過程（self-process）という枠組みを提供した（図4-10）。以下では，この自己過程の位相に対応した，4つの心理プロセスについて概説する。その際，特に，近年注目されている，自己過程と個人の適応との関連に焦点をあてて解説してゆく。

（1）自己注目

人前に出ると，他人の自分に対する視線が気になり，あがってしまう。また，部屋に1人でいるときに，ふと我に返って，今日の自分の失敗を思い起こして，自己嫌悪に陥る。このような自己への注目という心理過程に関して，体系的な理論的枠組みを提供したのが，ウィックランドら（Duval, S. & Wickland, R. A., 1972; Wickland R. A., 1975）の客体的自覚理論（objective self-awareness theory）である（図4-11）。彼らによると，人の注意は自己か外的な対象のいずれかに向けられる。自己に注意が向けられた状態は，自覚状態（self-awareness）とよばれる。実験場面では，自覚状態を導く刺激として，鏡やビデオカメラの前で作業する，録音された自分の声を聞くなど，さまざまな刺激が用いられる。自覚状態に陥った際，人は理想や規範などの正しさの基準（standard of correctness）に注目し，それと現実の自分の行動とが一致しているかどうかが問題にされる。多くの場合，現実の行動レベルは基準よりも低いため，否定的に自己を評価することにつながり，その結果，不快感情が導かれる。そこで，この不快感を低めようとして，鏡の前から移動する，というような自己からの注意を避けようとする行動がとられることになる。

このような自己注目の過程は，個人の適応と密接に関連している。人は一般に成功の後に自己に注目し，失敗の後に自己への注意を避ける傾向にある。しかしながら，抑うつ的な人は逆の傾向を示すのである。このような傾向は，抑うつ的自己注目スタイル（Pyszczynski, T. & Greenberg, J., 1987）とよばれ，抑うつが発生し，維持される要因の1つと考えられている（坂本, 1997）。

（2）自己概念

「あなたは，どんな人ですか」と誰かに聞かれれば，「私はおとなしいです」，「私は長男です」など，自分のことについてさまざまな表現を用いて答えることができる。自己概念とは，このような多様な自分に関する知識を構造化したものである。また，伝統的なジェームズ（James, W., 1890）の「知る自己（I＝self as knower）」と「知られる自己（Me＝self as known）」との分類に従えば，自己概念は後者にあたるものであり，自らが，自己を対象として把握した概念ととらえられる。

表4-8に示した「Who am I？」テストは，自己概念を測定する方法として広く知られている。また自己概念の構造については，図4-12のモデルをはじめ，さまざまなモデルが考えられている。

このような自己概念の構造と適応との関連を扱った研究として，リンヴィル（Linville, P.W., 1985）が提唱した自己複雑性モデル（self-complexity model）がある（図4-13）。このモデルによると，自己概念の複雑さがストレッサーから人を守るとされている（自己複雑性緩衝仮説）。自己概念が複雑に分化している人では，ストレスフルな出来事による影響は，その出来事に関連する領域に限定される。したがって，他の多くの自己の側面は否定的な出来事による影響を受けにくいために，自己概念の複雑性の高い人は，適応的な状

6. 自己過程

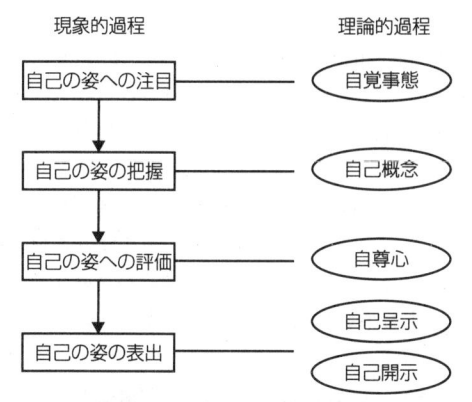

図4-10 自己過程の段階的位相（中村, 1990；藤原, 2001）

中村（1990）は、「自分が自分に注目し（自己の姿への注目）、自分の特徴を自分で描き（自己の姿の把握）、その描いた姿についての評価を行ない（自己の姿への評価）、さらに、そのような自分の姿を他人にさらけ出したり、都合の悪いところは隠したり修飾したりする（自己の姿の表出）」という一連の現象的過程（phenomenal process）を自己過程（self-process）としてとらえた。

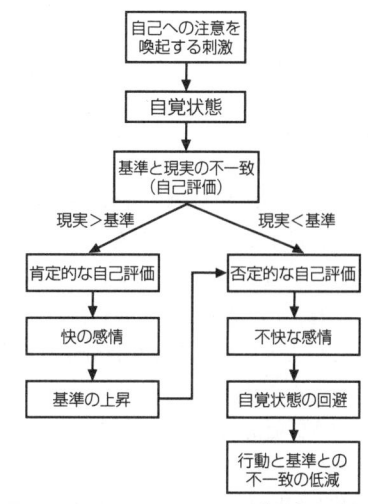

図4-11 ウィックランドらの客体的自覚理論
（Wickland, R.A., 1975；渡辺, 2002）

表4-8 「私は誰でしょう（Who am I?：WAI）」テストと回答例（池上・遠藤, 1998）

私は誰でしょう
1. （私は、大学3年生だ）
2. （私は一人っ子だ）
3. ＿＿＿＿＿＿＿＿
 ⋮
 ⋮

20答法では、回答欄が20個ある。

図4-12 シェーベルソンの自己概念の構造
（Shavelson, R.L.et al., 1976；池上・遠藤, 1998）

図4-13 自己概念の複雑さがストレス緩衝効果をもつ（榎本, 1998）

多くの研究がこの仮説を支持しているが（e.g., Dixson, T.M. & Baumeister, R. F., 1991；Niedenthal, P.M. et al., 1992）、その後の研究では、この仮説と矛盾する結果も見いだされている。ウールフォークら（Woolfolk, R.L. et al., 1995）は、自尊心の低い人は高い人よりも、否定的な自己概念の複雑性が高く、それが心理的な抑うつと関連することを示した。この結果から、彼らは自己概念の複雑性が高いほど、適応的であるとは一概にいえないと主張している。

態を維持しやすいとされている（Linville, P.W., 1987）。

(3) 自己評価

①自己評価と自尊感情

自己評価とは，好き－嫌い，満足－不満足といった，自己に対する評価のことをさす。自己概念との相違は，次のような例を考えると理解しやすい。たとえば，「私はおとなしい」という自己概念をもっている人でも，そんな自分が「好きな」人もいれば，逆に「嫌いな」人もいる。この好きか否かという評価的側面が，自己評価である。

自己評価は，自己概念に対応して，さまざまな領域に分化している。たとえば，社交性，運動能力，知性など，さまざまな領域に関する自己評価がある（山本ら，1982）。このような個別的自己評価（specific self-views）は，自己に対する全体的な自己評価である自尊感情，あるいは自尊心（self-esteem）と区別されることがある（Pelham, B.W. & Swann, W. B., Jr., 1989）。

一般的には，より多くの領域における個別的自己評価が高いほど，自尊感情が高いと考えられる（Shaverson, R.L. et al., 1976）。しかしながら，図4-14に示すように，個別的な自己評価のパターンがまったく同じであっても，自尊感情のレベルが異なる場合もある（Harter, S., 1993）。自分が重要だと考える領域の自己評価が低ければ，全体としての自尊感情が低くなってしまうのである。

では，自己評価や自尊感情は，個人の適応とどのように結びついているのだろうか。これまでの心理学では，自分のことを正確にありのままに評価している人ほど，適応的であるとされてきた（Allport, G.W., 1955）。しかしながら，近年では，人は自分のことを非現実的なまでに肯定的にとらえており，そのことが積極的な思考や行動を生み，適応を促進することが明らかにされてきている（Taylor, S.E. & Brown, J.D., 1988）。この自己を肯定的な方向に歪めてとらえる傾向は，ポジティブ幻想（positive illusion）とよばれ，表4-9に示した3つの要素によって特徴づけられる。人は，多くの場合，ポジティブ幻想をもち，自尊感情が高く，適応的な状態を維持している。しかしながら，何らかの要因によって，自尊感情が低い状態を維持してしまっている人もいる。このような自尊心の低い人は，抑うつ傾向や孤独感が高いなど，さまざまな不適応状態を示すことが明らかにされている。

では，人は自己評価が高いほど適応的と考えてよいのだろうか。バウマイスターら（Baumeister, R.F. et al., 1996）は，自己評価が高くても，それが不安定であれば他者に対する攻撃的反応などの反社会的な行動をとる場合もあると主張している。したがって，個人の適応を考える際，自己評価の高さだけではなく，安定性も考慮する必要がある。

また，肯定性や安定性などの自己評価そのものの性質だけでなく，他者からの評価も個人の適応に影響する。自己評価は，自己と他者とが相互に影響を与え合うなかで形成される（アイデンティティ交渉（identity negotiation）過程：Swann, W.B.Jr., 1987）。長谷川と浦（1998）は，自尊心の低い人において，アイデンティティ交渉のなかで生じる自己評価と他者評価とのズレが低減された程度が，適応状態を規定することを明らかにしている。

②自己評価に関する動機

人は，一般的に，自分のことをどのように評価したいと考えているのだろうか。これまでに提唱されている自己評価に関する動機を，図4-15に示した。人は，一般的に，自分のことを，正確に，安定的に，肯定的に，今よりも改善したいという動機をもつことが明らかにされている。

これら4つの動機の中で，最も基本的な動機は自己高揚動機であるとされる（Sedikides, C. & Strube, M.J., 1997）。上述のポジティブ幻想も，この自己高揚動機の働きによって，生起する。

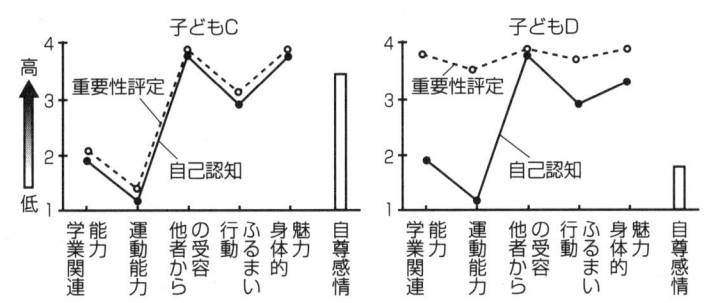

図4-14 自己認知が類似し，自尊感情が異なる2人の子どものプロフィール
(Harter, S., 1993；池上・遠藤, 1998)

個別的な自己評価は，自己認知の諸側面とよばれることもある（山本ら，1982）。したがって，図中の「自己認知」は，本文中の「個別的自己評価」と同義である。

表4-9 ポジティブ幻想の特徴 （Taylor, S.E. & Brown, J.D., 1988；遠藤, 1998に基づき作成）

①自分自身に対する過大評価…………自分自身を非現実的なまでにポジティブにとらえる
②自分の統制力に対する過大評価……外界に対する自分の統制力を現実以上に大きいととらえる
③自分の将来に対する楽観性…………自分の将来を現実以上にバラ色に描く

― 自己高揚動機（self-enhancement motive）
　自己概念の肯定性を高めたい，あるいは維持したい，また否定性を減じたいという欲求に関連した動機

― 自己確証動機（self-verification motive）
　肯定的なものであれ，否定的なものであれ，すでにもっている自己概念についての確証を得たい，その正しさを立証したいという欲求に関連した動機

― 自己査定動機（self-assessment motive）
　結果として自分にとって好都合なものとなるか不都合なものとなるかに関わりなく，自己概念についての正確な情報を得ることでその不確実さを減じたいという欲求に関連した動機

― 自己向上動機（self-improvement motive）
　自己の諸性質を改善したい，向上させたいという欲求に関連した動機

図4-15 自己評価動機 （榎本, 1998）

しかしながら、これら4つの動機のいくつかが、時に葛藤状態を引き起こすこともある。たとえば、自己高揚動機と自己確証動機が、人を葛藤状態に導く場合がある（表4-10）。自己評価の高い人にとって、両動機は矛盾しない。つまり、自己高揚・確証動機のどちらに従っても、ポジティブな評価を求めることになる。しかしながら、自己評価の低い人の場合、両動機が葛藤を引き起こすことがある。自己評価の低い人が、他者からのポジティブな評価を与えられた場合である。この場合、自己高揚動機に従えば、ポジティブな評価が与えられたため、情緒的にはうれしい気持ちになる。しかしながら、自己確証動機に従えば、ネガティブな自己評価と一致しない評価が与えられたため、認知的には素直にその評価を受け入れられないのである。この状態は、認知と情緒の板挟み状態（cognitive-affective crossfire）とよばれ、自己評価の低さが維持される要因の1つと考えられている（Swann, W.B.Jr. et al., 1987）。

(4) 自己呈示と自己開示
① 自己呈示

私たちは、自分にとって望ましい印象を他者に与えるために行動することがある。たとえば、ふだんはラフな服装をすることが多い人でも、就職試験のときは、スーツ姿で面接を受け、社会人としての自分を面接官にアピールする場合などである。このように他者に対して自己を示すことを、自己呈示（self-presentation）、あるいは印象操作（impression management）とよぶ。

自己呈示が効果的に行なわれ、他者に好意的な印象を与えることができれば、さまざまな対人的メリットが得られる可能性がある（Leary, M.R., & Kowalski, R.M., 1990）。先述の例で考えると、面接者によい印象を与えることができれば、内定が取れ、就職浪人をせずにすみ（報酬の獲得と損失の回避）、自尊心が高まる（自尊心の維持・高揚）ことになる。また、自己呈示行動は、戦術的（tactical）か戦略的（strategic）か、防衛的（defensive）か主張的（assertive）かという2次元で分類される（表4-11）。主張的自己呈示方略の具体例を表4-12に示した。

②自己開示

自己呈示が、他者に対する印象操作的な側面をもつ行動であるのに対して、自己開示（self-disclosure）とは、他者との会話を通して自らをさらけ出す行為である。自己開示の動機について表4-13に示した。このように、「自分のことを人に話すとすっきりする」「考えが整理され、深まる」など、さまざまな動機に基づいて自己開示は行なわれる。しかしながら、自己開示は、このような開示する人の欲求のみに基づいてなされるものではない。開示される人との関係のなかで、いつ、どのような内容の開示が行なわれるかが決まってくる。図4-16に、開示される人によって、自己開示の深さと広さがどのように異なるかを示した。あまり親しくない人に対して、出会ってすぐに深い内容の自己開示をすることは、関係の進展を妨げることになる（Kaplan, K.J. et al., 1974）。

また、自己開示には、返報性（reciprocity）のルールがあることが知られている。返報性とは、他者から自己開示された場合には、相手に同程度の深さの自己開示を返す傾向のことである。この自己開示の返報性によって、二者関係が親密になっていくのである。

では、自己開示と適応はどのように関連しているのだろうか。ペネベイカー（Pennebaker, J.W., 1989）は、外傷体験（配偶者との死別等）を開示することが身体的な適応を促進すると主張している（図4-17）。外傷体験について、事実とともに、感情的な内容を筆記することは、短期的には不快な感情を引き起こす。しかしながら、そのような開示によって、長期的には適応が促進されることが、実験的な検討によって明らかにされている。

表4-10　自己高揚・確証動機から予測される，人が求める他者評価の質（Swann, W.B. Jr. et al., 1987；長谷川, 2002）

自尊心レベル	自己評価動機の種類 自己高揚動機	自己確証動機
自尊心の高い人	ポジティブな他者評価	ポジティブな他者評価
自尊心の低い人	ポジティブな他者評価	⟷ ネガティブな他者評価

自尊心の高い人は，ポジティブ自己評価をもつ。そのため，「自分を肯定的にとらえたい」という自己高揚動機と「自己評価レベルと一致するポジティブな他者評価を得たい」という自己確証動機が矛盾することはない。
ところが，自尊心の低い人は，ネガティブな自尊感情をもつため，自己高揚・確証それぞれの動機によって求められる他者評価の質が一致しないことになる。
具体的には，自尊心の低い人が他者からほめられた場合，「自分を肯定的にとらえたい」という自己高揚動機と「ネガティブ自己評価と一致する他者評価を得たい」という自己確証動機が葛藤を起こすことになる。

表4-11　自己呈示行動の分類（安藤, 2002）

	戦術的	戦略的
防衛的	弁解／正当化／セルフ・ハンディキャッピング／謝罪／向社会的行動	アルコール依存／薬物乱用／恐怖症／心気症／精神病／学習性無力感
主張的	取り入り／威嚇／自己宣伝／示範／哀願／称賛付与／価値高揚	魅力／尊敬／威信／地位／信憑性／信頼性

戦術的自己呈示は，特定場面で一時的に生じる行動をさす。戦略的自己呈示は，多くの場面においてそのような戦術を組みあわせ，長期に渡って特定の印象を他者に与えようとする方略をさす。
防衛的自己呈示は，他者が自分に対して否定的な印象を抱いたり，抱く可能性がある場合，自分のイメージをそれ以上傷つけないようにしたり，少しでもそれを良い方向に変えようとする試みである。これに対して，主張的自己呈示は，特定の印象を他者に与えることを目的にして積極的に自らの行動を組み立てていく自己呈示をさす。

表4-12　主張的自己呈示方略の分類
（Jones, E.E. & Pittman, T.S., 1982；安藤, 2002）

	手に入れたい帰属	失敗した場合の帰属	喚起される感情	典型的な行為
1．取り入り	感じのよい	おべっか者，追従者，ごますり	好意	意見同調，お世辞
2．威嚇	危険な（冷酷，感情的）	空威張り，中身のない，迫力ない	恐怖	脅し，怒鳴る，キレる
3．自己宣伝	能力のある	ぎまん的，うぬぼれた，防衛的な	尊敬（畏敬，敬意）	業績の主張説明，業績
4．示範	立派な（苦労人，献身的）	偽善者，殊勝ぶった，人を食い物にする	罪悪感（恥，人に負けたくない）	自己犠牲，援助，人に影響を与えたがる
5．哀願	かわいそう（ハンディのある，不運な）	汚名を着せられる，怠け者，人にしてもらいたがる	面倒をみてやる（義務的に）	自己軽蔑，援助の悲願

表4-13　自己開示の動機
（Taylor, S.E. et al., 1994；池上・遠藤, 1998）

1．表　出
　　自分の感情などをただ表現したくなることがある。
　　（例：帰宅後，上司の悪口を言う。ボヤく。）
2．自己明確化
　　人に話しているうちに，自己や状況に対する理解が深化する。
3．社会的妥当性
　　自己開示に対する相手の反応を通して，自己の適切性，正当性などの情報を得る。
4．社会的統制
　　自己の何については開示し，何を開示しないのかの調節を通して，自己について望ましい印象を与えようとする。
5．関係性の発展
　　個人的情報を他者と共有することは，関係性形成の始動につながり，共有情報量を増大させることは親密化につながる。

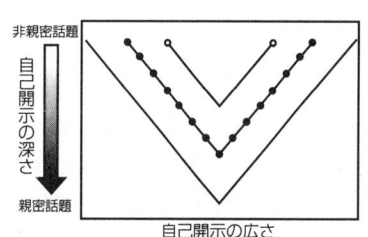

図4-16　自己開示の深さと広さ
（Taylor, S.E. et al., 1994；池上・遠藤, 1998）

縦軸：自己開示の深さ（非親密話題→親密話題）
横軸：自己開示の広さ
　○─○　見知らぬ他者（浅く，狭い）
　■─■　知人（より深く，広い）
　●─●　親友（もっとも深く，広い）

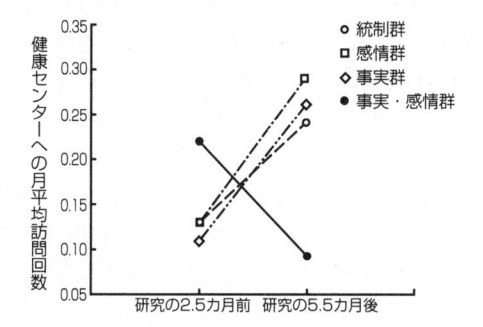

大学生を実験参加者として，筆記が心身の健康に及ぼす影響を調べる実験を行なった。実験参加者は，連続した4日間で，外傷体験か，ささいな話題（統制群）のいずれかを書くように求められた。さらに，外傷体験群は，外傷体験に関する事実のみを書き，感情は書かない群（事実群），感情だけについて書く群（感情群），事実と感情両方を書く群（事実・感情群）に分けられた。心身の健康を示す指標として，大学の健康センターに行った回数を調べた。その結果，事実・感情群の筆記による自己開示が，短期的には不快さを感じさせるが，長期的には心身の適応を促進することが示された。

図4-17　外傷体験の筆記が疾病による健康センターへの月平均訪問回数に及ぼす効果
（Pennebaker, J.W. & Beall, S.K., 1986；小口, 1998）

（グラフ：縦軸　健康センターへの月平均訪問回数，横軸　研究の2.5カ月前／研究の5.5カ月後。凡例：○統制群，□感情群，◇事実群，●事実・感情群）

【トピックス4】マインド・コントロール

「人をロボットのように意のままに操れれば…」といった願望は，魅力的なところもあるが非道徳的で危険なアイデアといえよう。それにもかかわらず，これまでいろいろと研究の試みがなされてきた。歴史的には第2次世界大戦の前頃から戦争の「武器」として開発研究が始まったとされる。捕虜に自白を誘導したり，強靭な兵士を養成したり，大衆の意思を扇動したりするために，ナチス，ソビエト，そしてアメリカといった国家の軍事秘密プロジェクトとして果たされようとした。それらは後に「洗脳」として知られるようになったが，個人の身柄を拘束し，脱条件づけ原理を根拠にして，催眠，薬物，電気ショックなどの効果が試されたという。ただしそれらの研究成果は，ターゲットの意思をロボットのように完全操作できるというレベルでは成功したとはいえない。

しかしそんな野心的な試みはその後も続き，現在では，政治宣伝やマーケティング戦略，消費者行動の誘導ないし組織集団のメンバー管理といった産業場面の心理的武器として発展を遂げてきた。特にこの試みは，ある特定集団によって新メンバーの獲得ないし集団維持の手法として応用されるようになった。それは，洗脳のように身体的強制を用いることなく，「自由意志」による判断と自認させたまま，集団があらかじめ用意しておいた行動選択にターゲットを誘導するのである。

この手法は一般に「マインド・コントロール」とよばれ，人間の日常的な意思や行動が個人的要因（欲求，意志，動機，性格など）と環境的要因（時や場所といった自然や社会状況，所与の情報など）の相互作用であることを熟知し，これら要因を巧みに仕組む徹底的な情報操作を行なうことを条件として可能とする。つまり説得的コミュニケーション，社会的推論や意思決定過程あるいは集団力学などといった社会心理学の諸分野での研究成果を計画的かつ体系的に応用して社会的影響を与えようという試みなのである。

この手法を用いる新メンバー獲得の場面では，勧誘者はターゲットが誘いを断りにくい状況に追い込み，くり返し思想を聞かせようとする。たとえば，「断ると親切な相手に失礼だ」と思わせる（返報性の原理），信頼できる魅力的な人を装う（好意性，権威性），次回の会う約束に徹底した念を押す（一貫性の原理），今回の出会いが最高で最後のもののように装う（希少性の原理）といった承諾誘導のルールを駆使する。その上で勧誘者はターゲットを日常の情報源から切り離して不安や恐怖を煽りながら好都合な情報のみを一方的に与える。さらに勧誘者は多数者や権威の勢力を用いて思想のリアリティを構築し，ターゲットの依存性を高め，価値の転換を迫るのである。こうした情報操作が集団加入後も不断に続けられるため，ターゲットは正義感と集団への忠誠心を強力にもつようになり，一般には荒唐無稽な行動をも専念せざるをえなくなっていくのである。

現代社会では，倫理を度外視してマインド・コントロールを実行する集団（破壊的カルト）が現われ，彼らの社会的規範を著しく逸脱する活動が問題となってきた。たとえば，約900人以上の人々を殺人ないし自殺に追いつめたり（1978年，ガイアナでの人民寺院事件），80人あまりのメンバーを国家保安局に対して決死の覚悟で銃撃戦に臨ませたりした事件（1993年，米国でのブランチ・ダビディアン事件）が有名である。さらに，マインド・コントロールが関係していると憶測される事件はその後も世界中でくり返し起きている（1994年，スイスでの太陽寺院の集団自殺・殺害事件，1997年，米国での天国の扉寺院の集団自殺事件など）。日本も例外ではなく，脅迫メッセージによる違法商行為を「善」として行なってきた統一協会，そして無差別大量殺人をも含む数々の犯罪行動に「修行」と「救済」の意として関与したオウム真理教などが代表的である。

第5章 対人関係・集団

1. 対人行動

人の心理や行動を理解する上で,「他者から影響を受け,他者に影響を与える人間」という視点は欠かせない。このような視点から人間行動を研究する領域を,社会心理学（social psychology）という。オールポート（Allport, G.W., 1985）によれば,社会心理学とは,「他者の現実的,想像的,あるいは暗示的（implied）存在によって,個人の思考,感情,および行動がどのような影響を受けるかを理解し説明しようとする」学問である。

社会心理学のスコープはきわめて広い。具体的には,次のような研究テーマがあげられる。

①個人の心理過程：人は自分,他者,および社会で起きるさまざまな事象をどのように認知するのか,そしてその認知のあり方が社会的行動とどのように関係するのかを解明しようとする。具体的には,社会的動機,自己過程,対人情報の処理,帰属過程などである。4章で紹介したテーマの多くがこれに相当する。

②対人行動：人が特定の他者に対してとる行動について探究する。コミュニケーション,対人関係の親密化の過程,対人葛藤とその解消,社会的影響過程,説得と態度変容,援助行動やソーシャル・サポート,攻撃行動など,この領域に含まれるテーマは多岐にわたる。

③集団行動：集団の中での人間行動の一般法則を見いだそうとする。小集団内における諸活動（多数派と少数派の影響過程,集団意思決定,集団生産性,リーダーシップ等）だけでなく,組織行動や,集団間の対立・協調の原理についても関心が向けられている。この領域を集団力学（group dynamics）とよぶこともある。

④集合現象・文化：相互に面識がない不特定多数の人々の行動が,相互に影響を与え合って一定の方向に向かうような現象を集合現象または集合行動という。暴動,パニック,流言,流行,世論形成などがこれに含まれる。また,文化が人間行動に及ぼす影響にも関心が向けられている。

このように概観しただけでも,いかに多くのテーマが研究対象となっているかがわかるであろう。これらの分類はあくまで便宜的なものであって,当然,すべてのテーマは相互に関連し合っている。

この章では,主として「対人行動」および「集団行動」の一部にかかわる基礎的な知見について解説する。

2. 対人コミュニケーション

　コミュニケーション（communication）という用語は，個人内の情報処理過程からマス・メディアのような大規模な情報伝達過程まで，幅広い状況に用いられる。そのなかでも特に，2人の人々の間で行なわれるコミュニケーションを，対人コミュニケーション（interpersonal communication）という。対人コミュニケーションとは，人と人とがメッセージを伝達し合う過程のことであり，あらゆる社会的相互作用の基礎となる過程である。

(1) 対人コミュニケーションの過程

　対人コミュニケーションの基本的な過程は，シャノンとウェーバー（Shannon, C.E. & Weaver, W., 1949）が電気通信システムを念頭に置いて提唱した通信モデルに表わされている（図5-1）。これを対人コミュニケーションに当てはめると，「送り手（情報源）」がメッセージを「記号化（送信機）」し，「受け手（受信機）」がそのメッセージ内容を「解読化（受信機）」するという，一連の過程が想定できる。

　記号化（encoding）とは，情報を一定の記号に変換することである。対人コミュニケーションにおける記号化は，通常，さまざまな「チャネル（channel）」を通じて行なわれる。チャネルとは，情報伝達の通路のことであり，具体的には，言葉による発話，表情，視線，しぐさ，対人距離などをさす。解読化（decoding）とは，記号化された情報を解釈することを意味する。したがって，メッセージ内容が送り手の意図通りに受け手に理解されるかどうかは，送り手がメッセージを適切に記号化できるか，また受け手がそれを正確に解読できるかどうかにかかっていることになる。

　シャノンとウェーバーのモデルは，その後の多くのコミュニケーション研究の基礎となったが，対人コミュニケーションを表現するには不十分な点もある。第1に，対人コミュニケーションでは，情報の送り手が同時に受け手でもあり，相互に情報をやりとりするのがふつうである。第2に，対人コミュニケーションはそれが生じている状況に影響される。竹内（1973）は，これらの点を考慮したモデルを提唱している（図5-2）。

(2) コミュニケーションのチャネル

　コミュニケーションを，チャネルに応じて大きく2分するとすれば，シンボルとしての言語を用いる言語的コミュニケーション（verbal communication: VC）と，言語以外のチャネルを用いる非言語的コミュニケーション（nonverbal communication: NVC）に分類できる（図5-3）。VCは言葉の意味によるコミュニケーションであり，意図的かつ意識的に行なわれる程度が高い。一方，NVCは，図5-3に示すさまざまなチャネルによるコミュニケーションであり，VCに比べて意識的に統制することがむずかしく，本音が表われやすいと考えられている。深田（1998）は，VCと比べたNVCの特徴として，表5-1に示す4点をあげている。

　通常，コミュニケーションというと真っ先に思い浮かべられるのはVCの方かもしれないが，実際にはNVCの果たす役割が非常に重要である。マーラビアンとウィナー（Mehrabian, A. & Wiener, M. 1967）は，送り手の態度の認知が発言内容（VC），声の調子（NVC），および顔面表情（NVC）の3チャネルによってどの程度説明されるかを分析した。その結果，

　認知された態度＝.07（発言内容）＋.38（声の調子）＋.55（顔面表情）

という関係を明らかにしている。この公式によると，メッセージの印象の大部分はNVCによってつくられているということになる。

(3) 非言語的コミュニケーションのチャネル

　次に，NVCの個々のチャネルが，具体的にどのような役割を果たしているのかをみてみよう。

　①パラ言語（paralanguage）

　声の大きさ，ピッチ，沈黙，発話の乱れなど，

2. 対人コミュニケーション

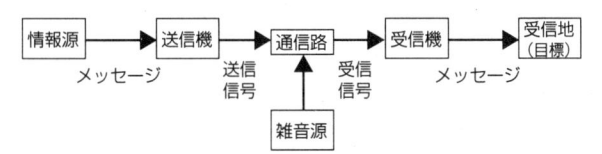

図5-1 シャノンとウェーバーの通信モデル
(Shannon, C.E. & Weaver, W., 1949 ; 長谷川・井上, 1969)

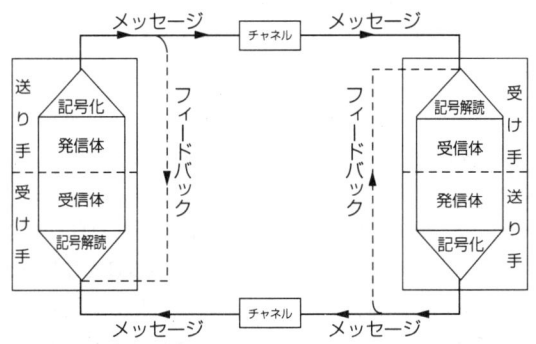

図5-2 社会的コミュニケーションのプロセス・モデル
(竹内, 1973)

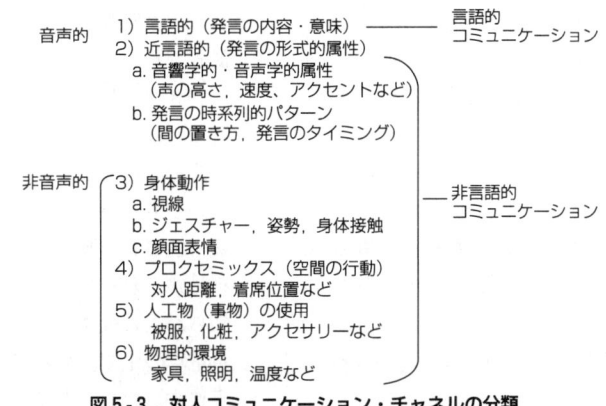

音声的
1) 言語的（発言の内容・意味）─── 言語的コミュニケーション
2) 近言語的（発言の形式的属性）
   a. 音響学的・音声学的属性
      （声の高さ, 速度, アクセントなど）
   b. 発言の時系列的パターン
      （間の置き方, 発言のタイミング）

非音声的
3) 身体動作
   a. 視線
   b. ジェスチャー, 姿勢, 身体接触
   c. 顔面表情
4) プロクセミックス（空間の行動）
   対人距離, 着席位置など
5) 人工物（事物）の使用
   被服, 化粧, アクセサリーなど
6) 物理的環境
   家具, 照明, 温度など
─── 非言語的コミュニケーション

図5-3 対人コミュニケーション・チャネルの分類
(大坊, 1998を一部改変)

表5-1 非言語的コミュニケーションの特徴 (深田, 1998より作成)

言語との独立性	言語とは独立した非言語的コミュニケーションが存在する。VCだけが交わされているように見える場合でも、少なくともパラ言語に属するNVCが付随しているが、NVCはVC無しに用いられることもある（例えば, 身振り等）。また, NVCがVCを補強したり, 逆の意味を伝達する場合もある。なお, VCの意味とNVCの伝達する意味が異なるコミュニケーションのことを二重束縛的 (double bind) コミュニケーションという。
状況による意味の変化	NVCそのものが特定の意味を伝達することはまれであり, ほとんどの場合, 状況や文脈に依存している。例えば, 対人距離の近さやアイ・コンタクトの多さは, 状況によって, 好意を表す場合と敵意を表す場合の両方がありうる。
抽象的・論理的情報伝達の困難さ	NVCは, 抽象的な情報や論理的な情報を伝達するのに適していない。数学の円の面積を求める公式をNVCによって説明することは不可能に近い。
感情伝達の有効性	NVCは感情や態度の伝達に優れている。意識的に統制することの難しいNVCは本心を語っていることが多い。

注) VCは言語的コミュニケーション, NVCは非言語的コミュニケーションの略である。

発話の内容以外の側面をパラ言語という。会話の際，同時発話が少なく発言の交代がスムーズに行なわれるのは，ピッチや沈黙の変化によって，発話権の譲渡が伝達されるからである。また，パラ言語は話者の情動状態も伝達する。たとえば，低いピッチは，快，退屈，または悲しみを伝達するが，高いピッチは怒り，恐怖，驚きを伝える傾向がある（Knapp, M.L., 1978）。

②対人距離（interpersonal distance）

対人距離とは，相互作用中に他者との間にとる物理的距離のことである。ホール（Hall, E.T., 1966）は，対人距離を表5-2に示す4つの距離帯に分類した。表5-2からわかるように，どのようなコミュニケーション場面であるかによって，対人距離は異なる。

また，相手との親しさの程度によっても対人距離は異なり，一般に，親しいほど近い距離が好まれる。アシュトンら（Ashton, N.L. et al., 1980）は，実験参加者から30cm，60cm，120cm，180cm，240cmおよび300cmの位置の床に印をつけ，そこに友人もしくは見知らぬ異性を立たせて，その距離が「近すぎる」「好ましい」「遠すぎる」「反応しない（無関心）」のどれであるかを回答してもらった。その結果を図5-4に示す。図5-4からわかるように，友人に対しては見知らぬ人より近い距離を「好ましい」と回答していることがわかる。

③視線（gaze）

「目は口ほどにものを言い」という言葉からもわかるように，視線は多くの情報を伝える重要なチャネルである。深田（1998）によると，アイ・コンタクト（eye contact: 目と目を見つめあう状態）の機能として4点があげられる。第1は情報探索機能であり，相手の感情や態度を探るために相手の目を見る。第2は情報伝達機能であり，自分の意思を相手に伝えるために相手の目を見る。たとえば，授業中に教師から指名してほしい生徒は教師とアイ・コンタクトをとろうとするが，当てられたくない生徒は教師と目が合わないようにする。第3は感情表出機能であり，通常はアイ・コンタクトは好意を表わすが，状況によって敵対的感情を表わすこともある。第4は相互作用調節機能であり，会話の交代がアイ・コンタクトによって円滑に進む。話す順番を相手に譲りたい場合は，相手を見つめてアイ・コンタクトをとることが多い。

相手のメッセージを的確に解読するためには，NVCの1つのチャネルだけではなく，あらゆるチャネル，VC，および状況にも注目して，総合的に判断しなければならない。

(4) コミュニケーションのダイナミズム

アーガイルとディーン（Argyle, M. & Dean, J., 1965）の親密性平衡（intimacy equilibrium）モデル（または親和葛藤理論：affiliative conflict theory）によると，すべての対人関係には接近（親密さの希求）と回避（拒絶されることへの恐れ）の力が働き，その均衡するところで具体的なコミュニケーション行動がとられるという。それぞれの対人関係にはその親密さのレベルに応じた均衡点があり，その均衡を維持しようとする圧力が働く。したがって，あるチャネルの行動が変化して適切な親密性のレベルが脅かされると，他のチャネルの行動がそれを補う方向に変化する（図5-5）。見知らぬ人と近すぎる対人距離に置かれてしまう満員電車の中で，乗客どうしが視線を合わせないようにするのも，あまり高くない親密性のレベルを維持するためだと考えられる。

しかし，その後の多くの実証研究では，親密性平衡モデルで想定されているような，チャネル間の相補的変化ばかりでなく，相互的な変化（たとえば，相手が対人距離を縮めれば自分も縮める）も見いだされている。パターソン（Patterson, M.L., 1976）は，相補的変化と相互的変化の両方を説明するために，覚醒モデル（arousal model）を提唱している（図5-6）。

2. 対人コミュニケーション

表5-2 ホールの4つの距離帯 (Hall, 1966より作成)

	距離	特徴
密接距離 (intimate distance)	0～0.50m	愛撫，格闘，慰め，保護の距離。手で相手の手に触れたり握ったりできる。親子や恋人同士がとる距離。
個体距離 (personal distance)	0.50～1.25m	相手の身体的支配が可能な距離。つまり個人の防御領域であり「なわばり」である。
社会距離 (social distance)	1.25～3.50m	仕事や形式的なコミュニケーションの際にとられる距離。人を互いに隔離し遮蔽する距離であり，好きなときに会話したり別々に活動したりできる。
公衆距離 (public distance)	3.50m以上	すぐ逃げることのできる距離。顔の表情や普通の声で話される意味のニュアンスも感じ取りにくい。演説など一方的コミュニケーションは可能だが相互コミュニケーションは困難。

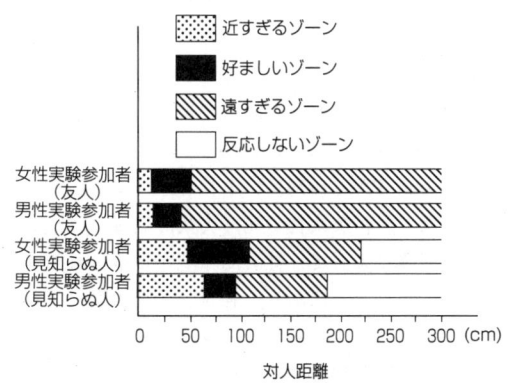

図5-4 対人距離のゾーン (Ashton, N.L et al., 1980を一部改変)

注) 4つの反応カテゴリーのうち，あるカテゴリーから別のカテゴリーへ変化する平均距離を算出し，その変化点を示している。

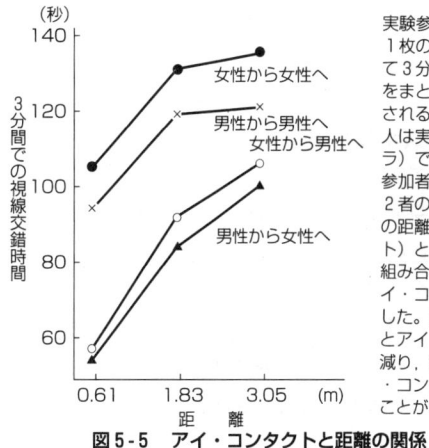

図5-5 アイ・コンタクトと距離の関係 (Argyle, M & Dean, J., 1965)

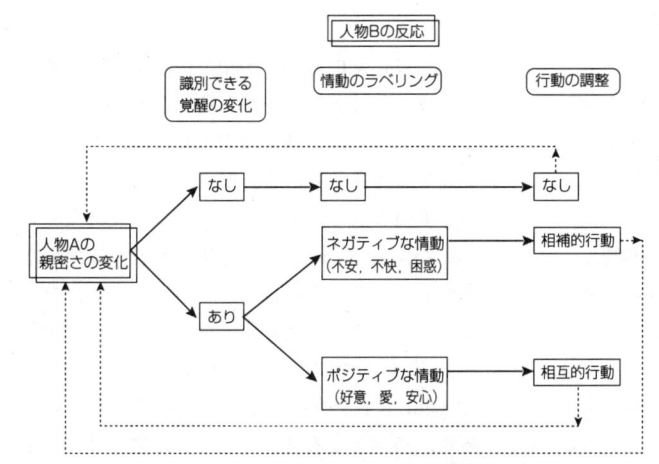

実験参加者は，2人で1枚の絵の内容について3分間議論し，物語をまとめるように教示される。2人のうち1人は実験協力者（サクラ）であり，真の実験参加者を連続的に見る。2者の机を挟んだ椅子の距離（2, 6, 10フィート）と，2者の性別の組み合わせを変え，アイ・コンタクトを観察した。距離が近くなるとアイ・コンタクトが減り，遠くなるとアイ・コンタクトが増えることがわかる。

図5-6 親密性覚醒モデル (Patterson, M.L., 1976)

人物Aのコミュニケーションのいずれかのチャネルに親密性の変化が生じた場合，まず問題となるのは人物Bに覚醒水準の変化が生じるかどうかである。人物Bの覚醒水準が変化しなければ（図中の「なし」），行動の変化は生じない。

一方，覚醒水準が変化した場合，ネガティブな情動反応が生じれば，親密性平衡モデルが示すような相補的行動が生じる。しかし，覚醒の変化にポジティブな情動がラベリングされれば，人物Aの親密さに返報する相互的行動が生じる。

3. 社会的スキル

対人関係は，やり方しだいでうまくいくこともあれば，こじれてしまうこともある。このような「他者との相互作用や人間関係の技術」を表わす概念を社会的スキル（social skills）という。社会的スキルは包括的概念であり，研究者によって異なる側面が強調されることが多いため，統一的に定義することはむずかしい。しかし，基本的には，車の運転などの運動スキルと同じように，いくつかの要因に分割できるものであり，開発や訓練による習得が可能なものと考えられている（大坊，1998）。

（1）社会的スキルのモデル

社会心理学領域で最初に社会的スキルのモデルを提示したアーガイル（Argyle, M., 1967）は，社会的スキルを運動スキルと基本的に同じものであると考えた（図5-7）。この運動スキル・モデルによると，車の運転などと同様に，社会的スキルも練習によって向上し，最終的には細かいステップを意識せずに自動的に実行できるようになると考えられる。

アーガイルの運動モデルは，その後の研究に大きな影響を与えた。近年では，感情や知識などの認知的要素を考慮したモデルが提唱されている。たとえば，相川（2000）は，図5-8に示す社会的スキルの生起過程モデルを提唱した。このモデルによると，社会的スキルの高い人は，相手の反応を的確に解読でき，自分にとっても相手にとっても有益な対人目標を選択し，その目標達成のために具体的にどのような反応をすべきかを熟知している。さらに，感情をコントロールできるため，決定した対人反応を適切かつ効果的に実行できる。

（2）社会的スキル不足がもたらすもの

これまでの研究から，社会的スキルの不足と孤独感の高さには関連があることが示唆されている。たとえば，ジョーンズら（Jones, W.H. et al., 1982）は，孤独感の高い，あるいは低い大学生が初対面の異性とペアで話し合いをする際のようすを観察し，孤独感の高い人は，相手への質問が少なく，相手に注目していることを表わす発言が少ないことを報告している。相川ら（1993）も同様の実験を行ない，孤独感の高い人はそうでない人に比べて，表情の表出や視線の用い方に適切さを欠き，言葉が不明瞭であり，自己表現や会話の維持の仕方が不適切であったことを見いだしている。これらの知見は，社会的スキルに乏しいから孤独になる可能性と，孤独だから社会的スキルを学習する機会が失われる可能性の両方を示唆している。

また，うつ病にも社会的スキルがかかわっていることが示唆されている。レウィンソン（Lewinsohn, P.M., 1974）によれば，うつ病の大きな原因は，親密な人物の死，失業，病気やけがなどの出来事によって，社会的環境から得られる報酬が減少することにある。しかし，その際に，新たな人間関係をつくったり，ソーシャル・サポート（本章5節参照）を引き出したりする社会的スキルがあれば，必ずしもうつ病になることはないと考えられるのである。

（3）社会的スキルの種類

研究や訓練の対象となってきた社会的スキルは多岐にわたる。一例として，ゴールドスタインら（Goldstein, A.P. et al., 1980）が臨床経験に基づいて作成した社会的スキル一覧を表5-3に示す。

社会的スキルの適切性や効果性は，文化によって異なると考えられる。堀毛（1994）は，日本で特に重視されていると考えられる「人あたりの良さ」が，表5-4に示す9つのサブ・スキルから構成されることを明らかにした。しかし，9つのサブ・スキルは，記号化・解読化・感情統制という，基本的なコミュニケーション・スキル（Riggio, R.E., 1986）と対応させることが可能であり，基本となるメタ・スキルの構造は文化的共通性をもつことも示唆される。

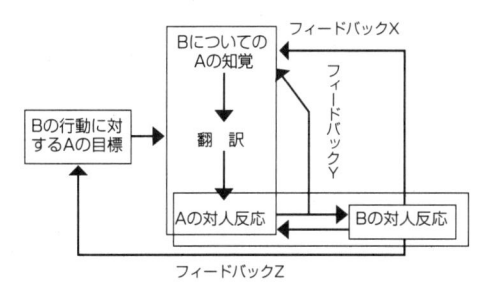

図5-7 アーガイルの社会的スキル・モデル
(Argyle, M., 1967)

翻訳：どのように反応すべきかを決定するために，知識や情報の中から適切なものを選択し，組み合わせ，計画すること。
フィードバックX：AのBに対する対人反応の成功・失敗に関するもの
フィードバックY：AとBの対人反応の噛み合わせの成功・失敗に関するもの
フィードバックZ：Bの対人反応によるAの目標の変更に関するもの

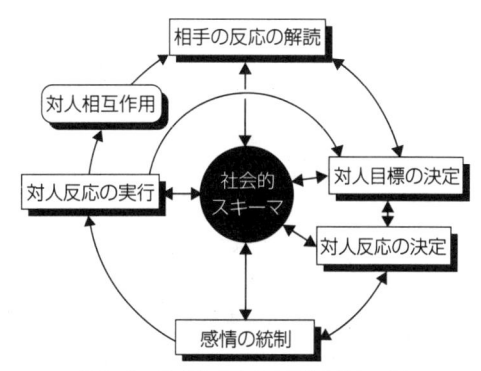

図5-8 社会的スキルの生起過程モデル
(相川, 2000)

表5-3 若者のための社会的スキル (Goldstein, A.P.et al., 1980；菊池・堀毛, 1994)

Ⅰ．初歩的なスキル	1．聞く　2．会話を始める　3．会話を続ける　4．質問をする　5．お礼をいう　6．自己紹介をする　7．他人を紹介する　8．敬意を表す
Ⅱ．高度のスキル	9．助けを求める　10．参加する　11．指示を与える　12．指示に従う　13．あやまる　14．納得させる
Ⅲ．感情処理のスキル	15．自分の感情を知る　16．感情を表現する　17．他人の感情を理解する　18．他人の怒りを処理する　19．愛情表現　20．恐れを処理する　21．自分を誉める
Ⅳ．攻撃に代わるスキル	22．許可を求める　23．分け合う　24．他人を助ける　25．和解する　26．自己統制　27．権利を主張する　28．いじめを処理する　29．他人とのトラブルを処理する　30．ファイトを保つ
Ⅴ．ストレスを処理するスキル	31．不平をいう　32．苦情に応える　33．ゲームの後のスポーツマンシップ　34．当惑を処理する　35．無視されたことの処理　36．友人のために主張する　37．説得に対応する　38．失敗を処理する　39．矛盾したメッセージを処理する　40．非難を処理する　41．むずかしい会話に応じる　42．集団圧力に対応する
Ⅵ．計画のスキル	43．何をするか決める　44．問題がどこにあるか決める　45．目標設定　46．自分の能力を知る　47．情報を集める　48．問題を重要な順に並べる　49．決定を下す　50．仕事に集中する

表5-4 「人あたりの良さ」のサブ・スキルとそれに対応するメタ・スキル (堀毛, 1994を参考に作成)

メタ・スキル	人あたりの良さのサブ・スキル	「人あたりの良さ」のサブ・スキルの具体的項目例
記号化	打ち解け	相手とすぐ打ち解けることができる／他人に対して壁を作らない，等
	印象管理	いろいろな場面を無難にこなすことができる／世渡りが上手とおもう，等
	機知性	表情が豊かである／ユーモアのある会話ができる／話題が豊富で機転がきく，等
	同調性	他人の意見にうまく同調できる／相手にあわせて自分をコントロールできる，等
解読化	解読	相手の性格をすばやくのみこむことができる／人の心を読み取ることができる
	客観性	自分の考えをしっかりもっている／さりげなく相手と意見の異なることを示すことができる
感情統制	素直さ	相手に良い感じをもったらそれをすなおに表現できる／相手に気づかせない程度に気配りができる，等
	自己抑制	自分の考えを人に押しつけない／余計なことを言わない／相手の立場をよく考えて行動する，等
	情緒安定	感情が安定している／相手に不快な感じをもってもそれを表に出さない，等

4．対人関係

人が他者に対して抱く好意，あるいは非好意や魅力といった感情的評価は，対人魅力とよばれる。私たちの日常生活は，多くの人々との相互作用の上に成り立っているが，単なる知り合いからお互いに好意をもち，友人へそして親友へとなれば，相互に大きな影響を与えあうようになる。対人魅力は，複雑な対人関係を理解する上で，特に重要な側面である。

（1）対人魅力の規定因

①近接性

人は，遠く離れた人よりも，物理的，距離的に近い人に対して好意を抱きやすい。これは，対人関係の初期段階，また発達段階の低い幼児・児童においては特に重要な要因となる。フェスティンガーら（Festinger, L. et al., 1950）は，学生アパートの調査によって，近くに住む者どうしほど友人になりやすいことを示している（図5-9，表5-5）。

遠く離れている相手と連絡をとることはさまざまな意味で手間や費用がかかるが，近くにいる相手とはより簡単に，そして頻繁に会うことができる。その結果，お互いが重要な相手となりやすく，好意の程度も高まる。またお互いに相互作用がなくても，ただ顔を合わせたりするだけで，好意を抱くようになることも単純接触仮説[*1]として知られている（図5-10）。

②身体的魅力

関係の初期，および異性間においては，一般に身体的魅力の高さが好意と大きく関連する。ウォルスターら（Walster, E. et al., 1966）が行なったダンスパーティー実験では，身体的魅力のみが相手への好意や将来のデート予期と関連することが示されている（表5-6）。

このような身体的魅力の効果は，好ましい外見が望ましい属性と結びつけられやすいことによると解釈されている。つまり身体的に魅力的な人は，その他にもよい資質があるというステレオタイプ的な判断がなされやすい。また魅力的なパートナーをもつ者は，社会的に高い評価を受けるだろうという了解もその一因として考えられる。

しかしながら，その一方で，相手の身体的魅力のレベルが自分のレベルに近い人に惹かれる傾向も知られており，マッチング仮説[*2]とよばれている。

③態度の類似性

対人魅力に関する多くの研究のなかで最も一貫した結果の1つは，私たちは自分自身と類似した他者を好むという知見である。バーンとネルソン（Byrne, D. & Nelson, D., 1965）は，態度の類似性を実験的に操作し，お互いの類似度と魅力が正の直線関係にあることを見いだしている（図5-11）。

態度の類似性が魅力と関連する理由の1つは，類似していることが強化的であるということである。ことあるごとに意見が衝突したり，好みが極端に異なることは，つき合いを続けていく上で大きな障害となるであろう。態度が類似していれば，相手の行動は容易に予測でき，話も通じやすい。また自分と類似した態度をもつ他者の存在は，自分の意見や立場が妥当であるという保証を与えてくれる。このような経験は好ましく，快であり，私たちに安心を与えてくれる。したがって態度や意見が類似した他者に対しては，魅力を感じやすくなるのである。

しかしながら，類似性のみがつねに魅力と結びつくわけではない。これとは逆に，自分にはない特性をもっていたり，自らに足りない点を補ってくれるといった相補性の要因も魅力と関係することが示されている（Winch, R.F., 1955）。相補性仮説を支持する研究はけっして多くないが，より安定した長期的な相互作用や関係の持続には，類似性だけでなく要求の相補性も重要となる（Kerckhoff, A.C. & Davis, K.E., 1962）。

4. 対人関係

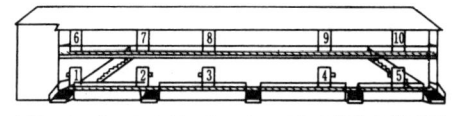

図5-9 ウエストゲート・ウエストの建物の模式図
(Festeinger, L. et al., 1950)

表5-6 ダンスパーティー実験後の相手に対する評価
(Walster, E.et al., 1966)

	本人の身体的魅力度		相手の身体的魅力度		
			低	中	高
実際にデートを申し込んだ比率	男性	低	.16	.21	.40
		中	.12	.25	.22
		高	.00	.26	.29
相手への好意度(高得点ほど好意的)	男性	低	.06	.57	.90
		中	-.10	.58	1.56
		高	-.62	.16	.82
	女性	低	.03	.71	.96
		中	-.10	.61	1.50
		高	-.13	.21	.89
相手とデートしたいと思っている比率	男性	低	.41	.53	.80
		中	.30	.50	.78
		高	.04	.37	.58
	女性	低	.53	.56	.92
		中	.35	.69	.71
		高	.27	.27	.68

表5-5 物理的距離と友人選択との関係
(Festinger, L.et al., 1950)

物理的距離の近さの単位	選択実数(A)	選択可能数(B)	A／B
1	112	8×2×17	.412
2	46	6×2×17	.225
3	22	4×2×17	.162
4	7	2×2×17	.103

対象となった住宅群には10世帯が入居できるアパートが17棟あった。部屋1と部屋2の間の距離は1，部屋1と部屋3の間は2，部屋1と部屋4の間は3というように部屋間の距離の指標には，物理的に正確な距離ではなく，部屋間の戸数を用いた。入居6か月後，「このフロアの誰と最も親しくつきあっているか」を問い，先の指標をもとにして各棟，各フロアごとに住居者の友人選択関係を調べた。

ウォルスターらは，ミネソタ大学の新入生歓迎行事として，実際にダンスパーティを催した。「コンピュータがあなたにぴったりの相手を選んでくれる」といううたい文句であったが，実は参加者はランダムにペアにされていた（背の高さだけを統制）。パーティ受付では，参加者にわからないように実験参加者（4人）が参加者の身体的魅力度を評定していた。パーティの休憩時間を利用して，全員が男女別に分かれてアンケートが行なわれ，自分のペアに対する評定を行なった。その結果，魅力的な人ほど相手から選択され，また魅力的な人ほど相手を選好しないことが示された。

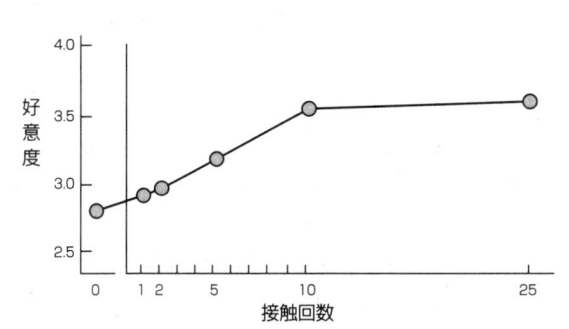

図5-10 写真に対する接触回数と好意度との関連
(Zajonc, R.B,. 1968)

大学の卒業アルバムから選択した顔写真を用いて，それらの人物に対する好意度を測定した。この好意度の測定の前に，各実験参加者はそれらの顔写真を記憶の実験と告げられて，何回か見ていた。実験の結果，事前に顔写真を見る回数が増加すると写真の人物に関係なく，好意度は増していた。

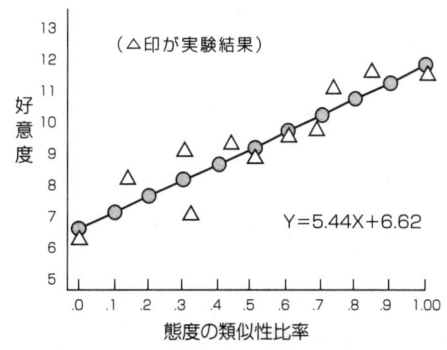

図5-11 態度の類似性比率と好意度との関連
(Byrne, D. & Nelson, D., 1965)

$Y=5.44X+6.62$

実験参加者はまず事前調査として，自分の態度を調査票に回答した。その後，実験場面において，すでに記入済みの他者の態度調査票が渡され，その人物のいくつかの側面を判断するように求められる。この他者の調査票は，実は実験者によって自他の類似性が操作されていた。実験の結果，実験参加者がターゲットに対して感じる好意度は，自他の類似の割合によることが示されている。

④好意の返報性

私たちは,自分に好意をもってくれる他者を好きになりやすい。逆に自分を嫌っている人には好意をもちにくい（Backman, C.W. & Secord, P.F., 1959）。

人は一般に他者から認められたい,尊敬されたいという欲求をもっており,他者からの肯定的な評価は,こういった欲求を満たし,その満足感が相手への好意に関連すると考えられる。

好意の返報性に関して,アロンソンとリンダー（Aronson, E. & Linder, D., 1965）は,自分の評価を偶然耳にするという状況の実験を設定し,魅力の獲得−損失理論とよばれるモデルを示している。そこでは他者から受ける自分に対する評価の変化は,評価が一貫している場合よりも,その他者への好意に大きな意味をもつことが示されている（表5-7）。

(2) 親密化の過程

さて,お互いに魅力を感じた者どうしは,どのようにして親密になっていくのだろうか。これまで対人関係の進展のプロセスを記述するいくつかの枠組みが提出されてきている。

①レヴィンガーの対人関係3水準

レヴィンガーとスヌーク（Levinger, G. & Snoek, J.D., 1972）は,対人関係の進展のプロセスを,図5-12に示すような3つの段階に分けている。お互いにまったく接触のない無関係の2人（0段階）は,まず気づきのレベルからスタートする（Ⅰ段階）。この段階では相互作用はなく,一方だけが相手を知り,印象をもったり,情報を集めたりするが,他方はそれに気づいていない。続くⅡ段階では両者がはじめて直接的な接触をもち,いわゆる顔見知りとなる。あいさつなどの表面的な接触は行なわれるが,相互依存的な相互作用はまだない。さらに進んでⅢ段階になると,両者の間には相互依存関係が生じてくる。徐々に相互作用量が増加し,お互いについての情報の共有が生じてくる。この段階になると,両者には自他の区分を越えた一体感も生まれ,お互いを一人称で呼びあうようなわれわれ意識（we-feeling）も生じてくる。

②SVR理論

マースタインは（Murstein, B.L., 1977）,SVR理論を提唱し,関係をS（stimulus：刺激）段階,V（value：価値）段階,R（role：役割）段階の3つの水準に分けて,その進展を説明している。まずS段階では,相手から受ける刺激に対して魅力を感じ,関係が開始される。つまり顔や表情,スタイル,服装,しぐさなどの表面的,行動的な特徴が重要視される。続くV段階では,自他の価値が共有されることで親密さが増加していく。趣味や好み,社会的意見といった価値観の類似性が問題となる。最後のR段階になると両者の役割関係が重要となってくる。お互いが自らの役割を見いだし,互いに相補うような役割行動を行なうことで,継続的な関係が構築されていく。

このようにレヴィンガーらのモデルとSVR理論のいずれも,対人関係は表面的で一方向的なところから,内面的で双方向的なところへと移行していくことを示唆している。

③社会的浸透理論

アルトマンとテイラー（Altman, I. & Taylor, D.A., 1973）は,対人関係の進展とそのプロセスを社会的浸透理論として記述している。そこでは対人関係が進展するにつれて,親密さの深さと広さが増すと仮定される。長期的関係性を構築する上で必要なお互いに対する信頼感の確立は,個人的情報の相互的な自己開示[*3]によるところが大きい（第4章6節参照）。関係の初期には,限られた領域の表面的な事柄しか取り交わされないが,進展に伴って徐々に親密で,個人的なレベルの自己開示が行なわれるようになる。また深く開示される領域が広がることによって,関係はより進展し,親密化していく。このような考え方は,関係性における親密さについて,その本質的理解を試みる上で重要な示唆を提供するものといえる。

表 5-7　評価の変化と相手への好意度（Aronson, E. & Linder, D., 1965）

実験条件		好意度の平均	標準偏差
前半の評価	後半の評価	（高得点ほど好意的）	
否定的 →	好意的	+7.67	1.51
好意的 →	好意的	+6.42	1.42
否定的 →	否定的	+2.52	3.16
好意的 →	否定的	+0.87	3.32

アロンソンらは，実験参加者が他者（サクラ）からどのように思われているのか，どのような評価をされているのかを偶然に耳にするという状況をたくみにつくり上げた。実験参加者が他者から受ける評価の種類は，一貫して好意的，もしくは否定的，および好意的から否定的に変化する条件とその逆のパターンの全部で4種類があった。その後，実験参加者は自分を評価していた他者に対する好意度を尋ねられた。この実験の結果，自分に対して一貫して好意的な評価をしてくれる他者よりも，非好意的評価から好意的評価に変化させた他者の方がより好まれ，逆に好意から非好意へ評価を変化させた他者は，一貫して非好意的評価を下していた他者よりもより嫌われていた。

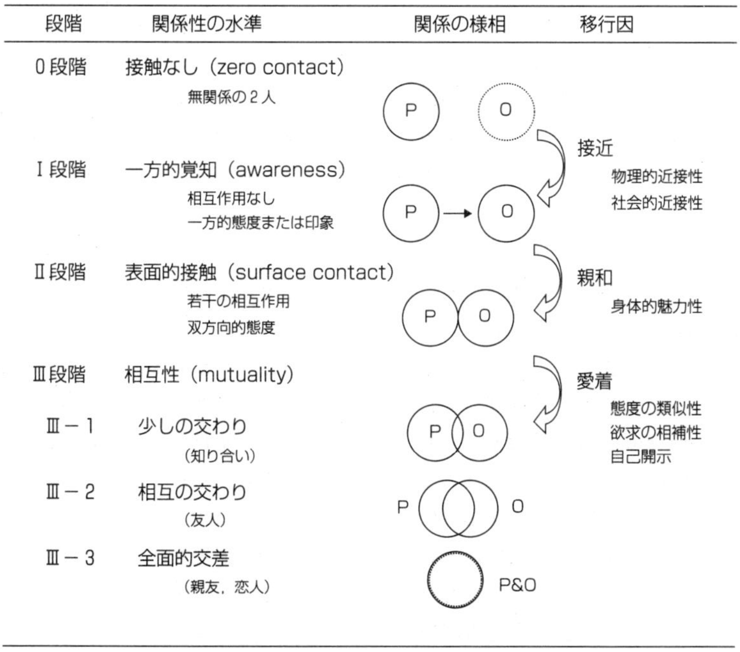

段階	関係性の水準	関係の様相	移行因
0段階	接触なし（zero contact） 無関係の2人	P　O	
Ⅰ段階	一方的覚知（awareness） 相互作用なし 一方的態度または印象	P→O	接近 物理的近接性 社会的近接性
Ⅱ段階	表面的接触（surface contact） 若干の相互作用 双方向的態度	P O	親和 身体的魅力性
Ⅲ段階	相互性（mutuality）		愛着 態度の類似性 欲求の相補性 自己開示
Ⅲ-1	少しの交わり（知り合い）	P◐O	
Ⅲ-2	相互の交わり（友人）	P⊗O	
Ⅲ-3	全面的交差（親友，恋人）	P&O	

図 5-12　対人関係の水準（Levinger, G. & Snoek, J.D., 1972）

5．ソーシャル・サポート

（1）良好な対人関係がストレスを緩和する

　豊かな対人関係をもつ人はそうでない人と比較して心身の健康を維持しやすいことが，多くの研究によって示されてきた（たとえば，Berkman, L.F. & Syme, S.L., 1979）。また，親密な対人関係をもたないことの悪影響を示す研究も多い（表5-8）。これらの研究から，対人関係の量と質と人の心身の健康との関連をより詳細に検討しようとする試みが行なわれるようになった。それらの研究は総称してソーシャル・サポート研究とよばれる。

　ソーシャル・サポート研究が検証してきた仮説のなかでもっとも主要なものが「ストレス緩和仮説」である（図5-13）。私たちが日常経験するストレスが強いものでない場合には，対人関係の良好さが心身の健康に及ぼす影響はさほど大きくない。しかし，ストレスが強いものになった場合には，良好な対人関係をもつ者とそうでない者との間で心身の健康に差が生じる。良好な対人関係をもつ者はそうでない者と比較してストレス下でも心身の健康を維持しやすいのである。

　このソーシャル・サポートのストレス緩和効果は次のような過程を経て生じると考えられている（図5-14）。対人関係の良好さは，まず潜在的なストレスフル・イベントが実際にどの程度ストレスフルなものなのかの評価に影響を及ぼす。周囲の人々と良好な対人関係を維持している者は，そうでない者と比較してストレスそのものを感じにくいのである。さらに，実際にストレスフルと評価された出来事に対する対処の段階においても対人関係の良好さの影響が生じる。良好な対人関係をもつ人は実際に自らのネットワークメンバーからストレス対処のための資源を受けることができ，結果としてストレスへの対処が成功しやすい。

（2）道具的サポートと社会情緒的サポート

　対人関係においてやりとりされるサポートは大きく2種類に分類される。1つは道具的サポートであり，もう1つは社会情緒的サポートである。これら大きなカテゴリーがさらにいくつかの下位カテゴリーに分類される場合もある。

　道具的サポートとは，その受け手が自らの問題に対処するための手段あるいは道具として用いることのできる資源のことをさす。対処資源の直接的な提供やそれを得るのに役立つ情報の提供などがこれにあたる。一方の社会情緒的サポートとは，受け手の自尊心や情緒への働きかけのことである。慰めや励まし，あるいは無条件の受容などがこれにあたる。

　これら2種類のサポートのうち道具的サポートはより直接的ですばやい効果をもたらす。受け手は提供された資源を利用して，あるいは提供された情報に基づいて自ら獲得した資源を利用して，問題に対処することができる。これに対して，社会情緒的サポートは受け手の問題解決にとって直接的な有効性をもつわけではない。しかし，受け手自身の自尊心の回復や情緒的な混乱の沈静を通じて，対処能力を高める効果をもつ。

　これら2種類のサポートはそれが誰から提供されたものかによって効果が異なる。道具的なサポートは何らかの専門性をもった他者からの提供が，また社会情緒的なサポートは親密な関係にある他者からの提供がそれぞれ求められる。逆にいえば，送り手とサポートの種類との不適合はマイナスの影響を及ぼすこともある。

　以上の研究知見は，親密な関係性を良好に保つことと，より広範囲の社会的ネットワークをもつことの双方が，人の適応的な生活にとって重要であることを示唆している。前者は個人の自律的な対処能力を高め，後者は人が生活上で出会う多様な問題への柔軟な対処をうながすからである。

表 5-8　結婚していることとしていないことが心身の健康に及ぼす効果に関する研究のレビュー結果（Ross, C.E.et al., 1990より作成）

①結婚していない人は，結婚している人と比較して
　・抑うつ，不安の程度が高い
　・急性および慢性の原因による身体的疾患にかかることが多い
　・死亡率が，女性ではおよそ1.5倍，男性ではおよそ3.5倍高い
　・肺がんや肝硬変など，本人の行動的な要素を含む病気が原因で死ぬことが多い
　・自殺や自己など若年層から中年層にかけて生じやすい原因で死ぬことが多い
②配偶者と別れた人（離婚，死別ともに含む）は，別れていない人と比較して
　・冠状動脈系心疾患，種々の癌，肝硬変，自動車事故，殺人，自殺などで死ぬ率が高い
③配偶者と死別した人は，死別していない人と比較して
　・抑うつや不安の程度が高く，死亡率が高い

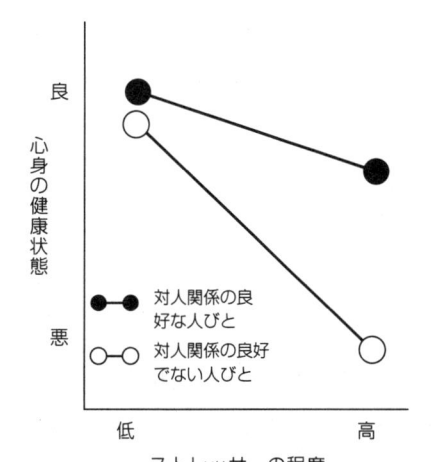

図5-13　ソーシャル・サポートのストレス緩和効果

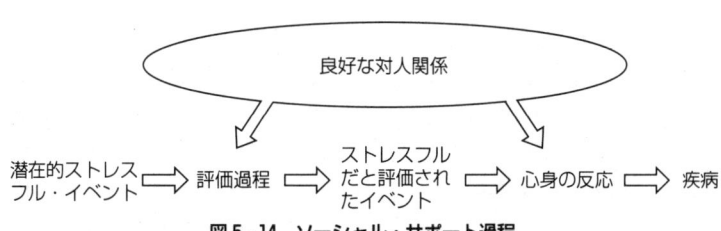

図5-14　ソーシャル・サポート過程
（Cohen, S. & Wills, T.A., 1985より作成）

6. 社会的影響

他者から直接的・間接的に影響を受けて，ある人の行動，態度，および信念などが変化することを，社会的影響（social influence）という。社会的影響は，1対1の個人の間だけでなく，集団内でも，また集団と集団の間でもやりとりされる。ここでは，個人と個人の間，および集団の中で生じる社会的影響について述べる。

(1) 社会的勢力

人は，どのような他者からの影響を受けやすいのだろうか。ある個人が，他者の行動や態度を自分の望む方向に変化させることのできる潜在的な影響力を，社会的勢力（social power）という。フレンチとレイヴン（French, J.R.P.Jr. & Raven, B.H., 1959）は，社会的勢力を成立させる基盤として，報酬性勢力，強制性勢力，正当性勢力，専門性勢力，および参照性勢力の5種類をあげた。各勢力の特徴を表5-9に示す。これらの勢力は，いずれか1つだけというよりも，複合的に機能することが多い。たとえば，企業組織において部下が上司の指示に従うのは，上司の正当勢力による部分もあるが，「部下に罰を与えることができる」という強制勢力も関係するかもしれない。

(2) 影響手段

社会的勢力は，あくまでも潜在的な影響力であり，「影響できる可能性」をもつ状態である。実際に他者に影響を及ぼすには，何らかの具体的な働きかけが必要となる。このように，他者に影響を及ぼす際に用いる手段を，影響手段（influence tactics）または影響方略（influence strategy）とよぶ。影響手段には，社会的勢力に基づくものとそうでないものがある。今井（1996）は，さまざまな研究の結果を総合して，表5-10に示すような影響手段をあげている。

(3) 要請技法

影響を及ぼす具体的な手段のなかには，影響の与え手の真の要請を受け手に悟られないようにしながら，要請を受け入れるように誘導する，という巧妙な方法がある。

①段階的要請法（foot-in-the-door technique）

最初に誰でも気軽に承諾するような小さな要請をしてこれを承諾させ，その後で真の目的である大きな要請をするという方法。アメリカのカリフォルニア州の住民112名の家を実験者が訪問して，「安全運転」に関する小さな要請（小さなステッカーを家の窓か車の中に貼る，もしくは嘆願書に署名する）をしておき，その2週間後に別の実験者が各家を再び訪問して，「安全運転をしよう」と下手な字で書かれた大きな看板を庭先に立てるよう依頼した。結果を表5-11に示す。この看板は庭の美観を損ねるようなものであったにもかかわらず，76％もの実験参加者が応諾した（Freedman, J.L. & Fraser, S.C., 1966）。この要請法が効果をもつのは，第1依頼を承諾することによって，「自分は他者からの頼みごとには応じる人間だ」という自己概念が生じ，それに一貫した形で第2依頼にも応じようとすることによると考えられている。

②譲歩的依頼法（door-in-the-face technique）

最初に誰もが拒否するような大きな要請をしてこれを拒否させ，次に真の目的である小さな要請をする方法。真の目的である小さな要請は，最初の要請に比べて小さいというだけであって，それだけを最初に要請されれば承諾をためらうような大きな要請である。チャルディーニら（Cialdini, R.B. et al., 1975）は，大学生に，非行少年を動物園に引率する2時間程度のボランティア活動を依頼しようと考えた。キャンパスを歩いている大学生に，まず「非行少年の相談に乗るボランティア活動を向こう2年間にわたって週2時間ずつお願いしたい」と要請した（第1依頼）。ほとんどの大学生がこれを断った後，真の要請を行なったところ，50％の大学生がこれを承諾した。第1依頼をしない条件では，承諾率は17％であった。この

表5-9 社会的勢力の基盤 (French, J.R.P.Jr. & Raven, B.H., 1959；今井, 1996より作成)

名称	特徴	例
報酬勢力 (reward power)	OがPに対して物理的・心理的な報酬を与えることができる，というPの認識に基づく勢力。	親が「テストで良い点をとったらお小遣いをあげる」というので子どもが勉強する。
強制勢力 (coercive power)	OがPに対して物理的・心理的な罰を与えることができる，というPの認識に基づく勢力。	上司から将来の昇進にひびくことをほのめかされたため，上司の命令通りにする。
正当勢力 (legitimate power)	OがPの行動に影響を与える正当な権利をもっており，Pはこの影響を受け入れる義務を負っている，というPの内在化された価値に基づく勢力。	休日出勤を命じられ，上司の命令なのだから従うのが当然だと考えて出勤する。
専門勢力 (expert power)	Oはある領域についての専門知識や技術をもっている，というPの認識に基づく勢力。	医師から肺ガンになる危険性を指摘されたので，喫煙をやめる。
参照勢力 (referent power)	PがOに同一視しており，親しみや好意を感じている場合に成立する勢力。OがPに対する影響を意図していない場合もある。	尊敬する先輩のようになりたくて，その先輩と同じように行動する。

表5-10 影響手段の種類 (今井, 1996を一部改変)

	影響手段	内容
報酬勢力に関連する手段	1. 賞の約束	依頼に応じるならば，受け手にとって望ましいものを与えることを約束する。
	2. 第三者からの賞	依頼に応じるならば，第三者から賞をもらえることを指摘する。
	3. 事前の賞の付与	依頼をする前に受け手に賞を与えておく。
	4. 以前の貸しの指摘	過去に与え手が受け手のためにしてあげたことを受け手に思い出させる。
	5. よい気分	受け手の気分をよくするために微笑んだり，ゴマをすったり，誉めたりする。
強制勢力に関連する手段	6. 罰の警告	依頼に応じないならば，受け手にとって望ましくないことを与えると警告する。
	7. 継続的な罰の付与	受け手が応諾するまで罰を与え続ける。
	8. 第三者からの罰	依頼に応じない場合に，受け手にとって望ましくないことが第三者から与えられることを指摘する。
	9. 罪の意識	過去において受け手が与え手にもたらしたトラブルを思い出させ，罪の意識を感じさせる。
賞罰に関連しない手段	10. 単純依頼	依頼したいことを単に受け手に伝える。
	11. 依頼の繰り返し	受け手が応じるまで，ある時間をおきながら何回も依頼を繰り返す。それによって熱意を示す。
	12. 理由づけ	受け手に頼まなければならない理由を挙げながら，受け手に依頼する。
	13. 役割関係の強調	与え手と受け手との間に存在する役割関係や長年のつき合いを受け手に再確認させる。
	14. 第三者からの支援	受け手が応諾するよう，第三者に依頼を支援してもらう。または，第三者も与え手と同じように考えていることを伝える。
	15. 社会的な規範の強調	依頼に応じないことは，道徳的でないこと，社会的に認められないことを強調する。
	16. ほのめかす	依頼したいことをほのめかして，間接的に受け手に伝える。
	17. だます	与え手が望むことを受け手に行なわせるために，受け手ににせの理由や別の目的を呈示する。
	18. 話し合い・妥協	受け手が応諾するまで，与え手と受け手が話し合い，妥協点を見つける。

表5-11 フリードマンとフレイザーの実験 (Freedman, J.L. & Fraser, S.C., 1966)

実験条件	依頼内容	第1依頼 実行方法	第2依頼	第2依頼への応諾率(%)
条件1	安全運転	約8cm角のステッカー貼り	「安全運転をしよう」と書かれた大きな看板を，家の正面の芝生に立てる	76.0
条件2	安全運転	立法化を求める嘆願署名		47.8
条件3	カリフォルニアの美化	約8cm角のステッカー貼り		47.6
条件4	カリフォルニアの美化	立法化を求める嘆願署名		47.4
統制条件	なし			16.7

方法が効果をもつのは,「他者から受けた恩義には,お返しをしなければならない」という返報性の規範に人々が従うためだと考えられている。つまり,「相手が譲歩して依頼を引き下げてくれたのだから,自分も譲歩して応諾すべきだ」という「譲歩の返報」が生じているのである。

(4) 権威への服従

他者からの命令に従って,自分の意思とは異なる行動をとることを服従（obedience）という。権威者の影響力は甚大であり,多くの人の服従を引き起こすことがある。ミルグラム（Milgram, S., 1974）は,権威への服従に関する有名な実験を行なっている。エール大学の実験室に来た被験者は,もう1人の実験参加者（実際にはサクラ）とともに,実験者から「学習に対する罰の効果」を研究すると説明される。実験参加者が教師役,実験協力者が生徒役に割り振られ,教師役は隣室の生徒役にマイクを通して学習テスト問題を読み上げる（図5-15）。教師役の机には,図5-16に示す送電器が設置してあり,生徒役が回答をまちがうたびに,罰として電気ショックを与えること,またその強度を一段階ずつ上げていくことを指示された。実際には電気ショックは通じていなかったが,生徒役は,電気ショックのレベルがあがるたびに苦悶の演技をした（表5-12）。教師役が電気ショックを与えるのをためらうと,実験を続けるよう実験者が教師役に命令した。

このような状況で,はたしてどれだけの実験参加者が服従した（最高レベルの450V まで電気ショックを与え続けた）のだろうか。実験中,多くの実験参加者が情緒的ストレス反応を示し,実験者に抵抗したにもかかわらず,生徒役の苦悶の声が聞こえる「発声条件」でさえ,最終的に40名中25名（62.5％）もの実験参加者が服従したのである（図5-17）。

この実験では,実験者が科学的真実を追究するための権威者となっており,実験室のさまざまな設備や状況も権威の雰囲気を醸し出していた。実験者は,科学という領域における専門性勢力が加味された強力な正当性勢力をもっていたと考えられる（今井, 1996）。人は,いったん権威構造の中に組み込まれ,権威者の正当性を認めてしまうと,道義上は許されないような命令であっても服従してしまうことが示されている。

なお,この実験は,研究の倫理の問題をめぐって心理学界に論争を巻き起こした（第1章参照）。

(5) 多数派の影響

集団の中にいると,命令や指示を受けたわけではないのに,自分の行動や態度や判断などを集団の基準に一致する方向へ変化させることがある。これを同調（conformity）という。

①シェリフの実験

集団状況では,メンバーどうしが相互作用をくり返すうちに,思考,認知,または行動のパターンが似通ってくる傾向がある。シェリフ（Sherif, M., 1935）は,自動運動現象（完全暗室内で静止した小さな光点を見ていると,それが動き出すように見える錯覚）を利用して,この現象に関する実験を行なった。実験参加者は,まず1人で暗室に入り,光点の移動距離を判断した後,2人ないし3人いっしょに暗室に入室して,相互に聞こえるように各人100回の移動距離判断を報告した。すると,最初は実験参加者によって大きく異なっていた判断が,しだいにその集団の中で収斂していくことが見いだされた（図5-18）。しかも,後に再び1人で判断を求められても,この収斂した判断は揺るがなかった。収斂した判断は1つの集団規範（group norm）となったのである。

②アッシュの実験

いったん集団規範ができると,それを維持する集団圧力が働くようになるため,自分1人だけが違う行動をとることはむずかしい。アッシュ（Asch, S.E., 1951, 1952）は,半円状に着席した7～9名の実験参加者が,端から順に,図5-19のよう

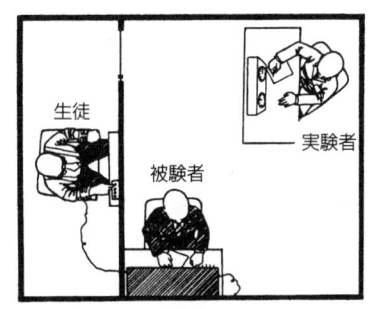

図 5-15　ミルグラムの実験における実験状況の例 （Milgram, S. 1974；岸田, 1995）

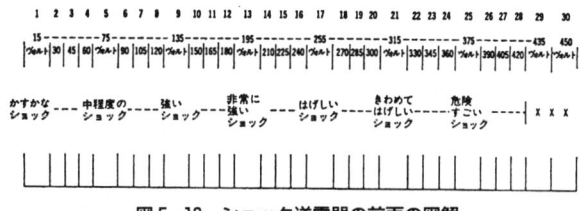

図 5-16　ショック送電器の前面の図解 （Milgram, S., 1974；岸田, 1995）

表 5-12　実験における生徒役のシナリオの一部 （Milgram, S., 1974；岸田, 1995より一部を抜粋）

75ボルト	うっ！
120ボルト	うっ！ おい！ こいつは本当に痛いよ。
150ボルト	うっ!!先生！ もういいよ。ここから出してくれ。おれは心臓がよくないと言ったでしょう。心臓が気になりはじめたよ。どうか，ここから出してくれ。心臓が気になるよ。もうやめます。出してくれ。
165ボルト	うっ！ 出してくれ（叫ぶ）。
210ボルト	うっ！ 先生！ ここから出してくれ。もうたくさんだ。
300ボルト	（苦悶のうめき）もう絶対に答えてやるもんか！ ここから出してくれ。おれをここに引きとめておくことはできないよ。出してくれ。ここから出してくれ。
315ボルト	（はげしい苦悶のうめき）もう答えないと言ったでしょう。もうこんな実験に加わっている気はないよ。
330ボルト	（はげしく長い苦悶のうめき）ここから出してくれ。出してくれ。心臓が心配だ。お願いだから出してくれ。（ヒステリックに）ここから出してくれ。出してくれ。あんたにおれをここに引きとめておく権利はないよ。出してくれ！ 出してくれ！ ここから出してくれ！ 出してくれ！

注）実験は「生徒役は心臓が悪い」という設定になっているため，所々に「心臓」についての言葉が入っているが，その他の部分は他の実験と同じである。なお，この実験でも実験参加者の服従率は62％に上った。

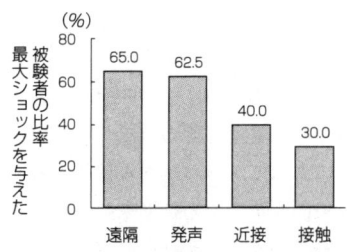

図 5-17　4つの実験条件における服従率 （Milgram, S., 1974；岸田, 1995より作成）

遠隔：隣室の生徒役の声は聞こえないが，壁をたたく音は聞こえる。
発声：隣室の生徒役の抗議がはっきり聞こえる。
近接：生徒役が被験者から1mほど離れた同じ部屋にいる。
接触：実験参加者が生徒役の腕をつかんでショック・プレートに押しつける。

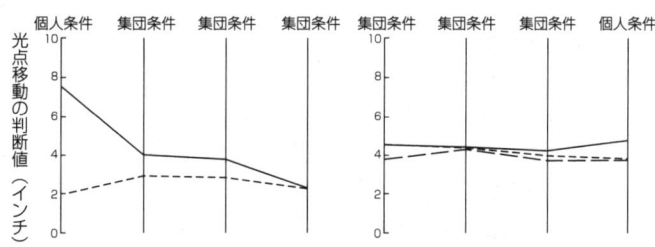

図 5-18　個人条件から始めた場合（左）と集団条件から始めた場合（右）における個人の平均判断値の推移（3人集団の例） （Sherif, M., 1935）

な線分の比較判断課題に回答するという状況を設定した。実際には真の実験参加者は最後に座った1人だけであり，残りはサクラであった。サクラは，12試行中7試行で全員同じ誤答をすることになっていた。その結果，真の実験参加者31名中25名が少なくとも1回は誤答をし，また総判断数217回中，多数派に同調した誤答は72回（33.2％）にのぼったのである。

このように，知覚課題の場合でも同調圧力は強く作用するが，その強さは，多数派の人数の多さではなく，多数派の意見が一致していること（斉一性）からくるのである（図5-20）。

③規範的影響と情報的影響

ドイッチとジェラード（Deutsch, M. & Gerard, H.B., 1955）によると，同調過程には2種類の影響力が作用する。他の集団メンバーからの非難を避け，受容されたいという動機から，「ここではどのように行動すべきか」を考えて同調する場合は，規範的影響（normative influence）を受けている。この場合，アッシュの実験参加者のように，表面的な同調である追従（compliance）が生じる。

一方，正しい判断を下したいという動機に基づいて他のメンバーの意見や判断を参考にした結果，自分の判断や行動を多数派と同じ方向に変化させる場合は，情報的影響（informational influence）である。この場合の同調は私的受容（private acceptance）を伴う。シェリフの実験の同調は，光点の移動距離が曖昧な状況で，実験参加者が相互に他者の判断を参考にした結果だと考えられる。

(6) 少数派の影響

多数派の同調圧力に逆らうことは困難かもしれないが，つねに多数派に同調していたのでは，変革や革新は起こりえない。個人や少数派が多数派に対して大きな影響を及ぼすこともありうる。

①少数派の一貫した主張の効果

モスコビッシら（Moscovici, S. et al., 1969）は，真の実験参加者4名とサクラ2名の計6名を1集団として実験を行なった。実験課題は，6枚のスライドの色を判断するという知覚課題であり，輝度は異なるがスライドの色はすべて「青」であった。一貫条件では，2名のサクラが全36試行で一貫して「緑」と回答した。非一貫条件では，2名のサクラは，36試行中24試行で「緑」，12試行で「青」と一貫性に欠ける回答をした。統制条件では，サクラはいなかった。真の実験参加者のうち，1回でも「緑」と回答した人の割合を図5-21に示す。少数派の一貫した回答が多数派に影響を及ぼしたことがわかる。さらに，この実験を受けた実験参加者に青と緑の中間色のスライドを呈示したところ，一貫条件の実験参加者は統制群の参加者より「緑」と判断することが多かった。すなわち，少数派からの影響は，私的受容を伴うものであった。

少数派の一貫した反対意見は，多数派のメンバーに認知的葛藤を引き起こし，多数派が共有していた社会的現実（social reality）を崩す働きをする。しかし，そのような働きが生じるためには，主張の一貫性だけでなく，少数派の態度が柔軟で公正であること，多数派から「自分の意思で主張している」とみなされること，少数派が自己犠牲を払っていること，などが必要である。「単なる頑固者」とか「外集団」だとみなされてしまうと，多数派に認知的葛藤を引き起こすことはできない。

②リーダーの行動

リーダーは，多数派に対する影響の試みが比較的成功しやすい個人である。リーダーが日ごろから集団規範を遵守し，集団目標の達成への貢献を積み重ねることによってメンバーから信頼されるようになれば，集団変革のために旧来の規範を逸脱するようなことがあってもそれを許容されやすく，変革が成功しやすい。この信頼は「特異性クレジット（idiosyncrasy credit）」とよばれており，リーダーが影響力をもつために必須のものである（Hollander, E.P., 1958）。

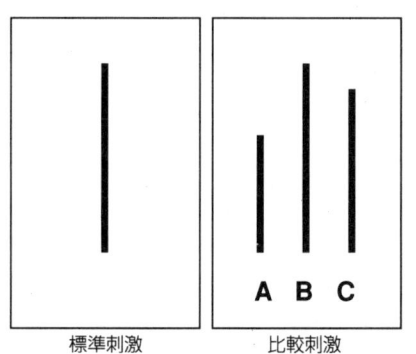

この課題は，比較刺激の3本の線分のなかから，標準刺激と同じ長さのものを選ぶという簡単な課題である。被験者が1人で判断を行なう統制条件では，誤答率はわずか7.4%にすぎなかった。

標準刺激　比較刺激

図5-19　アッシュの実験で用いられた線分の比較判断課題の例
（Asch, S.E., 1951, 1952）

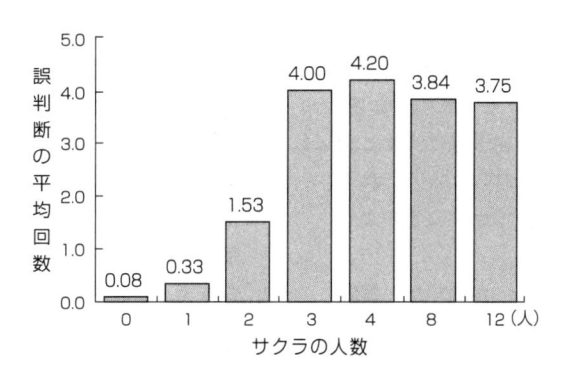

図5-20　斉一な誤答をするサクラの人数が実験参加者の判断に及ぼす影響（磯崎, 1987より作成）

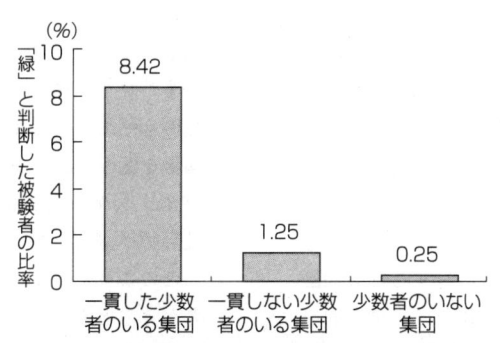

図5-21　少数派が多数派の色相判断に及ぼす影響
（Moscovici, S. et al., 1969より作成）

【トピックス5】インターネットと対人関係

わが国におけるインターネットの普及はめざましく，日常生活に欠かせないツールになりつつある。それとともに，インターネット利用が人間行動にどのような影響を及ぼすのかについても多くの研究が蓄積されている。インターネットには，電子メール，チャット，電子掲示板，ウェブページの作成と閲覧などさまざまな用途があるが，特に前者3つについてはCMC（Computer-Mediated Communication: コンピュータを介したコミュニケーション）とよばれ，FTF（Face-to-Face: 対面状況のコミュニケーション）との比較研究が行なわれてきた。

CMCの大きな特徴として，匿名性の確保が可能であること，文字以外のNVCや状況の手がかりがほとんどないという「手がかり情報の少なさ」，時間や場所に制約されずに不特定多数の人々と交流できる可能性の増大などがあげられる。これらの特徴は，人々のコミュニケーションにどのような影響をもたらすであろうか。

キースラーら（Kiesler, S. et al., 1984）は，視覚的匿名性と手がかり情報の少なさが，CMCによる会議において次のような現象を生じさせると述べている。①平等化：他者の社会的地位や勢力などがわかりにくいので，特定の人のリーダーシップが弱まり，参加者間に平等意識が芽ばえる。②匿名化：相手からの評価を気にしなくなり，自分の行動に対する責任性が低下する。③コミュニケーションの困難：社会的手がかりが伝わらないとコミュニケーション効率が悪くなる。その結果，参加者のいらだちがつのり，自分の言動に対する抑制がきかなくなる。④課題への集中：社会的手がかりが伝わらないと，メッセージ内容だけに注意が向く。その結果，会話相手に対する社会的配慮を怠るようになる。これらの現象は，敵意的な言語行動であるフレーミング（flaming）や，社会的規範に反する方向での集団分極化（group polarization）を引き起こす（Siegel J. et.al., 1986）。集団分極化とは，集団で討議することによって，より極端な方向に意見がシフトする現象であり，対面討議でも生じる。一方，先にあげた4つの特徴は，討論への対等な参加をうながすという側面ももっている（Siegel J. et.al., 1986）。討論への対等な参加は質の高い意思決定につながる可能性をもつが，そのためには集団分極化やフレーミングを防ぐ対策が必要であろう。

時間や場所に制約されずに不特定多数の人と交流できる可能性が増大したことは，現実世界では身近に仲間がいない場合でも，理解しあえる仲間と出会える可能性が増大したことを意味する。これは身体的・精神的に問題を抱えている人や困難に直面する人が有効なソーシャル・サポートを獲得することにつながるだろう。実際に，アルコール依存症などに関するインターネット自助グループはこの10年ほどで増加しているという（内藤，2000）。他方，多数の人々と交流できる可能性は，反社会的なマイノリティ（犯罪を志向する人々や白人至上主義者など）にも活動拡大の場を提供することになる。インターネット上で秩序やモラルを維持する方法の探究が待たれるところである。

インターネットは非常に便利なコミュニケーション・ツールであり，有効な対人関係を築く可能性をもっている。しかし一方，インターネットにのめり込んで過度の使用をくり返し，学業や家庭生活を顧みなくなった末に，離婚や育児の放棄，学業不振や怠業などを招くインターネット中毒の症例も報告されるようになった。現実世界の対人関係を顧みず，インターネット上での対人関係やコミュニケーションがすべてになってしまうと，社会的不適応を招くと考えられる。

このように，インターネットには，使い方をまちがえると危険な側面もある。これらの側面を極力抑制し，インターネットの有効性を活かすために，さらなる研究が望まれるところである。

第6章　認　知

1．人間の認知情報処理

　私たちはさまざまな物や人に囲まれて生活している。周囲の世界（環境）がどのようなもので，自分にとってどういう意味をもつかを知ることは，生きていく上で重要である。このような「知る」ことに関連した心の活動を認知（cognition）とよぶ。似たような用語に，知覚（perception）がある。両者ははっきり区別できるわけではないが，知覚は外界の特定の対象について知るという面を強調するのに対し，認知は生体内部の記憶や枠組みが利用されるという面を強調する。広義の認知には，頭の中だけで行なわれる思考も含まれる。

　人間の認知を，入力された情報[★1]がいくつかの段階を経て処理される過程とみなして研究を進める立場を，情報処理アプローチという。このような考え方が心理学の世界で有力になったのは1960年代以降であり，2つの隣接する学問分野——コンピュータ科学と脳科学——に影響を受けている。コンピュータは当初，特定の目的で数値計算を行なう専用機として開発された。しかし，1945年にアメリカのフォン・ノイマン（von Neumann, J.）を中心とするグループが，演算の結果だけではなく，演算を実行するための命令（プログラム）を内蔵でき，いくつかの処理ユニット（演算ユニット，記憶ユニット，実行制御ユニット，入出力ユニット）からなる機械（汎用情報処理装置）のアイデアを提案した。この着想に基づいて，人間と同じようにいろいろな種類の知的作業を行なうことができる機械（現在のコンピュータ）が誕生したのである（Rheingold, H., 1985）。

　その一方で，脳科学も発展した。人間の大脳皮質を直接電気刺激する実験（Penfield, W. & Rasmussen, T., 1950）や，ネコやサルの視覚野の神経細胞から活動電位を記録する実験（Hubel, D.H. & Wiesel, T.N., 1979）などにより，それまで得体の知れないブラックボックスであった脳が，機能の異なるいくつかの処理ユニットが精巧に組み合わされたものであることが明らかになった。このような発見に後押しされて，心理学の世界でも，人間の内部で起こっている目に見えないしくみを明らかにしようとする試みが盛んになったのである。

　この章では，まず人間が経験できる物理的刺激の種類と範囲について述べた後，私たちが知覚する世界は物理的世界と同じではないことを示す。次に，注意の働きとそのメカニズムについて述べる。さらに，これまでに提案された知覚・判断・行動のモデルをいくつか紹介し，最後に，高次の認知活動である思考について取り上げる。

2. 感覚と知覚

（1）感じられる物理量の範囲

表6-1に私たちが経験する感覚の種類を示した。視覚，聴覚，嗅覚，味覚，皮膚感覚は五感とよばれる。皮膚感覚は，さらに触，圧，温，冷，痛に分けられる。これら以外にも，平衡感覚，運動感覚，内臓感覚という感覚がある。どの感覚も，物理的な刺激が，その刺激に対応した受容器によって電気信号に変換され，感覚神経を通じて脳に伝達されることで生じる。受容器を興奮させるのに適した刺激を適刺激という。また，生じる感覚の種類のことをモダリティ（様相）とよぶ。

受容器が感知できる範囲を超える刺激は，物理的には存在していても，感じることができない。たとえば，視覚は眼球底面の網膜にある視細胞（錐体と杆体）が光を受容することで生じる。図6-1に示したように，光は電磁波の一部であるが，視細胞はそのうちの約380〜780ナノメートル（1ナノメートルは10億分の1メートル）の範囲の波長に応答する。そのため，その範囲の波長が紫から赤までの色として経験される。もっと短い波長（紫外線）や長い波長（赤外線）も，物理的には存在するが，人間の目では，見ることができない。

（2）精神物理学

このように，私たちが経験している心理的世界は，物理的世界と1対1で対応しているわけではない。心理的世界と物理的世界の関係を明らかにしようと提案された学問領域が，精神物理学[*2]である。

精神物理学では，感覚を生じる最小の刺激強度を刺激閾（stimulus threshold，または絶対閾：absolute threshold）とよぶ。また，2つの刺激を区別できる最小の強度の違いを弁別閾（difference threshold）とよぶ。弁別閾は「ちょうど違いに気がつく差」という意味で，ちょうど可知差異（just noticeable difference：jnd）ともよばれる。仮に，80グラムの重さと比較して，81グラムの重さは区別できないが，82グラムであれば区別できたとする。このときの弁別閾は2グラムである。弁別閾は刺激強度によって比率的に変化する。たとえば，上記の例で，800グラムの重さと比較するときの弁別閾は2グラムではなく，およそ20グラムになる。もともとの刺激強度が一定の比率（重さの場合はおよそ1/40）を超えて変化してはじめて違いを感じることができる。これをウェーバー（Weber, E.H.）の法則という。比率（ウェーバー比）は，感覚モダリティや個人によって異なる。

フェヒナー（Fechner, G.T.）は，ウェーバーの法則をさらに発展させ，ちょうど可知差異（jnd）を心理量の基本単位と考えて，物理量をjndに分解する方法を提案した。たとえば，刺激閾が100でウェーバー比が1/10の感覚モダリティがあったとしよう。はじめて感覚が生じる物理量100を心理量1と定義すると，物理量110は（物理量100と1 jndだけ異なるので）心理量2に対応することになる。同様に，物理量121は（物理量110と1 jndだけ異なるので）心理量3となる。この関係を数式化したものがフェヒナーの法則であり，心理量（ψ：プサイ，精神をあらわすギリシャ語の頭文字）は物理量（ϕ：ファイ，物質をあらわすギリシャ語の頭文字）の対数に比例するというものである（$\psi = k \log \phi$，kは定数）。

しかし，このような関係があてはまらない刺激もある。スティーブンス（Stevens, S.S.）は，マグニチュード推定法[*3]とよばれる方法を用いて，図6-2に示すベキ法則を提案した。この法則は，心理量は物理量のベキ乗に比例して変化するというものである（$\psi = k \phi^a$，kは定数）。指数aは感覚モダリティによってさまざまな値をとることがわかっている。

表6-1　感覚の種類

感覚名		受容器	適刺激	モダリティ
視覚		網膜の視細胞（錐体と杆体）	電磁波（可視光線）	光・色
聴覚		内耳蝸牛内基底膜の有毛細胞	空気などの振動	音
嗅覚		鼻腔内上部の嗅細胞	揮発性有臭物質	匂い
味覚		舌味蕾中の味細胞	水溶性物質	味
皮膚感覚	触・圧	皮膚下の各種触圧細胞・小体	圧力	触・圧
	温	皮膚下のラフィニ小体	温度	温かさ・熱さ
	冷	皮膚下のクラウス小体	温度	冷たさ
	痛	皮膚下の自由神経終末など	きわめて強い各種刺激	痛み
平衡感覚		内耳前庭器官の受容器	加速度	緊張感・めまい
運動感覚		筋・腱内の受容器	張力	緊張感・弛緩感
内臓感覚		各種内臓に付着する受容器	圧力・張力・化学物質など	緊張感・痛み

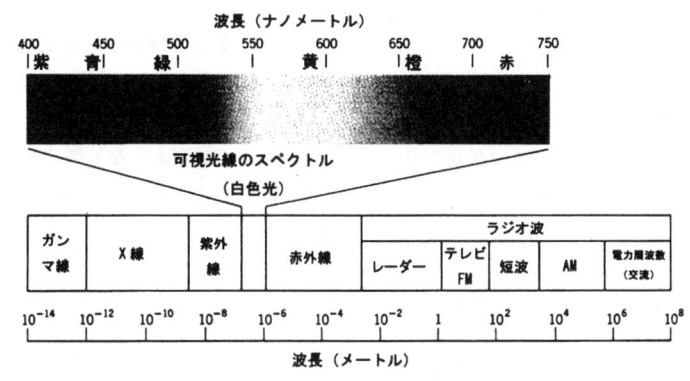

図6-1　電磁波スペクトル（Kimble, G.A. et al., 1984を改変）

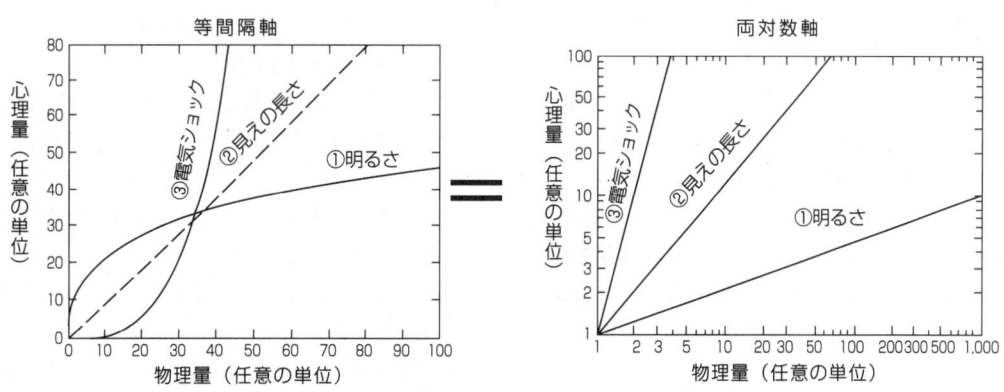

図6-2　スチーブンスのベキ法則（Stevens, S.S., 1961）

左図に示したように，物理量と心理量の関係には3種類ある。
①物理量が大きくなると心理量の変化が小さくなるタイプ（明るさなど，指数が1より小）
②物理量の大きさによらず心理量の変化が一定であるタイプ（見えの長さなど，指数が1）
③物理量が大きくなると心理量の変化が大きくなるタイプ（電気ショックなど，指数が1より大）
フェヒナーの法則は①のタイプに近い。いずれの関係も，両方の軸を対数目盛りにすると，右図のように直線として描くことができる。

(3) 錯視・錯覚

　錯視（visual illusion）とは，図形の幾何学的な性質（大きさ，長さ，方向，角度，曲率，形など）が，物理的事実とは異なって知覚される現象である。正確には幾何学錯視とよばれる。物理的事実と「異なって」知覚されると書いたが，「誤って」知覚されるのではない。正常な人間であれば，程度の差はあるが，誰でも同じように錯視が起こる。私たちの知覚系には，そのようにものを見る性質が備わっているのである。図6-3に代表的な錯視図形を示した。それぞれの図形には，発見者の名前がつけられている。

　このような錯視はなぜ生じるのだろうか。網膜レベルで生理学的に生じるという説から，生まれ育った環境の影響を受けるという説まで，いろいろな仮説が提唱されている。たとえば，グレゴリー（Gregory, R.L., 1963）は，大きさの恒常性[*4]に基づく錯視の解釈を行なった（遠近法説・透視図説）。網膜上では，遠くの物体は小さく，近くの物体は大きく写るが，同じ物体は観察距離によらずほぼ同じ大きさに見える。図6-4に示したように，錯視図形を遠近感のある絵として見た場合，網膜上で同じ大きさであっても，遠くにあるものの方がより大きく感じられる。この理由で，過大視や過小視が起こるとされた。しかし，この仮説を否定する研究データもあり，錯視がなぜ起こるかについては現在でも解明されていない。

　錯視の一種に，主観的輪郭線がある。図6-5には，白い三角形がはっきりと見える。しかし，三角形を構成しているはずの辺は実際には存在しない。ためしに2つの円を指で隠すと，三角形は消えてしまう。三角形の印象は，私たちの脳が合成してつくり出したものである。

(4) 図と地

　視野のなかに異なった性質が存在すると，それらは別々の領域として認識される。領域には2つの種類がある。形として浮き出して見える「図（figure）」と，その背景となる「地（ground）」である。図には形があり，境界線に囲まれていて，表面色[*5]がある。これに対して，地には形がなく，図の背後まで広がっており，面色として知覚される。

　ルビン（Rubin, E.J., 1921）の杯（壺）とよばれる図6-6の白い図形を数十秒間じっと見つめてみよう。ある瞬間から突然，2人の横顔が向かい合った黒いシルエットが浮かびあがってくるだろう。このような図形を図－地反転図形とよぶ。2つの図を同時に見ることはできない。一方を図として見るときは，必ず他方が地になる。

(5) ゲシュタルトの要因

　図と地が分化し，視野内にいくつかの図が成立すると，図は相互にまとまって（群化して）知覚される。どのような特徴をもつ刺激がまとまって見えるかは，図6-7に示したゲシュタルト[*6]の要因として知られている。(a) 近接：近い距離にあるものがまとまりやすい。(b) 類同：性質の似たものがまとまりやすい。(c) 閉合：互いに閉じているものがまとまりやすい（AとB，CとDがまとまって見える）。(d) 割り切れ：残りが生じないようにまとまりやすい（2つの太い帯として見える）。(e) よい連続：連続性の強いものがまとまりやすい（AはBやDではなくCとつながって見える）。(f) 経験：あるパターンをくり返し経験するとまとまって見えやすくなるが，この要因は他の要因に比べて弱い（アルファベットのWとMとして見ることもできるが，よい連続の要因によって全体として1つの図形に見える）。

　このように，私たちには与えられた刺激を秩序のある簡潔なまとまりとして知覚する傾向がある。これをヴェルトハイマー（Wertheimer, M., 1923）は，プレグナンツ（Prägnanz：簡潔性）の傾向とよんだ。

ツェルナー錯視　リップス錯視　ポゲンドルフ錯視　ジャストロー錯視

ヘリング錯視　ヴント錯視　ポンゾ錯視　ミュラー=リヤー錯視

図6-3　いろいろな錯視図形

図6-4　遠近法によるポンゾ錯視の説明
（Coren, S. & Girgus, J.S., 1977）

図6-5　主観的輪郭線

図6-6　ルビンの杯
（Rubin, E.J., 1921）

(a) 近接　(b) 類同　(c) 閉合

(d) 割り切れ　(e) よい連続　(f) 経験

図6-7　ゲシュタルトの要因（群化の要因）

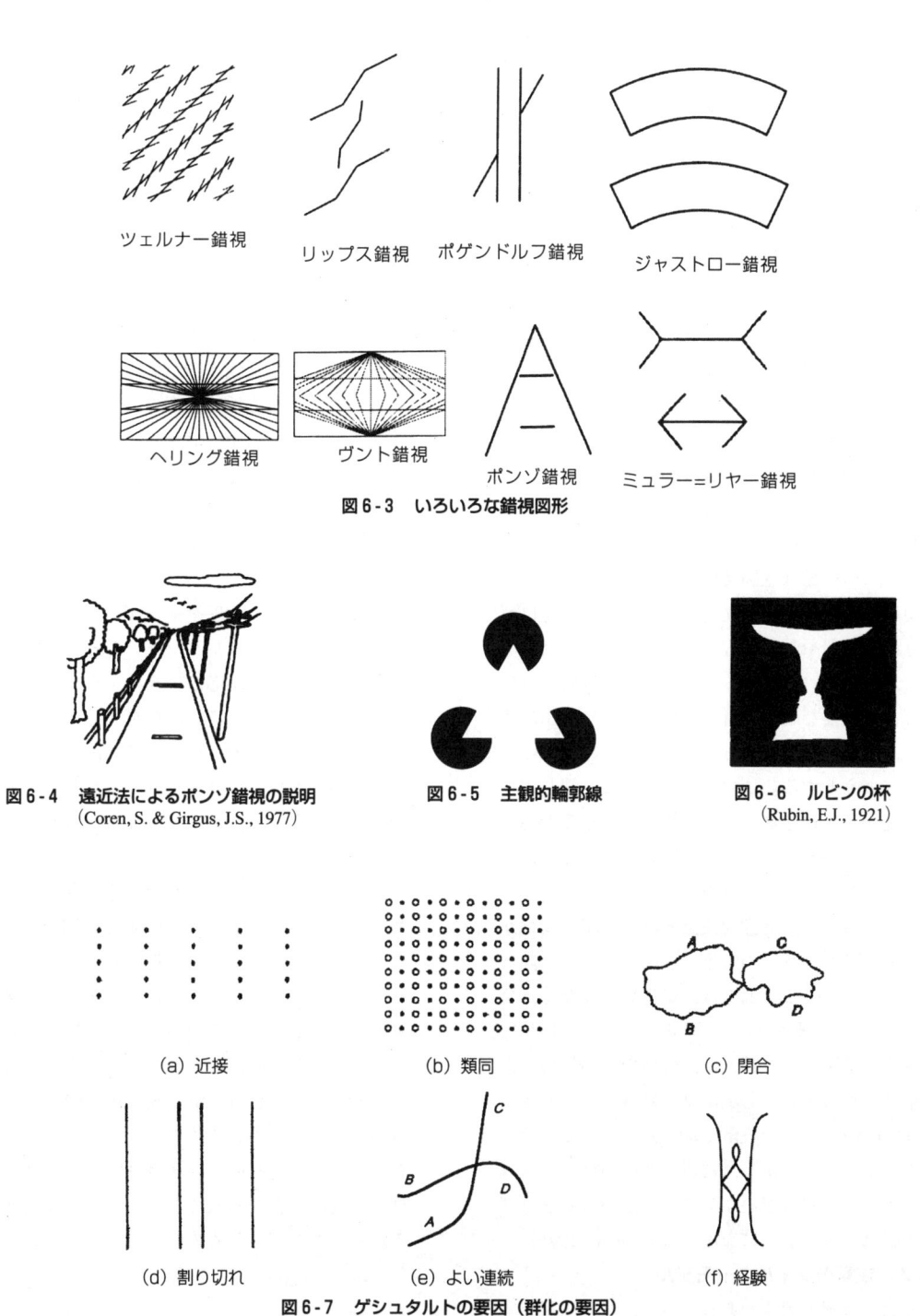

3．注意のメカニズム

　私たちの周囲にはさまざまな刺激があふれているが，そのすべてを取り込むことはできない。必要な情報だけを取り入れて，その他は無視する。ぼんやりしているといろいろな考えが頭に浮かんでくるが，具体的に何かを考えるときは雑念を捨てないと考えがまとまらない。やろうと思えばできる活動はたくさんあるが，その場にふさわしくないものは抑制する。このように刺激・観念・活動を取捨選択する心の働きを，注意（attention）とよぶ。

（1）不随意的注意と随意的注意

　道を歩いていて突然うしろで大きなクラクションが鳴ったら，なんだろうととっさにふり返るだろう。この行動は意図せずに起こる不随意的注意の現われであり，定位反応★7とよばれる。定位反応は，新生児や動物にもみられる生得的な反応である。図6-8に示すように，新奇な刺激や自分にとって重要な刺激（自分の名前など）が出現すると，感覚器官をそちらに向けて何が起こったかを調べようとする。このような反応は，同じ刺激が何度かくり返され，目新しさがなくなると急速に消える（慣れ）。しかし，刺激が少しでも変化すると再び回復する（脱慣れ）。

　これに対して，随意的注意とは，環境に変化がない場合でも，特定の対象に意図的に注意を向けることをいう。この働きは，生得的ではなく，発達の過程で形成される。図6-9に示すように，生後8か月をすぎた幼児は，母親やその他の大人が指さすものをいっしょに見つめることができる（共同注視）★8。この段階では幼児は1人で注意を制御できない。しかし，言語，特に内言★9が発達することで，他者がいなくても注意の方向を意図的に制御できるようになる（Luria, A.R., 1975）。

（2）注意のフィルターモデル

　注意には選択機能があると述べたが，注意を向けていない情報はどのような運命をたどるのだろうか。大勢の人がいっしょに話している場所で，特定の相手の話し声だけが聞き取れることをカクテルパーティー現象という。チェリー（Cherry, E.C., 1953）は，図6-10に示すように，2台のテープレコーダを使い，実験参加者の左右の耳に別々の音声を呈示する両耳分離聴（dichotic listening）課題を考案した。参加者は一方の耳から聞こえた内容を声に出して追唱した。追唱しない側の音声について実験後にたずねたところ，男性か女性かといった物理的な声の特徴には気づいていたが，途中で英語からドイツ語に変わったことには気づかず，内容もまったく覚えていなかった。

　この結果は，注意を向けていない側の情報は初期の段階で分析が打ち切られることを示唆している。図6-11に示すように，入ってきた情報が絞り込まれて上位の処理を受けなくなると考えるモデルを，注意のフィルターモデルとよぶ。しかし，先ほど述べた定位反応のように，自分の名前がどこかで呼ばれれば，特に注意を向けていなくても気がつく。そのため，現在では，注意されていない側の情報もある程度分析されており，必要な場合にはそちらに注意が切り換えられると考えられている。

　注意を向けていない情報が注意を向けている情報に干渉することもある。図6-12のように，「あか」「あお」といった色を表わす単語を，その意味とは異なる色のインクで書き，そのインクの色名を答えさせると，色のついた四角形の色名を答えるときよりも時間がかかる。この現象はストループ効果とよばれる（Stroop, J. R., 1935）。私たちはふだん色名を答えるよりも文字を読むことに慣れている。そのため，課題とは関係ない文字の処理が自動的に行なわれてしまい，必要な反応（色の命名）が妨害されるのである。

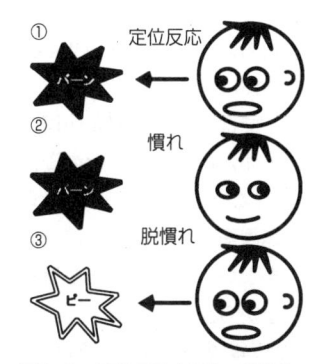

図6-8 定位反応と慣れ・脱慣れ
①新奇な刺激には定位反応が生じる
②刺激が繰り返されると定位反応は消える
③刺激が変わると再び定位反応が生じる

図6-9 随意的注意の発達
母親が指さす対象をいっしょに見つめるという共同注視から，ひとりごとを経て，内言が発達することにより，注意を意図的に制御できるようになる。

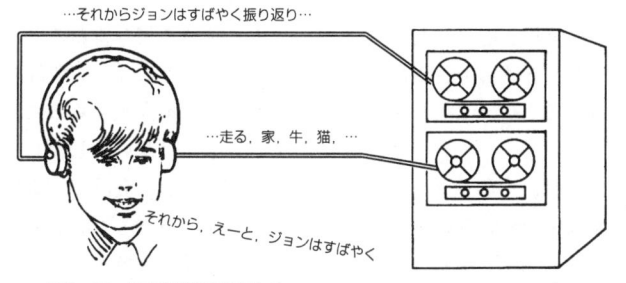

図6-10 両耳分離聴課題（Lindsay, P.H. & Norman, D.A., 1977）
左右の耳に別々の音声を呈示し，一方の耳から入ってきた音声を追唱する。注意を向けていない側の音声はほとんど記憶に残らない。

(a) 初期選択説 (Broadbent, D.E., 1958)
刺激 → 感覚貯蔵 → 知覚分析 → 反応選択

(b) 減衰説 (Treisman, A.M., 1964)
刺激 → 感覚貯蔵 → 知覚分析 → 反応選択

(c) 後期選択説 (Deutsch, J.A. & Deutsch, D., 1963)
刺激 → 感覚貯蔵 → 知覚分析 → 反応選択

図6-11 注意のフィルターモデル（川口, 1992を改変）
注意を向けていない刺激がどの段階で処理されなくなるかについて3つの説がある。(a) まったく分析されない，(b) 注意を向けた刺激よりも弱められて分析される，(c) 弱められずに分析されて反応選択の段階で排除される。

実験条件（色と一致しない色名単語）

あか　あお
（青色で呈示）　（赤色で呈示）

統制条件（色のついた四角形）

青　赤

図6-12 ストループ課題に用いる刺激
(Stroop, J.R., 1935)
インクの色名をできるだけすばやく正確に答える。

(3) 注意の容量モデル

2つのことを同時に行なうのはむずかしい。車を運転しながら隣の人と話していても，交通量の多い場所では自然と黙ってしまう。逆に，話に夢中になると運転がおろそかになる。注意には「あちらを立てればこちらが立たず」という関係がある。

カーネマン（Kahneman, D., 1973）は，この関係を説明するのに，注意は容量（capacity）に限界があるシステムであると提案した。図6-13にそのモデルを示す。前述のフィルターモデルは入力情報の選択に関するものであるが，容量モデルは実行する活動の選択に関連している。一度に利用できる注意の容量は限られている。しかし，それは一定ではなく，覚醒が低くなる（眠くなる）と減少する。図6-13で「覚醒」と書かれた枠の中の波線は，覚醒が下がれば容量も減り，覚醒が通常にもどれば容量も回復するということを示している。

注意の容量というアイデアは，その後ノーマンとボブロー（Norman, D.A. & Bobrow, D.G., 1975）によって情報処理の立場から解釈され，資源（resources）という概念に発展した。資源は，入力されたデータの処理に必要なものであり，その量には限界があると考えられている。図6-14に示すように，注意資源は，知覚から反応実行までのさまざまな情報処理段階で利用される。

(4) 二重課題法

ある課題にどのくらい注意が向けられているかを調べるために，二重課題法がよく用いられる。図6-15にその一例を示した。容易に想像できるように，一方の課題がむずかしくなると，他方の課題の成績（パフォーマンス）が低下する。これは注意の容量（注意資源）に限界があるからである。二重課題法では，副課題の成績低下の程度から，主課題に向けられた注意の量を間接的に推定する。

しかし，課題の組み合わせによっては成績低下が起こらない場合もある。ウィケンズ（Wickens, C.D., 1984）は，図6-16に示す多重資源モデルを提案した。このモデルでは，2つの課題が同じ資源を利用するときは干渉が起こるが，別の資源を利用するときは干渉しないと考える。たとえば，先に述べた両耳分離聴課題では2つの音声を同時に聞きとることはできない。しかし，同じ言語課題でも，新聞を読みながらラジオを聞くことはできる。前者は2つの情報源がどちらも同じ資源（聴覚－言語資源）を利用するので干渉が起こり，後者は異なる資源（視覚－言語資源と聴覚－言語資源）を利用するので干渉が起こらない。

(5) 自動的処理と制御的処理

はじめは慎重に意識しながら行なっていた作業も，練習を積み重ねると，ほとんど意識せずに行なえるようになる。免許取りたての初心者ドライバーは車を運転するのに精一杯で，隣の人と会話する余裕はない。しかし，慣れてくると運転しながら難なく会話できるようになる。シフリンとシュナイダー（Shiffrin, R.M. & Schneider, W., 1977）は，注意を向けないと行なえない処理を制御的処理（controlled processing），注意を必要としない処理を自動的処理（automatic processing）とよんだ。新しい技能を身につけるときは，1つひとつ意識的に確認しながら制御的な処理を行なう。練習することで制御的処理は自動的処理へと変化する。これを自動化[10]とよび，注意資源の理論では図6-17のように説明される。

制御的処理は，容量に限界のある注意資源を使うので，一度にたくさんのことはできない。しかし，状況を意識的に確認し，途中で行動を変更することもできる。これに対して，自動的処理は，注意資源を必要としないので効率がよいが，一度スタートすると修正がきかない。習慣になった行動でスリップとよばれるエラー（トピックス6参照）が多発するのはこのためである。

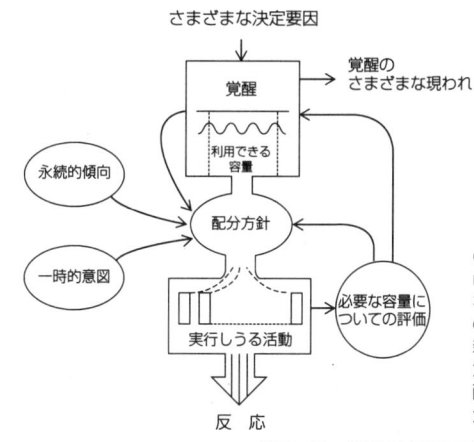

3. 注意のメカニズム

図6-13 注意の容量モデル（Kahneman, D., 1973）

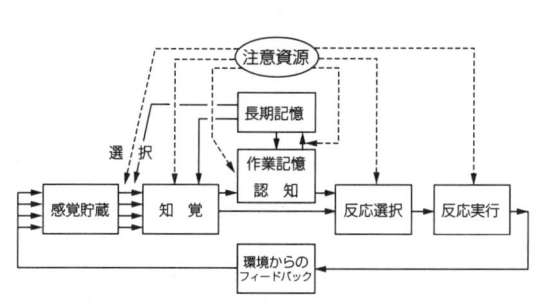

「実行しうる活動」と書かれた枠の中の長方形は，個々の活動を表わす。それぞれの活動は，注意（心的努力：mental effortともいう）を向けられたときだけ実行される。どの活動にどの程度注意を配分するかは，4つの要因によって決定される。①永続的な傾向（たとえば，新奇な刺激には注意が配分されやすい），②その時々の意図，③その活動に必要な容量についての評価，④覚醒の影響（たとえば，覚醒が高くなりすぎると注意の焦点化がおこる）。

図6-14 注意資源と情報処理（Wickens, C.D. & Hollands, J.G., 2000）
注意資源は情報処理のさまざまな段階で利用される。

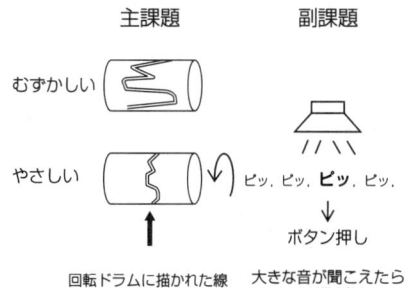

図6-15 二重課題法の一例
主課題がむずかしくなると，副課題の遂行成績（反応時間や正確さ）が低下する。

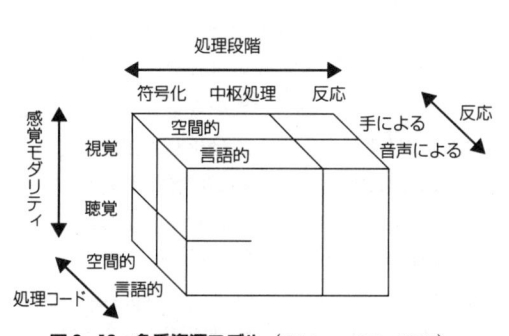

図6-16 多重資源モデル（Wickens, C.D., 1984）
2つの課題が同じ資源を利用するときに干渉が起こる。中枢処理の段階で，視覚と聴覚の資源が独立しているかどうかは明らかでない。

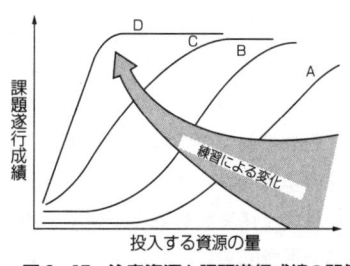

図6-17 注意資源と課題遂行成績の関係（Norman, D.A. & Bobrow, D.G., 1975）

投入する資源の量を横軸に，それによって達成される課題遂行成績を縦軸にとると曲線が描ける。Aは，ある課題をはじめて行なう状態を示しており，全体に成績が低く，資源を投入しても100%には到達しない。練習するにつれて，この曲線はA→B→C→Dと変化する。Dでは少ない資源で100%の成績を達成でき，それ以上資源を追加しても成績は変わらない。

4. 知覚・判断・行動のモデル

人間の認知活動を支えている脳のメカニズムは，まだ解明されていない。しかし，心理学では，実験や観察によって得られたデータを包括的に説明する仮説がいくつも提案されてきた。ここでは，知覚・判断・行動を行なうときに，生体の内部で起こっている情報処理の過程に注目したモデルを紹介する。

(1) トップダウン処理とボトムアップ処理

図6-18(a)のウサギの絵を見てみよう。これは多義図形[*11]でウサギにも鳥にも見えるが，最初に「ウサギ」といわれればウサギに見えてくる。次に，図6-18(b)を見てみよう。縦に読めば「A，B，C」，横に読めば「12, 13, 14」である。真ん中の文字は物理的に同じであるが，まわりの文字によって見え方が変わってくる。これらの例は，私たちが情報を受動的に受け取っているわけではなく，あるはずのものを積極的に予期して認知していることを示している。このような処理をトップダウン（top-down）処理あるいは概念駆動型処理という。人間はあるはずと思うものを見つけられるようにできている。コンタクトレンズが外れて床に落ちても，気をつけて探せば見つけられる。しかし，何も知らない人が床に落ちているコンタクトレンズを拾うことはまずない。トップダウン処理は，効率よく情報を探索するのに役立つ。

これに対して，次のネットワークモデルで述べるように，刺激の個々の特徴を分析することで対象を認識することを，ボトムアップ（bottom-up）処理あるいはデータ駆動型処理とよぶ。ボトムアップ処理は効率が悪いが，トップダウン処理にありがちな欠点（思い込みや思いすごし）を補うことができる。ほとんどの場面では，トップダウン処理とボトムアップ処理が共同して働いている。

(2) ネットワークモデル

神経科学の研究がもとになった情報処理モデルにネットワークモデルがある。図6-19(a)にその模式図を示す。ネットワークモデルでは，実際の神経細胞と同じく，ユニットの活性化と抑制[*12]を想定する。対象は，単純な特徴に分解され，特徴ユニットを活性化させる。次に，特徴ユニットは文字ユニットを活性化させ，最終的に活性化レベルが最大になった文字が認識される。ネットワークモデルはボトムアップ処理を説明するのに便利だが，図6-19(b)に示すようにトップダウン処理を含むこともできる。

(3) 順応水準説

知覚や判断に与える過去経験の影響について，ヘルソン（Helson, H., 1964）は順応水準（adaptation level）説を提唱した。この説によると，人間は，それまでに受けたすべての刺激効果の平均値を基準（これを順応水準とよぶ）にして，新しい刺激の判断を行なっている。図6-20に示すのは，2人の実験参加者に3kgのおもりの重さを判断させる課題の例である。物理的に同じ刺激であっても，それまでの経験が違えば，判断は異なる。軽いものを経験してきた人には「重い」と感じられ，重いものを経験してきた人には「軽い」と感じられるだろう。このような判断は，新しい刺激が，過去経験によって形成された順応水準と比較されることによって生じるとヘルソンは考えた。

順応水準説はもともと知覚判断の理論として提案されたが，より複雑な感情的・社会的判断についてもあてはまることが示されている。たとえば，同じ食べ物でも，毎日ごちそうを食べている人と粗末な食事をしている人では感じ方が違うだろう。それは経験によって2人の順応水準が異なっているからである。また，刺激に対する脳の反応である事象関連電位[*13]も順応水準説と一致した変化を示すことが知られている（Ullsperger, P. & Gille, H. G., 1988）。順応水準説は，さまざまな現象を「環境への適応」という観点から一貫して扱う説明力の高いモデルである。

4. 知覚・判断・行動のモデル

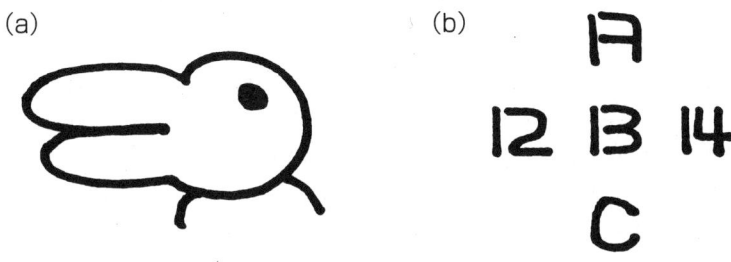

図6-18 多義図形
(a) 右上を向いたウサギにも左を向いた鳥にも見える
(b) 真ん中の文字はBにも13にも見える

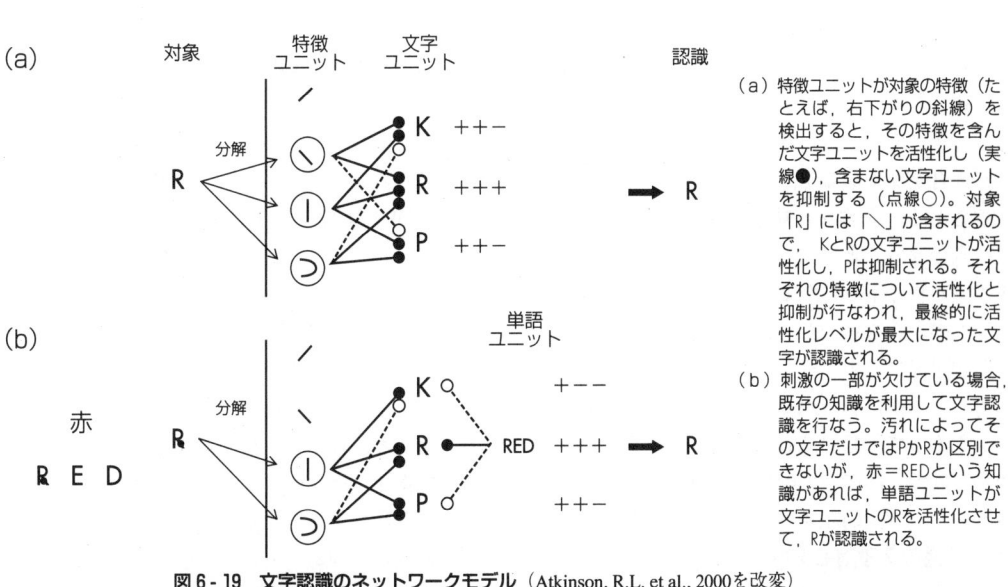

(a) （特徴ユニットが対象の特徴（たとえば、右下がりの斜線）を検出すると、その特徴を含んだ文字ユニットを活性化し（実線●）、含まない文字ユニットを抑制する（点線〇）。対象「R」には「\」が含まれるので、KとRの文字ユニットが活性化し、Pは抑制される。それぞれの特徴について活性化と抑制が行なわれ、最終的に活性化レベルが最大になった文字が認識される。
(b) 刺激の一部が欠けている場合、既存の知識を利用して文字認識を行なう。汚れによってその文字だけではPかRか区別できないが、赤＝REDという知識があれば、単語ユニットが文字ユニットのRを活性化させて、Rが認識される。

図6-19 文字認識のネットワークモデル（Atkinson, R.L. et al., 2000を改変）

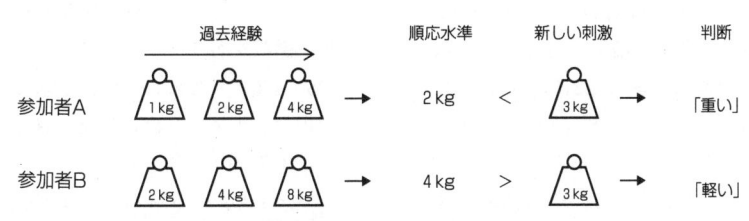

図6-20 重さ判断課題と順応水準説（Helson, 1964）
過去にどのようなおもりを経験したかによって、新しい刺激に対する判断が異なる。
順応水準は、それまでに受けた刺激効果（フェヒナーの法則に従い、物理量の対数に比例すると仮定されている）の平均値として計算でき、新しい刺激に対する判断基準として働く。

(4) TOTE単位

これまで紹介してきたのは，刺激の処理についてのモデルだったが，人間は刺激がなくても自分の意志で行動できる。ミラーら（Miller, G.A. et al., 1960）は，人間が目標をもって行動するときの情報処理過程（プラン）を，図6-21(a)のようにモデル化した。テストする－操作する－テストする－出ていく（Test-Operate-Test-Exit）というこのループは，その頭文字をとってTOTE単位とよばれる。

ある行為は，現在の状態と目標となる状態を比較し，そこに不適合があるときに開始される。その行為が終わると，再び目標状態との比較が行なわれ，適合していればループから抜ける。不適合があるときは再び同じ行為が実行される。この過程は不適合がなくなるか，別の目標ができるまでくり返される。複雑な行動もTOTE単位を階層的に組み合わせることで記述できる。図6-21(b)にくぎの頭が板と平らになるまで金づちで打ちつけるプランの構造を示した。

人間が実際にこのようなプランに従って行動しているかどうかは明らかでない。人間は固定的なプランをもって行動しているわけではなく，刻々と変わる状況に即応して行動していると考える研究者もいる（状況的認知）[14]。

(5) 行為の7段階モデル

人間の内部で起こっている過程をいくつかの段階に分けて考えるのが，情報処理アプローチの基本である。ノーマン（Norman, D. A., 1986）は，コンピュータ作業のような複雑な行動における認知過程を説明するために，図6-22に示す7段階を区分した。このモデルは，目標－実行－評価という3つの部分に大きく分けられる。ある目標を達成するには，ある行為を実行し，その結果が目標に照らして適切かどうかを評価しなければならない。実行過程はさらに3段階に分けられる。目標は具体的な意図に変換され，その意図に基づいて行為が特定され，運動として実行される。評価過程も3段階に分けられる。運動を行なった結果，外界で何が起きたかを知覚し，その意味を解釈し，期待していた結果が得られたかどうかを評価する。このループはどこで始まり，どこで終わってもよい。また，省略される段階があってもよい。7つの段階は概念的に導き出されたもので，実験的な証拠があるわけではない。しかし，このモデルはヒューマンエラー（トピックス6参照）の原因を分析するときや，使いやすい道具をデザインするときに役立つといわれている（Norman, D.A., 1988）。

(6) 情報処理の時間的側面

以上で述べてきた情報処理のモデルには，時間の側面が含まれていない。ある作業を行なうのにどのくらい時間がかかるかを推定することは，実際場面では特に重要である。カードら（Card, S.K. et al., 1983）は，ヒューマン-コンピュータ・インタラクション[15]の研究のために，関連する実験データを整理し，図6-23のようなモデルを提案した。このモデルは3つの処理ユニットを想定し，それらが記憶系（第7章参照）とやりとりしながら，作業を実行すると考える。

知覚プロセッサは，耳や目などの感覚器官から入力された情報を認知処理できる状態にする。この過程は1回あたり約100ミリ秒かかる（0.1秒，1ミリ秒は1000分の1秒）。最小で50ミリ秒，最大で200ミリ秒かかると見積もられている。認知プロセッサは，記憶内の情報の検索・照合・比較・選択を行なうもので1回あたり平均70ミリ秒（25～170ミリ秒）かかる。運動プロセッサは，運動指令を末梢の筋肉に伝えて運動を実行するもので，平均70ミリ秒（30～100ミリ秒）かかる。

カードらのモデルは，人間の情報処理過程を大幅に単純化しているので正確ではないが，私たちの情報処理スピードを考えるときの目安になる。

4. 知覚・判断・行動のモデル

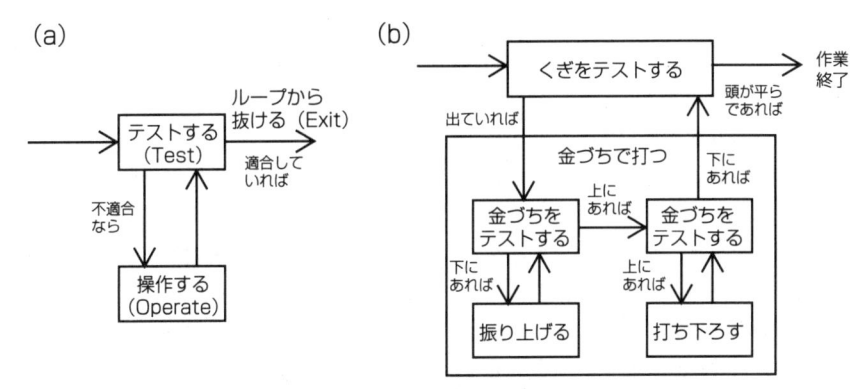

図6-21 TOTE単位とプランの階層構造（Miller, G.A. et al., 1960）

(a) TOTE単位は，テスト相と操作相からなる。
(b) 金づちでくぎを打ち込むときのプラン。まず，くぎの状態をテストし，頭が平らであれば何もせずに終了する。頭が出ていれば，金づちで打つ操作を行なう。金づちで打つ行動もTOTE単位で表わせる。まず金づちの位置をテストする。上にあれば打ち下ろし，下にあれば振り上げてから打ち下ろす。金づちで打つ操作が完了すると，再びくぎの状態がテストされ，頭が平らになるまでのこのループが繰り返される。

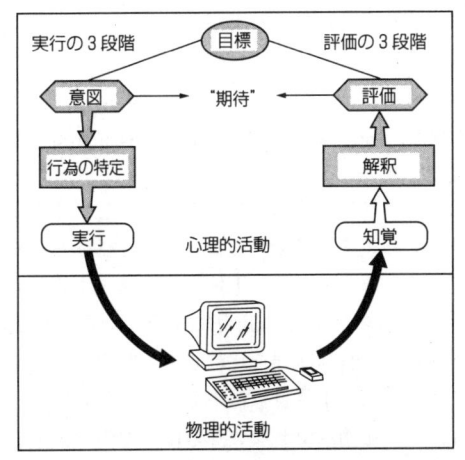

図6-22 行為の7段階モデル（Norman, D.A., 1986）

目標（たとえば，ワープロソフトを使う）は，まず，具体的な意図（ワープロのアイコンをクリックしよう）に変換される。意図に基づいて，行為（マウスのポインタをアイコンの上に移動してボタンを押す）が特定され，実際の運動として実行される。運動後には，外界で何が起きたかを知覚し（画面に新しいフレームができた），その意味を解釈し（ワープロが立ち上がった），期待していた結果が得られたかどうかを評価する。

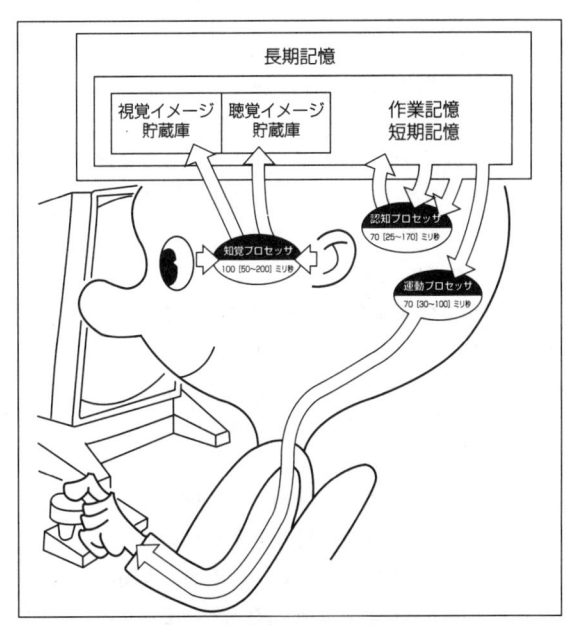

図6-23 情報処理の時間的側面
（Card, S.K. et al., 1983を一部省略）

たとえば，コンピュータ画面に何か文字が現われたらキーを押すという課題では，文字を見る（知覚：100ミリ秒）＋反応を決定する（認知：70ミリ秒）＋ボタンを押す（運動：70ミリ秒）＝240ミリ秒かかると推定できる。最小値と最大値は105〜470ミリ秒である。実際にこのような課題を行なわせると，100〜400ミリ秒かかることが実験からわかっている。

5. 思考と問題解決

　思考とは，何らかの要素（観念やイメージ，記号など）を心の中で操作する活動である。ジョンソン＝レアード（Johnson-Laird, P.N., 1988）によると，図6-24に示すように，思考は4つの基準で5種類に分けられる。まず，目標がない思考を「白昼夢」とよぶ。目標があり，現在の状態から目標状態までの経路が一通りに決定されている（決定論的な）ものが「計算」である。決定論的でなく目標が正確でない思考は「創造」とよばれる。目標が正確な思考を推論（推理）といい，「演繹」と「帰納」に分けられる。

　表6-2に演繹と帰納の例を示した。演繹は，三段論法[★16]のように論理規則によって前提から結論を導き出すもので，意味情報が増えない。これに対して，帰納は，観察されたいくつかの事例に基づいて一般的命題を確立するもので，前提には含まれない意味情報が増える。表6-2の例でいえば，帰納を行なうことで「黒くないカラスはいない」という意味情報が結論に追加される。目標がある4つの思考（計算，創造，演繹，帰納）を総称して問題解決とよぶ。

(1) アルゴリズムとヒューリスティック

　問題解決の方略には2つのタイプがある。アルゴリズム（algorithm）とは，それに従えば自動的に正しい答えが得られる一定の手順をいう。ヒューリスティック（heuristic）とは，いつも成功するとは限らないが，簡単に適用できて正解に近い答えが得られる便宜的な方法をさす。コンピュータはアルゴリズムによって動いているが，人間はほとんどの場面でヒューリスティックを使っている。たとえば，（278＋186）×1.05はいくつかと聞かれて即答できる人は少ないが，スーパーマーケットで278円の果物と186円の牛乳を買おうとしているときは，5％の消費税を入れても500円で足りるだろうと予想できる。図6-25にそれぞれの方略を図示した。

　アルゴリズムは学校で教わるが，ヒューリスティックは日常生活の具体的な経験によって身につけていく。学校で行なう計算テストの成績は悪いが，仕事や買い物などの日常場面で優れた計算能力を発揮する人は多い（Lave, J., 1988）。

(2) 一般問題解決器

　1959年に，カーネギー工科大学（後のカーネギー・メロン大学）のニューエルたちは，一般的な問題を解決するためのヒューリスティックをもつ人工知能プログラムを初めて開発した（Newell, A., & Simon, H. A., 1972）。GPS（General Problem Solver：一般問題解決器）とよばれるこのコンピュータシミュレーションでは，問題を解く前の「初期状態」と，問題が解決された「目標状態」を含む問題解決空間を作成する。そして，状態を変化させるいろいろな手段（演算子：operator）を用いて，初期状態から目標状態へと移動していく。適用できる演算子は，守らなければならない条件（制約条件）によって限られる。どのように演算子を組み合わせれば目標状態に到達できるかを決めることが，問題解決の過程である。

　GPSは，手段―目標分析（means-ends analysis）とよばれるヒューリスティックを用いる。この方法は，まず初期状態と目標状態を比較して差を見つけ，その差を小さくすることを下位目標として設定する。そして，その下位目標を達成するための手段を選ぶ。手段の適用に成功したら，再び，現在の状態と目標状態を比較して，その差を縮めることを新たな下位目標にする。手段が見つかっても，それを適用できないときは，その障害を取り除くことを次の下位目標にする。図6-26は，ハノイの塔とよばれる有名なパズルである。このパズルをGPSがどのように解くかを図6-27に示した。

5. 思考と問題解決

図 6-24　思考の分類（Johnson-Laird, P.N., 1988）

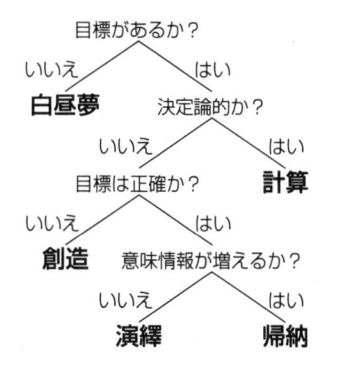

- 目標があるか？
  - いいえ → 白昼夢
  - はい → 決定論的か？
    - はい → 計算
    - いいえ → 目標は正確か？
      - いいえ → 創造
      - はい → 意味情報が増えるか？
        - いいえ → 演繹
        - はい → 帰納

表 6-2　2種類の推論

	演繹	帰納
前提	「鳥には羽がある」 「カラスは鳥である」	「昨日見たカラスは黒かった」 「今日見たカラスも黒かった」
結論	「カラスには羽がある」	「（すべての）カラスは黒い」
意味情報	増加しない	増加する 〔「黒くないカラスはいない」という 新しい情報が増えている〕

アルゴリズム

```
   278
 + 186
  ────
   464
 × 1.05
  ────
  2320
   0
  464
 ──────
 487.20
```
↓
500円を払う

ヒューリスティック

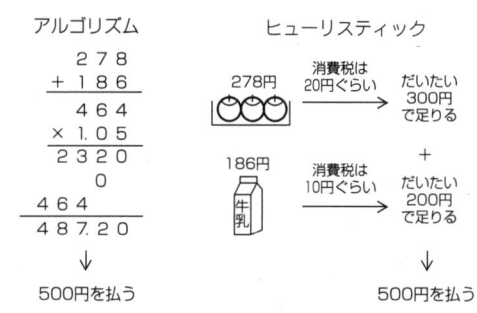

278円（りんご）　消費税は20円ぐらい　だいたい300円で足りる
＋
186円（牛乳）　消費税は10円ぐらい　だいたい200円で足りる
↓
500円を払う

図 6-25　買い物におけるアルゴリズムとヒューリスティック

3本の柱が立っており，大中小3枚の円盤が左端の柱に重ねてある。これを右端の柱に移し替えたい。ただし，円盤は1度に1枚しか移動できず，小さい円盤の上に大きな円盤を乗せることはできない。どのような手順で円盤を動かしたらよいか。

初期状態 → 目標状態

図 6-26　ハノイの塔

フランスの数学者リュカ（Lucas, E.）によって1883年に考案された。円盤が何枚あっても3本の柱があれば，この規則に従って移動できる。

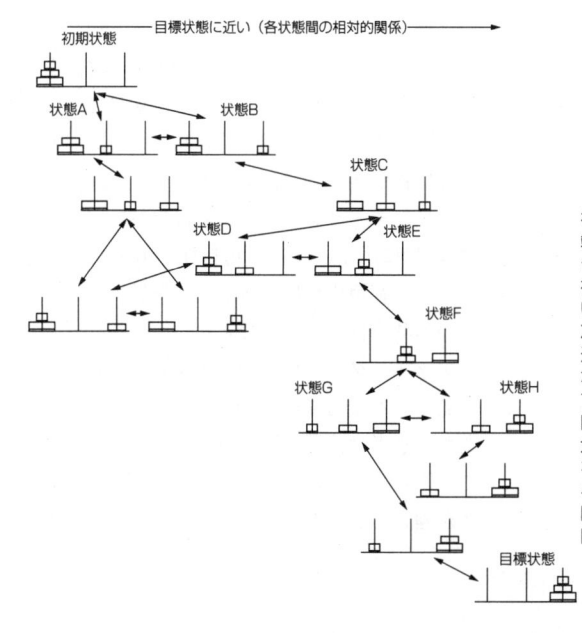

初期状態では左端に3つの円盤があり，目標状態では，右端に3つの円盤がある。この差を縮めるために，円盤をできるだけ右の方に移動させることが下位目標となる。まず，初期状態から状態Bが選択され（状態Aよりも目標状態に近い），状態Cが選択される（状態Aよりも目標状態に近い）。次は，左端の大円盤を右端に動かすことが目標状態に一番近づく手段だが，小円盤がすでに右端にあるので実行できない。そこで，大円盤を右端に動かすことを下位目標として新たに設定する。すると，最終目標からは離れるが，小円盤を真ん中の柱に移動するという手段が選択され（状態E），大円盤を右端に移すことができる（状態F）。次は，中円盤を右端に動かすことが下位目標になり，それを妨害している小円盤が左端に戻される（状態G）。最後に，中円盤と小円盤を順に右端に移動すれば，目標状態との差がなくなり，問題が解決される。

図 6-27　ハノイの塔の問題解決空間
（伊藤・安西, 1996）

(3) 問題構造の理解

手段-目標分析は，どのような問題にもあてはめることができるが，いつも成功するとは限らない。GPSがうまく働くのは，適切な問題解決空間を作成できるときだけである。与えられた問題の構造を解決に適した形に変換するには，過去の経験と知識が重要な役割を果たす。表6-3に，問題構造を変換できれば簡単に解ける問題の例を示した。問題構造を頭の中に表象したものをメンタルモデル（mental model）という。適切なメンタルモデルを形成できるかどうかが問題解決の鍵を握っている。

(4) 4枚カード問題

まず，図6-28(a)の問題を解いてみよう。この問題は，4枚カード問題，またはウェイソン（Wason, P.C.）の選択課題とよばれる。Eと7を選ぶ人やEだけを選ぶ人が多かったのではないだろうか。しかし，これはどちらも誤りである。論理学的には「pならばq」という規則を確かめる問題になっている。ここでは，pは「片面が母音」，qは「裏面が奇数」である。この規則がまちがっているといえるのは，pなのにqでない事例（片面が母音で，裏面が偶数）があるときだけである。つまり，母音（E）の裏が偶数でないことと，偶数（4）の裏が母音でないことを確かめなければならない。Eと4という正解を出せる人は，大学生でも10％未満である。

なぜこのようなことが起こるのだろうか。エバンズとリンチ（Evans, J.St.B.T., & Lynch, J.S., 1973）は，多くの実験参加者は，条件文に書いてある個々の単語（「母音」，「奇数」）に目をつけ，それと一致したカードを選択する方向で思考する傾向があることを指摘した。この判断傾向をマッチングバイアス（matching bias）とよぶ。

次に，図6-28(b)の問題を解いてみよう。前の問題と似ているが，今度は「ビールを飲んでいる」と「16歳」を正しく選択できた人が多いのではないだろうか。2つの問題の論理構造はまったく同じだが，その難易度は課題のテーマによって大きく変わる。この現象は主題化効果（thematic-materials effect）とよばれる。母音や奇数のような記号を用いた抽象的な問題ではなく，具体的で日常経験を参照できる問題では高い正解率が得られる（70％以上）。主題化効果は，人間は論理規則のようなアルゴリズムよりも，ヒューリスティックを使う方が得意であることを示している。

(5) アフォーダンス

人間はそもそも日常生活で考える必要があるのだろうか。ギブソン（Gibson, J.J., 1979）は，人間をはじめとする生物は，バラバラな外界の情報を処理してまとめ上げることで意味を生みだしているのではなく，もともと豊かな情報をもった外界から直接的に情報を抽出していると提唱した。森の中を歩いていて，図6-29のような場所にたどりついたとする。一目見ただけで真ん中の切り株に座れそうだと思うだろう。どこに座れるかを「考えて決めた」のではなく，真ん中の切り株が「座れそうに見えた」のである。このとき，その切り株は座る行動をアフォード（afford）したという。アフォーダンス（affordance）は，ギブソンの造語で，人間にある行動を可能にさせる事物の性質をさす。左の切り株は高すぎるし，右の切り株は細すぎるので，座る行動をアフォードしない。アフォーダンスをもつのは自然物に限らない。図6-30に示すように，物自体がもっている情報をうまく利用すれば，直感的に理解できて使いやすい道具を作ることができる。

アフォーダンス理論が強調するように，私たちの認知は生態学的な文脈[★17]に依存している。私たちの思考は論理規則からよく逸脱するが，それでも不自由せずに生きていけるのは，周囲の人や物が強力に認知をサポートしているからである。

表6-3 問題構造を変換できれば簡単に解ける問題

問題1
2002年夏の高校野球には史上最多の4,163校が参加した。優勝校が決まるまでに地区予選から決勝戦まで全部で何試合が行なわれただろうか？（ただし，不戦勝はないものとする）

問題2
家から神社まで2kmの道で犬を散歩させている。犬は飼い主の3倍のスピードで走り，飼い主より先に神社に着くと戻ってきて，また神社に向けて走り出すということを休まずにくり返している。飼い主が神社に着くまでの間，犬は何km走ることになるか？

（答えはこのページの下）

(a) 片面にはアルファベットが，反対の面には数字が書いてあるカードが何枚かあります。この中から4枚のカードを選んで，片面だけが見えるように並べました。

| E | T | 4 | 7 |

これらのカードについて，

「片面に母音が書いてあれば，
　　裏面に奇数が書いてある」

という規則が正しいかどうかを確かめたいのですが，そのために裏返す必要があるカードを選んでください。

(b) あなたは勤務中の警官であると想像してください。人々がある規則に従っているかを確認することがあなたの仕事です。あなたの前のカードには，4人の人々についての情報が書いてあります。カードの片面にはその人の年齢が，反対の面にはその人が何を飲んでいるかが示されています。

| ビールを飲んでいる | コーラを飲んでいる | 16歳 | 22歳 |

これらの人々が，

「ビールを飲んでいるならば，
　　20歳以上でなければならない」

という規則に違反していないかどうかを確かめるために裏返す必要のあるカードを選んでください。

図6-28　4枚カード問題
(a) 抽象的な課題（Wason, P.C., 1966）
(b) 日常経験を参照できる課題（Griggs, R.A. & Cox, J.R., 1982）

図6-29　アフォーダンス
座れる場所は「座れそう」に見える。

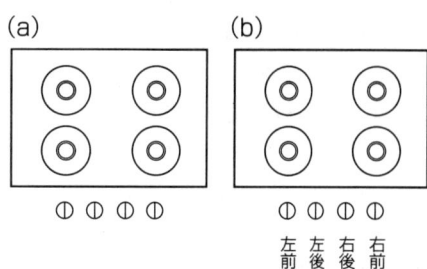

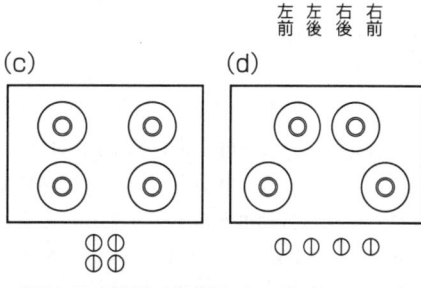

図6-30　自然な対応づけ（Norman, D.A., 1988）
ガスコンロとつまみの配置にはいろいろなパターンがある。上の2つは，わかりづらい配置である。(a) は使ってみるまで対応がわからず，(b) も字が読めなければ使えない。下の2つは改善案である。(c) も (d) もコンロの配置とつまみの配置が「自然に」対応しており，深く考えずに使える。

【表6-3の答え】
問題1　4,162試合（1試合につき1校が敗退するので，一度も負けていない優勝校を除いた参加校の数が全試合数になる）
問題2　6km（犬は休まずに飼い主の3倍のスピードで走りつづけたので，3倍の距離を走っている）

【トピックス6】ヒューマンエラー

「誤りは人の常（To err is human）」という言葉がある。人間がまちがいを犯しやすいことは今も昔も変わらない。近年，ヒューマンエラーが関心を集めるようになったのは，ジャンボジェット機や原子力発電所など巨大なシステムが比較的少数の人々によって操作される時代になり，1人のまちがいがかつてないほど大きな事故を招く可能性が生まれたからである。人間と機械が一体となって作業を行なうシステムを，人間－機械システム（man-machine system）という。エラーにわざわざ「ヒューマン」という形容詞をつけるのは，人間－機械システムのなかでの人間の役割を強調するためである。

リーソン（Reason, J., 1990）によると，エラーとは「計画した一連の心理的・身体的活動が意図した結果をもたらさず，その失敗を何らかの偶然作用のせいにはできない場合」の総称である。エラーはいろいろな方法で分類できる。観察できる区分としては，やらなくていいことをやってしまう実行エラー（commission error）と，やるべきことをやらない省略エラー（omission error）がある。また，計画から実行までのどの段階に原因があるかにより，ミステイク（mistake：計画段階のエラー），ラプス（lapse：記憶・保持段階のエラー），スリップ（slip：実行段階のエラー）の3つに分けることもできる。ちなみに日本語でスリップというと自動車が横すべりすることをさすが，英語のslipは車輪がついていないものが滑るときに使い，自動車が滑る場合はskidという。

人間はどのくらいエラーをするのだろうか。ゴファー（Gopher, D.）らは，順調に運営されている集中治療室でも患者1人につき平均1.7個／日のエラーが起こっていると報告した（Wickens, C.D. & Hollands, J.G., 2000）。一般に，知識を増やして練習すればエラーが減ると考えられているが，そうとは限らない。ドイツにあるギーセン大学のフレーゼ（Frese, M.）らは，実際の会社でコンピュータを使った事務作業中に起こるエラーの種類と数を記録した。その結果，コンピュータの知識が多い（2つ以上のプログラムを使っている）人は1時間あたり平均5.83回エラーをしたのに対して，知識の少ない（1つのプログラムしか知らない）人は平均3.87回であった（Prümper, J. et al., 1992）。初心者は知識不足によるエラー（ミステイク）が多いが，熟練者は処理が自動化されているので実行段階でのうっかりミス（スリップ）が増える。

ヒューマンエラー対策には，どうすればエラーを防げるか（error prevention）だけでなく，エラーが起きたときにどうするか（error management）を考えておくことも大切である（Frese, M., 1991）。どんなに用心していても，人間は必ずエラーをする。実際に事故やストレスが起こるのは，エラーが発生したからではなく，エラーに適切に対処できないからである。たとえば，上述の研究では，コンピュータ経験が豊富な人は乏しい人よりも短い時間でエラーから回復できた。また，エラー処理にかかる時間が長いほどストレスが高まることも示されている（Brodbeck, F.C. et al., 1993）。

毛嫌いされることの多いエラーだが，フレーゼとザフ（Frese, M. & Zapf, D., 1994）はエラーの利点を6つあげている。①自分の知識の一部がまちがっていることに気づく，②新しい発見や創造に結びつくことがある，③自動化しかけた行動について再び意識的に考える機会を与える，④その分野の問題点や落とし穴についての知識がより深まる，⑤エラーを処理する技能が身につく，⑥エラーがもたらすフラストレーションに対処する訓練になる。エラーを単に不快なものとして避けるのではなく，「何かを学ぶよいチャンス」と前向きにとらえることで個人も組織も成長していくのである（畑村，2000）。

第7章 記憶

1. 記憶の過程

記憶（memory）とは，さまざまな経験を取り入れ（記銘），それを蓄え（保持），必要なときに取り出して再現（想起）する機能である。このように，記憶には，3つの過程が存在すると考えられている。記銘は，「覚える」段階であり，保持は，「覚えつづけておく」段階，想起は，「思い出す」段階である。

(1) 符合化，貯蔵，検索

現在の記憶研究においては，記憶の過程は能動的な活動であり，一連の情報処理過程であると考えられるようになってきた。このような観点から，記銘，保持，想起よりも，符合化（encoding），貯蔵（storing），検索（retrieval）ととらえる方が主流になっている。符合化とは，記銘のように単に「覚えておく」だけでなく，情報の特徴を抽出したり，記憶しやすいように情報が適切な形式に変換されたりすることも含んでいる。また，思い出すことができなかった場合，すなわち忘却は，これらの過程のいずれかの失敗を反映しているが，近年，忘却の主要な原因は，貯蔵されていた情報の消失よりも，適切な手がかりの欠如であることが指摘されている。どのような手がかりを用いて思い出すことができるかという観点から，検索という概念が用いられるようになってきた。

(2) 記憶の二重貯蔵モデル

記憶のなかには，親しい友人の名前や印象深い経験など，一生の間覚えているようなものもあるが，電話帳を見て電話番号をかけたが，ダイアルし終わったとたんに忘れてしまうようなものもある。前者のように保持時間の長い記憶を，長期記憶（long term memory），後者のような保持時間の短い記憶を，短期記憶（short term memory）とよぶ。

アトキンソンとシフリン（Atkinson, R.C. & Shiffrin, R.M., 1968）は，記憶には，短期記憶を蓄える短期記憶庫と，長期記憶を蓄える長期記憶庫の2つの異なった情報の貯蔵場所が存在するという記憶の二重貯蔵モデルを提唱した（図7-1）。外部からの情報は，感覚記憶として入力され，短期貯蔵庫を経て長期貯蔵庫へと転送されることになる。彼らのモデルでは，短期記憶は単なる短い時間の記憶貯蔵庫にすぎないが，現在では，短期記憶は単に記憶情報を貯蔵するにとどまらず，積極的な情報処理活動を含んだ能動的な過程であると考えられており，短期記憶という用語に代わってワーキングメモリという言葉が使われるようになっている。

2. 感覚記憶

　私たちの脳には，ごく短時間であれば，入力された感覚情報が符号化されずに，生の感覚情報のまま貯蔵することができるシステムが備わっている。その後，入力情報を理解するための高次な処理が始まるのである。たとえば本を読んで単語や文の内容を記憶する場合を考えてみると，最初に文字のパタンに対応する視覚情報が入力される。その視覚情報は，文字の形に関する知識に基づいて意味づけや符合化が行なわれ，記憶貯蔵庫へと転送されることになる。しかし，入力された視覚情報が意味づけされ符合化されるまでの間は，その視覚情報を一時的に貯蔵しておく必要がある。

　このように，呈示された視覚刺激や聴覚刺激が非常に短時間ではあるが，ほとんど何の処理も受けずに呈示されたままの形で保持されているのが感覚記憶（sensory memory）である。

（1）アイコニック・メモリ

　視覚情報における感覚記憶を視覚情報保存，またはアイコニック・メモリ（iconic memory）とよぶ。スパーリング（Sperling, G., 1960）は，図7-2のように3行×4列（12文字）の文字刺激を50ミリ秒呈示し，呈示された文字を報告するよう実験参加者に求めた。呈示されたすべての文字を報告させる全体報告法を用いた場合では，実験参加者が正しく報告できたのは，4～5文字であった。しかし，「もっと見えていたが報告するうちに忘れてしまった」と報告した実験参加者が多くみられたため，呈示された文字の一部分だけを報告させる部分報告法を用いて再検討した。刺激の呈示直後に3種類の高さの音を呈示し，3行のうちのどれか1行の文字だけを報告させるようにしたところ，いずれの行でも平均して3文字報告することができた。どの行について報告するかは，刺激の呈示が終了してから指示されるので，実験参加者はすべての行について少なくとも3文字，全体で9文字は見えていたことになる（図7-3）。さらに，刺激呈示から再生[*1]開始までの時間，すなわち遅延時間が500ミリ秒を越えると，部分報告法の再生率（利用可能文字数）は，全体報告法の再生率と差がみられなくなった（図7-4）。この結果は，アイコニック・メモリの保持時間が1秒以内であることを示している。

（2）エコイック・メモリ

　聴覚情報における感覚記憶を聴覚情報保存，またはエコイック・メモリ（echoic memory）とよぶ。グルックスバーグとコーワン（Glucksberg, S. & Cowan, G.N. Jr., 1970）は，被験者の一方の耳に聞こえてくる文章を声に出してくり返させ，もう一方の耳に聞こえてくる文章は無視させた。しかし，無視させた耳には時どき数字が呈示され，被験者の目の前に緑色の光が点灯する前にその数字を答えるよう求めた。数字が呈示されてから5秒以内に検出率が急激に低下したことから，エコイック・メモリはアイコニック・メモリよりも保存時間が長く，約5秒持続することがわかった（図7-5）。

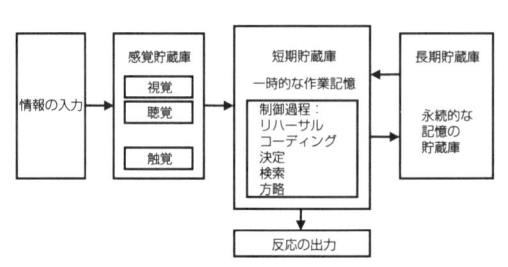

図7-1　記憶の二重貯蔵モデル（Atkinson, R.C. & Shiffrin, R.M., 1968）

2. 感覚記憶

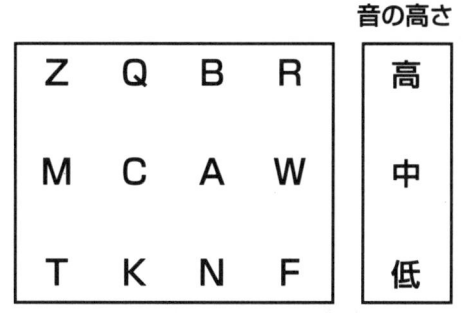

図7-2 部分報告実験の刺激画面の例
（Sperling, G., 1960を一部改変）
実験参加者は，刺激画面が消えたあとに聞かされる3種類の音の高さ（信号）で，報告する文字行を教示される。

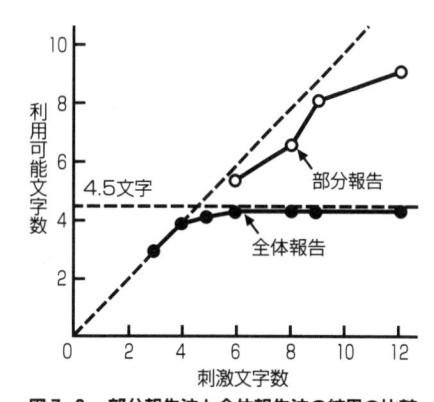

図7-3 部分報告法と全体報告法の結果の比較
（Sperling, G., 1960を一部改変）
横軸は呈示文字数で，斜めの破線は実験参加者が呈示文字すべてを正しく報告できた場合の利用可能文字数を示している。利用可能文字数は，各試行によって得られた正答率に文字数をかけることによって得られたものが示されている。

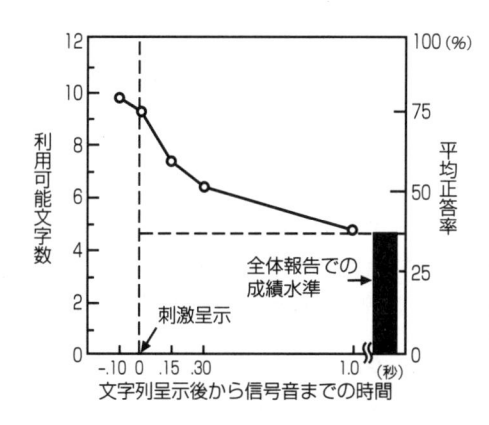

部分報告法において，合図音（信号）の遅延時間を変化させた実験結果。
水平の破線は，全体報告法での報告文字数（正答数）である。

図7-4 アイコニック・メモリの崩壊曲線
（Sperling, G., 1960を一部改変）

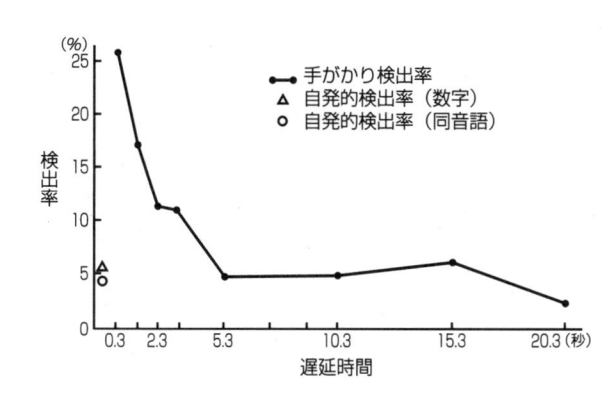

自発的検出とは，手がかりなしの自発的な検出をさす。
また同音語とはtwoに対するtoやtoo, fourに対するforなどをさす。

図7-5 エコイック・メモリの持続時間
（Glucksberg, S., & Cowan, G.N.Jr., 1970を一部改変）

3. ワーキングメモリ

　私たちが日ごろ，相手の会話を理解したり，買い物で代金を支払ったりする場面では，情報の短期的な保持が不可欠である。ワーキングメモリ（working memory：作業記憶）とは，短期記憶の概念を発展させたもので，ある課題の遂行に必要な情報を能動的に必要な期間保持し，処理するメカニズムである。たとえば，86×7の掛算を暗算で行なう場合では，6×7の積を保持したまま8×7の積を加算しなければならない。このようにワーキングメモリは，記憶の保持機能に加え，情報の処理機能も兼ね備えていることに大きな特色がある。

(1) ワーキングメモリの容量

①短期記憶の保持時間

　ピーターソンとピーターソン（Peterson, L.R. & Peterson, M.J., 1959）は，「JQB」といった無意味な文字列を覚えさせた後，3桁の数から3ずつ減算させる方法で記憶保持を妨害[*2]し，その間の忘却率を調べた。その結果，短期記憶の保持時間は10数秒程度であることがわかった（図7-6）。

②チャンク

　ミラー（Miller, G.A., 1956）は，意味のあるひとまとまりの情報をチャンク（chunk）とよび，人間が一度に保持できる情報の量は7±2チャンクであることを明らかにした。たとえば，無意味な平仮名では7文字程度しか覚えられないが，4～5文字の単語なら5～7語程度，文字数に直すと20～35文字は覚えられる。

③二重課題法

　バッドリーとヒッチ（Baddeley, A. D. & Hitch, G., 1974）は，1～6桁の数字列を覚えさせると同時に，「A is followed by B」といった文の後に「AB」または「BA」の文字列を呈示し，その正誤を判定させた。このように2種類の課題を同時に行なう二重課題（dual task）を行なうと，両方の課題が互いに干渉しあい，成績がともに低下した。この結果から，ワーキングメモリの処理資源には容量制限があることがわかる。このような処理資源の個人差を調べる方法としてリーディングスパンテスト（reading span test）が考案されている（図7-7）。

(2) ワーキングメモリのモデル

　バッドリー（Baddeley, A.D., 1986, 1992）は，二重課題の結果に基づきワーキングメモリのモデルを提唱した。このモデルは，全体の機能を統括する中央実行系（central executive）と，その下部機構である音韻ループ（phonological loop），視空間的記銘メモ（visuo-spatial sketchpad）から構成されている（図7-8）。音韻ループは，会話や文章の理解など言語的な情報処理にかかわる一時的保持のために特殊化されたシステムであり，二重貯蔵モデルの短期記憶に相当する。視空間的記銘メモは，視覚イメージなど言語化できない情報の処理にかかわる保持に専門的に携わっている。保持機能をもつこれら2つの下部機構とは異なり，中枢的役割を担う中央実行系は，この2つの下位機構の働きを管理し，ワーキングメモリ内での情報の流れを統制する制御機構であると考えられている。

　その後バッドリーは，つねに行なわれる長期記憶からの検索に対応する下位機構としてエピソード・バッファ（episode buffer）をつけ加え，モデルを改訂した（Baddeley, A.D., 2000）。これら3つの下位機構は，長期記憶と情報をやりとりしながら一時的な情報保持機構を担っており，中央実行系は，これらの情報を処理し，注意の制御系として機能していると考えられている（図7-9）。

　近年，前頭連合野（第10章参照）に中央実行系が存在するという報告が多くなされ（苧阪，2002），ワーキングメモリと前頭連合野の機能に関するモデルも提唱されている（図7-10）。

3. ワーキングメモリ

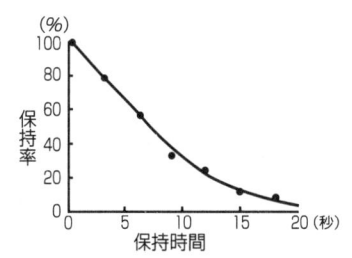

図7-6　短期記憶の忘却曲線
（Peterson, L.R., & Perterson, M.J., 1959を一部改変）

短期記憶は，記銘の10数秒後には，急激に減衰していることがわかる。

電車に乗り遅れたので母に車で送ってもらった。
彼はぶっきらぼうだが，根はいいやつだと思う。
公園で昼寝をしていたら，大きな蜂に刺された。
物事に対する自分の心の動きに注意深く目を向けよう。

図7-7　日本語版リーディングスパンテストの例
（苧阪, 2002）

1文ずつ声に出して読みながらアンダーラインの語句を覚える。

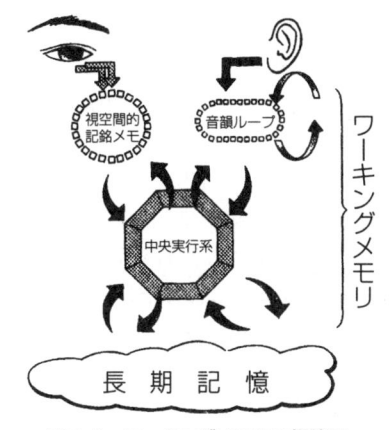

図7-8　ワーキングメモリの概略図
（Baddeley, A.D., 1986, 1992を一部改変）

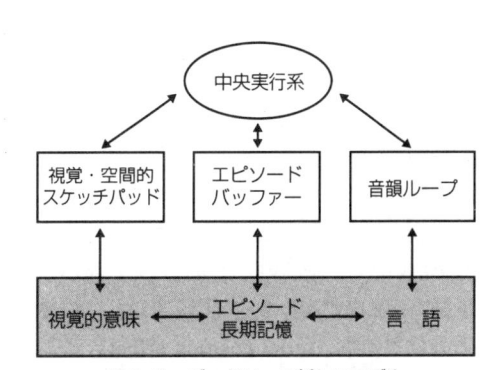

図7-9　バッドリーの新しいモデル
（Baddeley, 2000；苧阪, 2002）

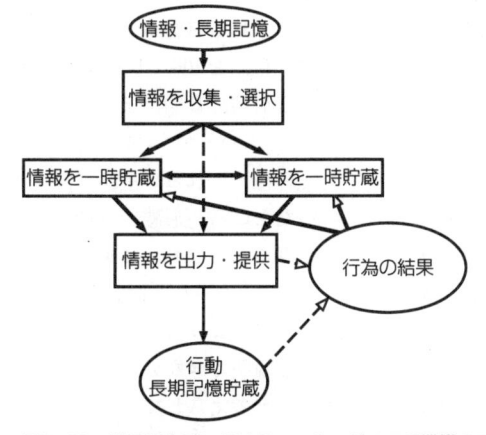

四角で囲んであるものは，前頭連合野に反映される機構を示している。破線は関連性が示唆されるものを示している。

図7-10　前頭連合野におけるワーキングメモリ機構のモデル（船橋, 2000を一部改変）

4．記憶情報の符合化

ワーキングメモリ内で処理される情報は，短い時間内に消失してしまうため，情報を長時間，時には半永久的に貯蔵しておくためには，情報を長期記憶庫に転送し，長期記憶に変換する必要がある。試験の際など，暗記しようとして何度も反すうしたり，意味を考えながら覚えようとしたりすることは，情報を長期記憶に符合化するための方略なのである。

(1) リハーサル

情報がワーキングメモリから長期記憶に転送される条件の1つは，情報がワーキングメモリ内に十分長い時間とどまっておくことである。声に出したり，頭の中で反すうしたりすることによって情報を意識的に反復することをリハーサル（rehearsal）という。

単語を次々に呈示し，すべての単語が呈示された後にそれらの単語を思い出してもらう自由再生法[*3]を用いると，最初の方と最後の方に呈示された単語の再生率が高くなる（図7-11）。この現象を系列位置効果（serial position effect）とよぶ。最初の再生率が高くなる現象は初頭効果（primacy effect）とよばれる。単語を何度も復唱し，リハーサルを行なった結果，単語情報が長期記憶に転送されたために生じる。系列の最後の再生率が高くなる現象は新近性効果（recency effect）とよばれ，単語情報がワーキングメモリ内に残っていることが原因である。しかし，単語を呈示した後，計算課題などの課題を挿入すると，最初の単語は長期記憶に残っているため再生率には差は見られないが，計算課題によってワーキングメモリ内の情報が更新されるため最後の単語の再生率は低下する。

(2) 精緻化

しかし，単に情報を復唱するだけのリハーサルでは，情報は長期記憶に転送されにくい。ワーキングメモリ内の情報が長期記憶に転送されるためには，覚えるべき情報に対して意味的に関連する情報をつけ加えたり，イメージ化したりしながらリハーサルする必要がある。クレイクとワトキンス（Craik, F.I. M. & Watkins, M.J., 1973）は，前者のように単に復唱するだけのリハーサルを維持リハーサル（maintenance rehearsal），後者のように関連情報をつけ加えながら行なうリハーサルを精緻化リハーサル（elaborative rehearsal）とよんだ。

バウアーとクラーク（Bower, G.H. & Clark, M.C., 1969）は，無関連な10語からなる単語リストを実験参加者に覚えてもらった。半数の実験参加者には十分な学習時間を与え，これらの単語を使って物語を作ってもらった（物語群）。残りの実験参加者には，ただ単語を覚えるよう教示し，物語群と同じ学習時間を与えた（統制群）。統制群ではほとんどのリストで再生率が20％以下（中央値は13％）だったが，物語を作ることで情報を精緻化（elaboration）した物語群では，すべてのリストで再生率が80％（中央値は93％）を超えていた（図7-12）。

(3) 処理水準

さらに情報を深く処理することができれば，すなわち処理水準（levels of processing）が高ければ，情報は長期記憶内に転送されやすくなる。クレイクとタルビング（Craik, F.I. M. & Tulving, E., 1975）は，単語を200ミリ秒呈示した後，その単語に関する形態，音韻，または意味に関する質問を行ない，「はい」か「いいえ」で回答させた（表7-1）。その後，これらの単語に関する再認テストを行なったところ，形態，音韻，意味と，処理する水準が深くなるほど，成績が高かった（図7-13）。ただし，「はい」と回答した方が「いいえ」と回答した場合よりも成績が高かったことは，処理水準では説明できない。この現象は，精緻化を示していると考えられている。

4. 記憶情報の符合化

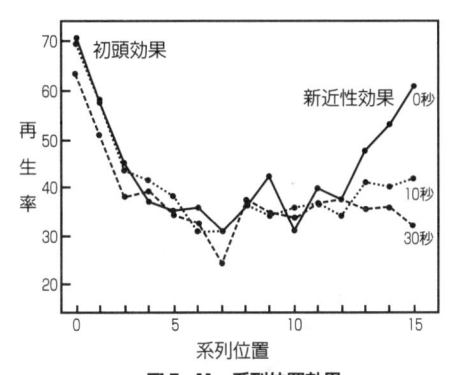

図7-11 系列位置効果
(Glanzer, M. & Cunitz, A.R., 1966)
15個の単語を呈示した直後に再生した場合（0秒）と，10秒または30秒経過した後に再生した場合の単語の再生率を示している。

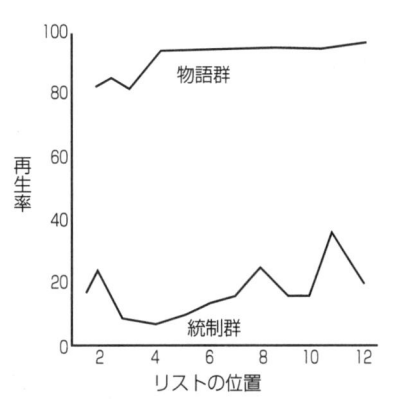

図7-12 物語群と統制群における単語の再生率
(Bower, G.H. & Clark, M.C., 1969)

表7-1 クレイクとタルビングの実験で用いられた質問の例
(Craik, F.I.M. & Tulving, E., 1975)

条件	質問	答え Yes	No
形態	単語は大文字で書かれていますか。	TABLE	table
音韻	単語はWEIGHTと韻を踏んでいますか。	crate	MARKET
意味	単語は次の文に当てはまりますか。 He met a ＿＿＿＿ in the street.	FRIEND	cloud

形態，音韻，意味のいずれかの質問がランダムに呈示され，「Yes」か「No」で回答する。

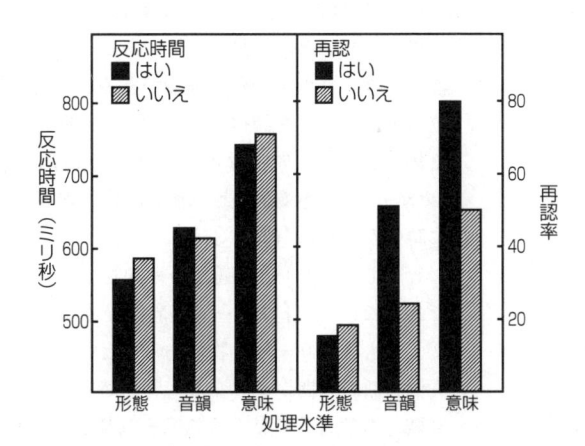

形態，音韻，意味へと処理水準が深くなるにつれて判断に時間がかかり，再認率も上昇している。

図7-13 クレイクとタルビングの実験結果
(Craik, F.I.M. & Tulving, E., 1975)

5．知識の構造

私たちがもっている知識や概念は，長期記憶の中に蓄えられているが，長期記憶に保存される情報には容量の限界はほとんどなく，半永久的に保存されると考えられている。これらの情報は整理した形で貯蔵され，必要なときに検索されている。

長期記憶は，その内容から，宣言的記憶と手続き的記憶に分類され，さらに宣言的記憶は，エピソード記憶と意味記憶に分類されている（図7-14）。近年，顕在記憶[★4]と潜在記憶[★5]に関する研究も行なわれている。

（1）長期記憶の区分

①宣言的記憶と手続き的記憶

H.M.というイニシャルの重度のてんかん患者は，治療のために側頭葉内部の切除手術を受けた。知能検査の結果やワーキングメモリは正常であったが，手術以降の新しい出来事が覚えられない順向性健忘[★6]と，手術前の数年間の出来事についての記憶が失われる逆行性健忘が発生した。しかし，回転板追跡などの知覚運動学習を数日間実施したところ，彼は前回その課題をやったことは思い出せなかったが，明らかな学習効果が認められた（Corkin, S., 1968: 図7-15）。この症例から，長期記憶にはさまざまな事実に関する記憶である宣言的記憶（declarative memory）と運動技能や習慣に関する記憶である手続き的記憶（procedural memory）が存在することが明らかになった（Squire, L.R., 1992）。車の運転技能などは手続き的記憶であり，言葉で記述できる記憶が宣言的記憶である。

②エピソード記憶と意味記憶

宣言的記憶の中には，個人的経験に関する情報や，人々がほぼ共通にもっている一般的知識が貯蔵されている。タルビング（Tulving, E., 1972）は，前者をエピソード記憶（episodic memory），後者を意味記憶（semantic memory）とよんだ。エピソード記憶は，特定の場所や時間の情報とともに貯蔵されているもので，個人が過去に経験した出来事に関する記憶である。意味記憶は，単語の意味や概念などに関する記憶であり，特定の場所や時間に縛られず，意味的な体系に整理されている。教科書に書いてあることをいつどこで習ったというエピソード記憶は，時間をかけ，やがて普遍的な知識として意味記憶に蓄えられることになる。

（2）意味記憶のネットワークモデル

このような意味記憶はどのように体系化されているのだろうか。その代表的なモデルを述べる。

①階層的ネットワークモデル

コリンズとキリアン（Collins, A.M. & Quillian, M.R., 1969）は，意味記憶に蓄えられている知識は，階層をなしており，これらの階層がネットワーク状に結合されているという階層的ネットワークモデル（hierarchical network model）を提唱した（図7-16）。それぞれの概念には，その概念の特性を表わす属性と，その上位概念との関係が貯蔵されている。たとえば，「カナリア」という概念には，「さえずることができる黄色い鳥」が貯蔵されているとする。「さえずる」と「黄色い」がカナリアの属性であり，「鳥」が上位概念である。しかし，鳥類の一般的な特徴については，すべての鳥について記憶しておく必要はなく，たとえば「カナリアは飛べる」という命題は，「カナリアが鳥である」ことと，鳥の属性である「鳥は飛ぶことができる」の2点から推論できる。ただし，上位の概念の属性を調べるには検索に時間がかかるため，「カナリアは黄色い」という命題よりも，「カナリアは飛べる」という命題の方が真偽判断に時間がかかる（図7-17）。

しかし，「コリー―哺乳類―動物」という階層でありながら，「コリーは哺乳類である」という文よりも「コリーは動物である」という文の方が真偽判断の時間が速いなど，判断時間はたどるべき概念の数だけでなくその概念の典型性や出現頻

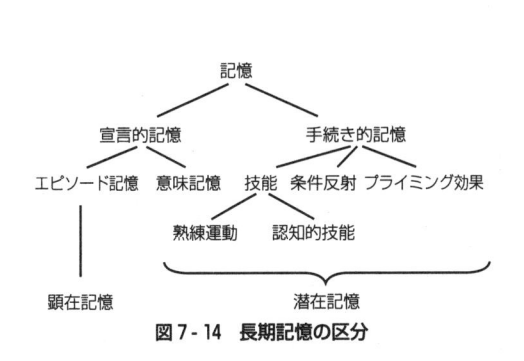

5. 知識の構造

図 7-14 長期記憶の区分

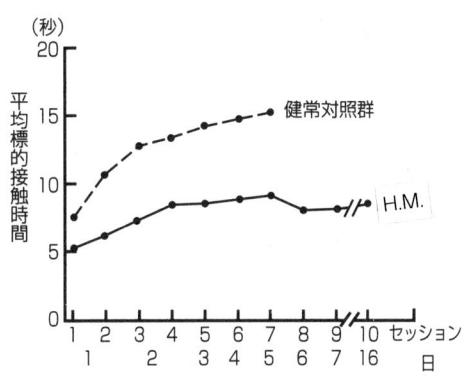

図 7-15 症例H.M.の回転板追跡の成績
(Corkin, S., 1968)

H.M.の成績は健常対照群より劣るが、課題をくり返すことによって成績は向上している。また第9セッションと第10セッションは9日間あいているが、学習は保持されている。しかし、H.M.は、以前に課題を行なったことは覚えていない。

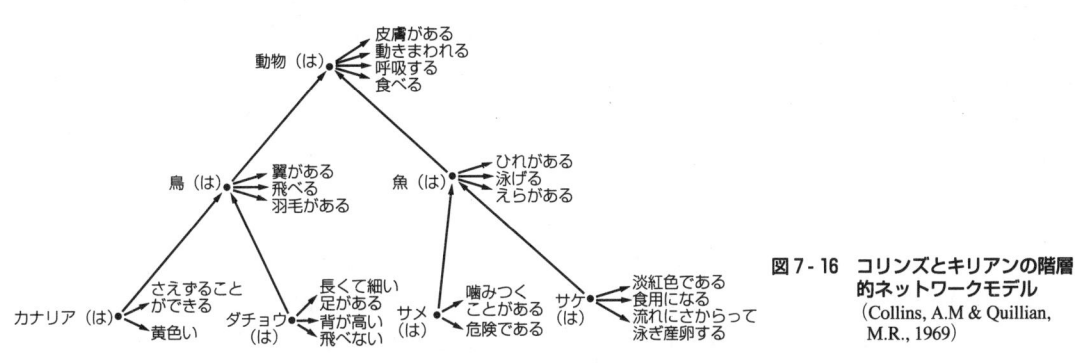

図 7-16 コリンズとキリアンの階層的ネットワークモデル
(Collins, A.M & Quillian, M.R., 1969)

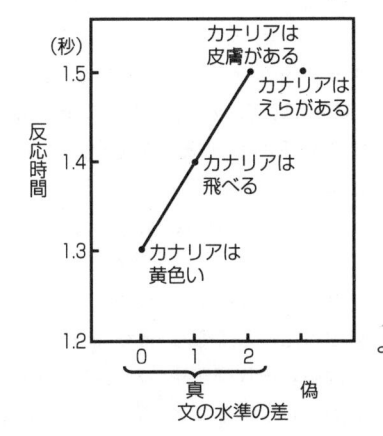

より上位の概念属性まで検索するほど、判断に時間がかかる。

図 7-17 命題の真偽判断に要する反応時間
(Collins, A.M. & Quillian, M.R., 1969)

度などの影響も受けることが指摘され（Rips, L.J. et al.,1973），その後，修正モデルが提唱された。

②活性化拡散モデル

コリンズとロフタス（Collins, A.M. & Loftus, E.F., 1975）は，意味記憶のネットワークモデルの考え方を維持しながら，新たな意味ネットワークモデルを提唱し，活性化拡散モデル（spreading activation model）とよんだ（図7-18）。このモデルでは，それぞれの概念や知識は階層をなしているのではなく，意味空間上の距離で表わされており，意味的に関連する概念どうしが結びついて意味的なネットワーク構造をなしている。ある概念が活性化されると，他の概念へと自動的に活性化が広がっていく。活性化が進むことによって検索が促進されることになる。

メイヤーとシュベインベルト（Meyer, D.E. & Schvaneveldt, R.W., 1971）は，ディスプレイ画面に文字列を2つ，上下に同時に呈示し，その文字列が両方とも有意味語か無意味語であるかの判断を求める語彙判断課題を行なった。2つの文字列が有意味語であった場合，「パン－医者」よりも，「パン－バター」のように，2つの文字列の間に意味的な関連性がある方が2番目の文字に対する反応が速くなった。彼らは，この現象をプライミング効果[7]と名づけた。活性化拡散モデルに従えば，「パン」と「バター」は意味的に関連性が高いため，「パン」が呈示されると，「バター」まで活性化が拡散し，処理が速くなったと考えることができる。

(3) スキーマとスクリプト

意味記憶の研究とは別に，知識の構造を示すモデルとしてスキーマ理論がある。

①スキーマ

さまざまな事柄に関して体系的にまとまった知識をスキーマ（schema）とよぶ。スキーマはものごとや状況，行為などに関する一般的な知識であり，ステレオタイプ[8]も一種のスキーマである。

初めて出会った人や物，場面などは，そのすべてを認識し記憶しなくても，それらに関する知識，すなわちスキーマを利用すれば大量の情報をすばやく効率的に処理することができる。

ブリューワーとトレインズ（Brewer, W.F. & Treyens, J.C., 1981）は，大学生に35秒間，大学院生の部屋に入ってもらい，その後，部屋の中にあったものを思い出してもらった。部屋の中には61個の物があったが，正しく想起できたのは平均13.5個であった。想起率の高かった物は，机や椅子など「大学院生の部屋」と聞けばすぐにイメージできる項目，すなわち，「大学院生の部屋」というスキーマに合致する項目であった。このように，スキーマに一致する項目は，符合化されやすく，長期記憶によく貯蔵され，さらにスキーマに誘導された検索過程によって検索されやすい。ただし，スキーマに合致するが，実際には部屋の中に置いていなかった本やペン，コーヒーカップを見たと報告した学生もいた。スキーマによって誤った推論を導くこともあることがわかる。

②スクリプト

私たちが日常的に行なっている行為のなかで，決まりきった出来事は1つのまとまった知識として記憶されている。たとえば，「レストランに行く」際には，テーブルについてからメニューを見て料理を注文し，食事をとってから料金を払う，という一定の行動をとる（表7-2）。シャンクとエイベルソン（Schank, R. C. & Abelson, R. P., 1977）は，このようなある特定の状況と行動に関する一般的な知識の構造をスクリプト（script）とよんだ。

バウアーら（Bower, G.H. et al., 1979）は，「医者にかかる」ときや，「講義に出席する」ときには，一般的に，どのようなことを行なうのか大学生に自由に記述してもらった。記述された行動の大半には高い一致率が見られたことから，その集団に共通するスクリプトが存在することがわかった。

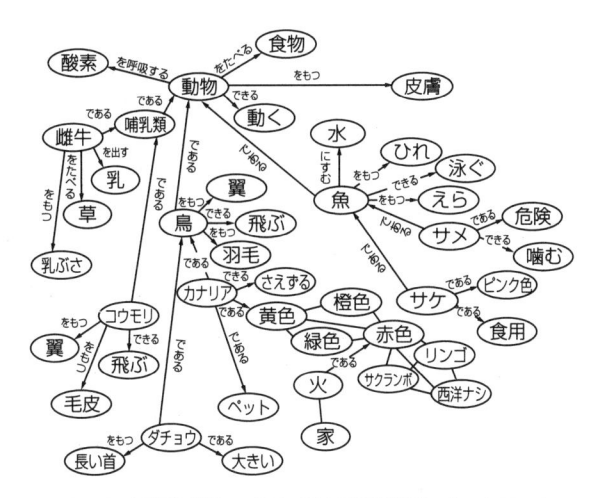

図 7-18 活性化拡散モデルにおける意味記憶のネットワーク
(Lachman, R. et al., 1979)

表 7-2 スクリプトの例 (Bower, G.H. et al., 1979)

名　　前：レストラン	登場人物：客
道　　具：テーブル	ウエイター
メニュー	コック
料理	勘定係
勘定書	経営者
金	
チップ	
登場条件：客は空腹である	結　　果：客の所持金が減る
客は金をもっている	経営者はもうかる
	客は満腹になる

場面1：入場	場面3：食事
客はレストランに入る	コックは料理をウエイターに渡す
客はテーブルを探す	ウエイターは客に料理を運ぶ
客はどこに座るかを決める	客は料理を食べる
客はテーブルへ行く	
客は座る	場面4：退場
	ウエイターは勘定書を書く
場面2：注文	ウエイターは客のところへ行く
客はメニューを取り上げる	ウエイターは客に勘定書を渡す
客はメニューを見る	客はウエイターにチップを渡す
客は料理を決める	客は勘定係のところへ行く
客はウエイターに合図する	客は勘定係に金を払う
ウエイターがテーブルに来る	客はレストランを出る
客は料理を注文する	
ウエイターはコックのところへ行く	
ウエイターはコックに注文を伝える	
コックは料理を用意する	

6. 日常記憶

これまで述べてきた記憶に関する研究は、そのほとんどが実験室の中で明らかにされてきたものである。厳密に統制された実験環境下で、統制された刺激を用いて行なわれた実験は、再現性が高く、記憶のメカニズムを調べるには非常に有効な方法である。しかし、ナイサー（Neisser, U., 1978）は、このような方法を用いる限り、私たちが日常生活の中で体験している記憶、すなわち日常記憶（everyday memory）に関する疑問は解決できず、生態学的妥当性[*9]の低い研究に終始するばかりだと主張した。これに端を発して、自伝的記憶など日常記憶に関する研究が盛んに行なわれるようになってきた。

(1) 自伝的記憶

自分が経験した私的な出来事に関する記憶を自伝的記憶（autobiographical memory）という。自伝的記憶は、単なる事実の再生ではなく、イメージと感情を伴うものであり、エピソード記憶の特殊例である。

ワゲナー（Wagenaar, W.A., 1986）は、毎日6年間にわたって、その日体験した個人的な出来事を1つだけ選び、「誰」「何」「どこ」「いつ」の4つの側面から1枚のカードに記録した。さらにその出来事について顕著性、感情の強さ、快適さを評定した（図7-19）。これらの体験をどれだけ覚えているか想起したところ、再生率は4年間で70%から35%に低下した。ふだん、めったに起こらないことや、感情の喚起が高く、快適な出来事の方が想起率は高かった（図7-20）。また、「誰」「何」「どこ」「いつ」の検索手がかりに基づいて想起を行なった結果、出来事の想起には「何」がいちばん有効であり、続いて「どこ」、「誰」の順に高く、「いつ」の情報はほとんど役立たなかった。このように、自伝的記憶は出来事が起こった日付順に貯蔵されているのではなく、カテゴリー別に貯蔵されていると考えられている。

(2) フラッシュバルブメモリ

自伝的記憶のなかでも、特に感情が強く喚起される重大な出来事に遭遇した場合、まわりの状況についての鮮明で比較的永続的な記憶が残ることがある。その時の状況は、まるでフラッシュをたいて撮影された写真のように鮮明に保持されていることから、ブラウンとカーリック（Brown, R. & Kulik, J., 1977）は、このような記憶をフラッシュバルブメモリ（flashbulb memory）と名づけた。ケネディ大統領が暗殺されたニュースを聞いた当時のアメリカ人の大半は、その事件から数十年経過した後でも、その時自分が何をしていたか、どこでそのニュースを聞いたか、その時どのような感情がわきおこったかを、はっきり想起できるという。

このような記憶は、犯罪や事故、災害などに遭遇した被害者でもしばしば生じることが知られている。被害者にとっては、実際には思い出したくないにもかかわらず、このような生々しい記憶がよみがえってくることがあるため、心的外傷後ストレス症候群（PTSD）[*10]の原因になる場合もある。たとえば、1995年1月17日に発生した阪神・淡路大震災では、被災にあった女子大学生の20%が、地震の9か月後においても「突然に地震の記憶がよみがえる」ことを報告している（兵頭・森野、1999：図7-21）。

しかし、フラッシュバルブメモリによる主観的な体験は、客観的な事実とは一致しない場合がある。ナイサーとハーシュ（Neisser, U. & Harsch, N., 1992）は、1986年1月に発生したスペースシャトル・チャレンジャー号の爆発事故の記憶に関する研究を行なった。事故が起こった直後に、このスペースシャトルの事故をどのようにして知ったのかを質問し、1年後、被験者に再び同じ質問を行なった。本人は事故を知ったようすを詳細に報告したが、1年後には想起内容が変容していた

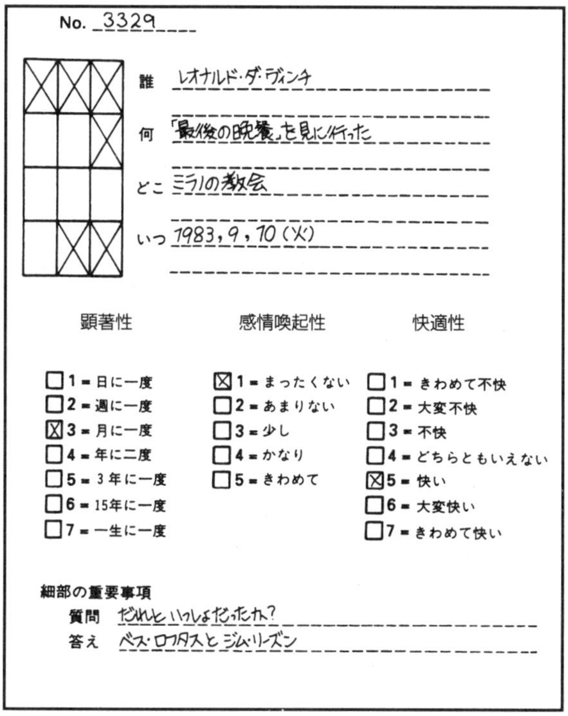

6. 日常記憶

図7-19 ワゲナーが用いた出来事の記憶カードの例
(Wagenaar, W.A., 1986)

左上の番号は，後日，再生テストをするための照合番号であり，日付とは無関係．左上のマス内の×印は，想起の手がかりを与える順序であり，この例では，「誰」，「いつ」，「何」の順に手がかりを与えながら想起する．

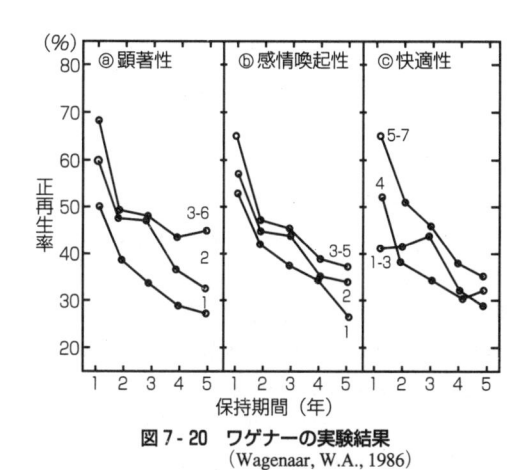

図7-20 ワゲナーの実験結果
(Wagenaar, W.A., 1986)

年月が経過するほど想起率は低下するが，出来事の顕著性，感情の強さ，快適さのいずれも，値が高いほど想起率が高い．

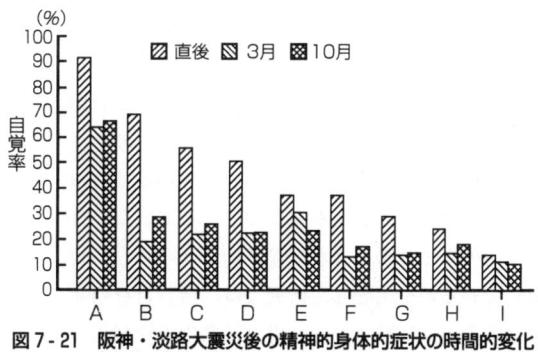

図7-21 阪神・淡路大震災後の精神的身体的症状の時間的変化
(兵頭・森野, 1999)

A：余震や物音に過敏，B：いつも揺れている感じ，C：ヘリコプターやサイレンの音が怖い，D：突然に地震の記憶がよみがえる，E：罪悪感，F：地震に関連した夢，G：災害に関連した場所や行動を避ける，H：地震に関連したことを考えたくない，I：地震や関連する事柄の記憶が曖昧．

場合もあった（図7-22）。このように，鮮明に残る記憶でありながら，フラッシュバルブメモリは，事件の状況やニュースソースなどのスキーマの影響を受けて，いかにもありそうな内容に変容することもある。このように，衝撃的な場面との遭遇は，記憶を促進する場合もあるが，逆に妨害する場合もあることが知られている（トピックス7参照）。

(3) 展望記憶

前項まで述べてきた日常記憶は，主として過去の出来事に関する記憶，すなわち回想記憶（retrospective memory）であった。これに対して，これから何をするのかという意図や計画についての記憶を展望記憶（prospective memory）という。明日は9時から心理学の授業に出て，夕方からサークル活動に参加する，というように，スケジュールを決め，その予定を記憶しておくことである。

①展望記憶と記憶補助

展望記憶がうまく働かず，失敗する場合は，「し忘れ」が起こる。これを避けるために，私たちは，自分の記憶に頼るのではなく，手帳にメモしたり，日記をつけたりするなど，さまざまな外部記憶補助（external memory aids）を利用している。ミーチャムとライマン（Meacham, J.A. & Leiman, B., 1982）は，指定期日にハガキを返送してもらう実験を行なったところ，52%の実験参加者は，ハガキを忘れずに投函するために，ハガキを頻繁に見る場所に置き，32%の実験参加者は投函すべき日にちをカレンダーにマークしていた。日常生活の中でどのような記憶補助をどのくらい利用しているかを調査した研究では，自分自身の記憶である内部補助よりも，外部補助の方が利用頻度が高いことが報告されている（Harris, J.E., 1980）。

ところで，展望記憶に関する課題を行なうと，一般に，若年者よりも高齢者の方が課題成績が高くなる。高齢者は，若年者よりもメモなどの外部記憶補助を頻繁に使うためであることが指摘されている（Moscovitch, 1982）。

②リアリティ・モニタリング

これから行なおうとする行動に関する記憶，つまり，意図や計画に関する記憶と，すでに行なった行動に関する記憶を区別する能力をリアリティ・モニタリング（reality monitoring）という。出かけようとして玄関を出たが，ガスを止めたかどうか急に不安になり，もう一度，家に入って確かめたらガスは止まっていた，というような失敗は，リアリティ・モニタリングの失敗である。「し忘れ」などの展望記憶の失敗や，意図した行為とは違う行為を実行してしまうアクション・スリップ（第6章参照）も，リアリティ・モニタリングの失敗ともいえる。

(4) 日常事物の記憶

日常生活の中で頻繁に見たり使ったりしているものは，私たちはよく知っていると思っているが，必ずしもそれらの視覚的な特徴を記憶しているわけではない。

ニッカーソンとアダムス（Nickerson, R.S. & Adams, M.J. 1979）は，アメリカ人なら誰でも知っている1セント硬貨に関する記憶実験を行なった。記憶に基づいて硬貨を描かせたところ，1人のコイン収集家を除けば，絵の上手下手はともかくとして，硬貨の特徴の半分も正しく再現することができなかった。しかし，私たちの生活の中では，硬貨の図案を描き出すことは必要ではなく，その硬貨が1セントであることを再認することができればよい。そこで，正しい図柄を含んだ15種類の選択肢のなかから選んでもらったが，正しい図柄を選んだ実験参加者は半数にも満たなかった（図7-23）。私たちは，硬貨の形や色，おおまかな特徴を覚えておけば生活に不都合を感じることはないため，硬貨の細部にいたるまで覚えているわけではないのである。

『私が最初に爆発のことを知ったのは，自分の寮の部屋でルームメイトとテレビを見ていたときです。ニュース速報が入って，本当にびっくりしました。そのまま上の階の友だちの部屋まで行って話をし，実家の両親に電話をかけてしまったくらいです。』

(1年後)

『宗教の授業のときに，何人かの学生が教室に入ってきて，そのことを話しだしました。詳しいことはわからなかったのですが，生徒たちがみんな見ている前での爆発だったということを聞いて，たいへんだと思いました。授業の後，自分の部屋に戻ると，テレビでそのことをやっていたので，詳しく知ることができました。』

図7-22 スペースシャトル・チャレンジャー号爆発事故に関する想起内容の例 (Neisser, U. & Harsch, N., 1992)

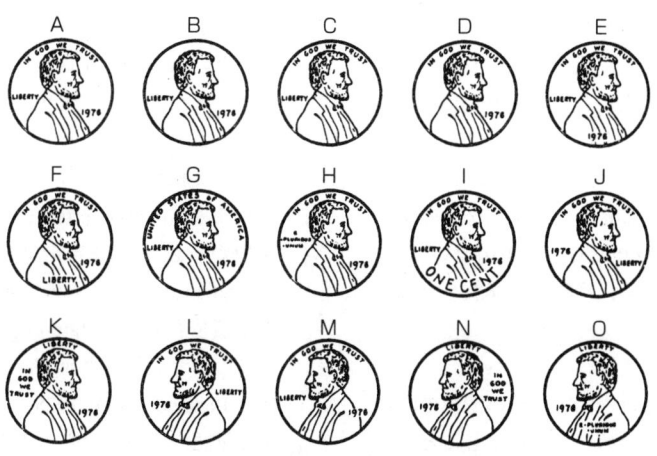

図7-23 15種類の1セント硬貨（Aが正解）
(Nickerson, R.S. & Adams, M.J., 1979)

7. 忘　却

　記銘し保持していたものが想起できなくなることを忘却という。図7-24は，忘却について最初に行なわれた実験結果を示しており，「エビングハウスの忘却曲線」（Ebbinghaus, H., 1885）とよばれている。このような忘却が起こる理由として，減衰説，干渉説，検索失敗説が提唱されてきた。現在のところ，干渉説と検索失敗説が有力視されているが，減衰説も完全には排除されていない。

（1）記憶痕跡減衰説

　ヘッブ（Hebb, D.O., 1949）は，記憶痕跡は再び使われることがなければ，時間経過に伴って徐々に薄れていき，最終的には完全に消失してしまうと主張した。このような減衰説に対してペンフィールド（Penfield, W., 1959, 1963）らは，脳手術の際，患者の側頭葉に電気刺激を与えると忘れていた幼年時代の記憶が蘇ったことから，記憶された情報は永久に脳に貯蔵されていると主張した。しかし，彼らの研究のなかで記憶が想起されたのは症例の数パーセントにすぎないこと，その記憶内容は幻覚との区別が困難であり，正確かどうかの確認もできないことから，ロフタスとロフタス（Loftus, E.F. & Loftus, G.R., 1980）は，記憶そのものの想起ではなく，経験を再構成したにすぎないとしている。

（2）干渉説

　干渉説とは，記憶された内容が他の記憶の内容によって干渉を受けるために忘却が生じるという考え方である。ジェンキンスとダレンバッハ（Jenkins, J.G. & Dallenbach, K.M., 1924）は，午前10時ごろに10個の無意味語を完全に記憶させてから各時間後にテストした場合と，午後10時ごろに学習させた直後に就寝させ，各時間後に起こしてテストした場合を比較した。その結果，精神活動が高いため干渉が起きやすいと考えられる覚醒条件の方が睡眠条件よりも忘却率が高かった（図7-25）。

　ところで，新たに記憶した内容がそれ以前の記憶内容の想起を妨げる場合を逆向干渉（retroactive interference），以前に記憶した内容が新たに記憶した内容の想起を妨げる場合を順向干渉（proactive interference）という。干渉は，2つの記憶内容の類似度が高いほど多くなること，逆向干渉の方が順向干渉よりも強く作用することが指摘されている。

（3）検索失敗説

　「喉まで出かかっているのにどうしても思い出せない」現象（Tip of tongue: TOP）は，検索時に適切な手がかりが与えられないことが原因だとする検索失敗説で説明できる。タルビングとパールストン（Tulving, E. & Pearlstone, Z., 1966）は，動物，乗り物，家具などのカテゴリーに属する馬，電車，椅子などの単語を被験者に覚えさせた後，検索手がかりとしてカテゴリー名を与えた場合と与えない場合を比較した。その結果，検索手がかりを与えた方が再生率が高かった（図7-26）。

　このように符合化時と検索時で時間的，空間的，意味的文脈が一致すると再生率が高くなる現象を文脈効果（context effect）といい，外部の物理的環境が一致する場合を文脈依存効果（context-dependent effect），人の内部状態が一致する場合を状態依存効果（state-dependent effect）という。前者の例として，グッデンとバッドリー（Godden, D. & Baddeley, A.D., 1975）は，潜水夫に陸上か水中で単語を学習させたところ，符合化時と検索時の環境が一致するとき成績が向上した（図7-27）。また，後者の例として，バウアー（Bower, G.H., et al., 1978）は，符合化時と検索時の気分が一致すると再生率が高くなったことを報告した。しかし，気分の状態依存効果については再現性が低く，むしろ，楽しいときは楽しいことを，悲しいときは悲しいことを思い出しやすいという気分一致効果が主張されている（Blaney, P.H., 1986）。

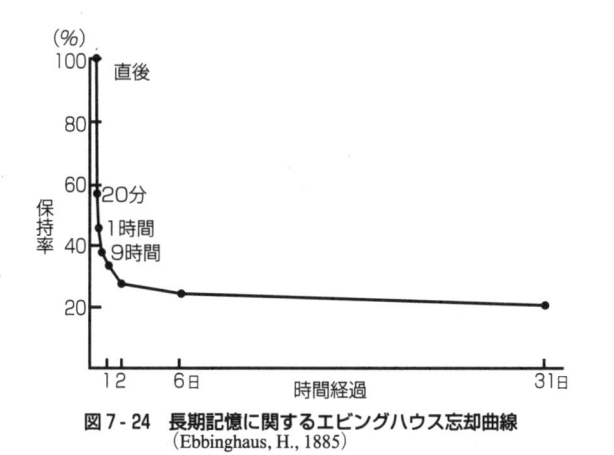

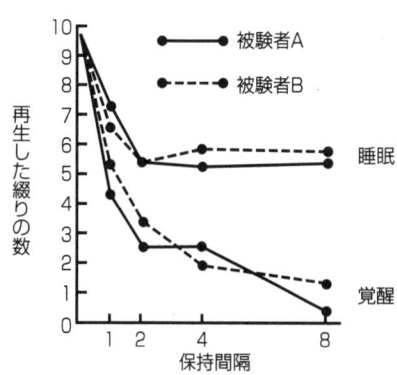

図7-24 長期記憶に関するエビングハウス忘却曲線
（Ebbinghaus, H., 1885）

図7-25 睡眠時と覚醒時の忘却曲線
（Jenkins, J.G., & Dallenbach, K.M., 1924を一部改変）

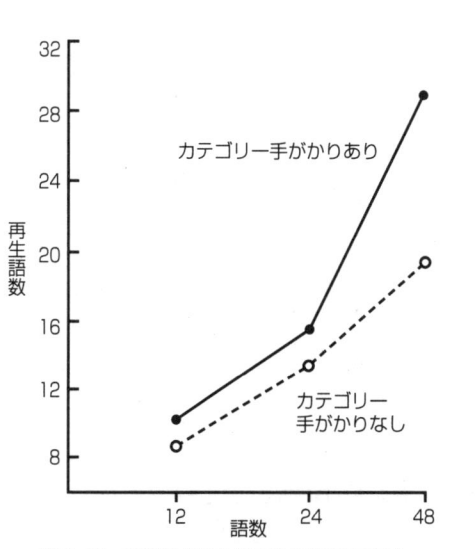

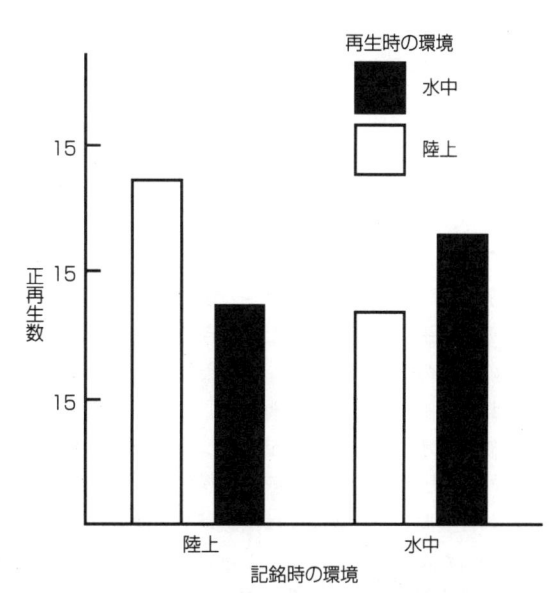

図7-26 検索手がかりが再生に及ぼす影響
（Tulving, E., & Pearlstone, Z., 1966を一部改変）

図7-27 記銘時と再生時の環境変化による記憶成績
（Godden, D., & Baddeley, A.D., 1975を一部改変）

【トピックス7】目撃者の証言

事件や事故に関する記憶は，必ずしも正確に保存されているわけではなく，場合によっては，記憶が変容する場合もある。ロフタスらは，このような目撃者の記憶に関する研究を行なっている。

ロフタスとパーマー（Loftus, E.F. & Palmer, J.C., 1974）は，警察から借りてきた交通事故のビデオを大学生に見せ，車が衝突したときの速度を評定してもらった。ある学生には，「車が激突したとき，その車はどのくらいスピードを出していましたか」と尋ね，他の学生には，「激突した」という動詞の代わりに「衝突した」「ぶつかった」「当たった」「接触した」という動詞に置き換えて質問した。その結果，使った動詞によって評定された車の速度が異なっていた。（表7-3）。

表7-3　車の評定速度（km/h）

用いた動詞	見積り速度
激突した	65.7
衝突した	63.2
ぶつかった	61.3
当たった	54.7
接触した	51.2

さらに，別の学生に同じビデオを見せ，3分の1の学生には「激突した」ときの速度を，別の3分の1の学生には「当たった」ときの速度を尋ね，残りの3分の1の学生には，統制条件として速度を尋ねなかった。その1週間後に，1週間前に見た事故ビデオに関する質問を行なった。そのなかで，「あなたは窓ガラスが壊れたのを目撃しましたか」と質問した。実際には，窓ガラスは壊れていなかったにもかかわらず，1週間前に「激突した」速度を尋ねられた学生の32％は，「はい」と答えた。しかし，そのように答えた学生は，「当たった」速度を尋ねられた場合では14％，速度を尋ねられなかった場合では12％にすぎなかった（表7-4）。

このように，質問の仕方によって記憶変容が起こり，証言内容が変化する可能性が指摘されている。

表7-4　壊れた窓ガラスを目撃したと回答した人数

	激突した	当たった	統制条件
はい	16（32％）	7（14％）	6（12％）
いいえ	34（68％）	43（86％）	44（88％）

また，ロフタスとバーンズ（Loftus, E.F. & Burns, T.E., 1982）は，銀行強盗のビデオを見せる実験を行なった。逃走する犯人が発砲した銃弾が付近を歩いていた少年の顔面に命中する残虐な場面が挿入されたビデオか，そのような場面が挿入されていないビデオのどちらかを見せた後，犯人の目や髪の色，少年が着ていたジャージーの背番号など16項目の質問を行なった。その結果，14項目で残虐条件の方が成績が悪かった。特にジャージーの背番号（「17」）の成績が悪く，残虐条件の正当率は4％であった。「10，13，11，17」の4つの番号の中から正解を選び出す再認法を用いても28％にしかならなかった（表7-5）。でたらめに選んでも正解の確率は25％になるから，残虐条件では，残虐なシーンに関する記憶がそこなわれていたことになる。これらの回答にどれくらい自信があるか記憶の確信度を調べたところ，両条件には差はなかった。この結果は，衝撃的な出来事がその直前の出来事に関する記憶を妨害し，逆行性健忘を引き起こす場合があることを示している。

表7-5　質問項目に対する正当率（％）

質問項目	残虐条件	非残虐条件
犯人の目の色	62.6	82.0
犯人の髪の色	98.3	99.1
背番号（再生法）	4.3	27.9
背番号（再認法）	28.0	55.0

第8章 学習

1. 多様な行動獲得のメカニズム

　人間の行動は生まれながらに決まっているのではない。ヒト（Homo sapiens）という種の行動はその成長，発達に従って多様なパターンを獲得していく。哺乳類の一種であるヒトが，遺伝子によって既定される生物学的側面はあるが，それは形質的なものに限定されており，行動パターンを獲得していく過程はむしろ環境からの影響が大きい。ヒトを含めた動物は，成長過程においてその個体をとりまく環境から多くを学び，経験をもとにして新たな行動を学習していく。学習とは「経験によって獲得される比較的永続的な行動の変化である」と定義することができる。

　行動を要素の組み合わせとして分析すると，複雑な行動パターンもさまざまな行動レパートリーの組み合わせから成り立っていることが見えてくる。単純な行動の要素は生物学的に既定された反射を含む要素と，個体の主体的な判断や選択に基づく能動的成分からなる要素に分けられる。前者は古典的条件づけ手続きの骨格をなすものであり，レスポンデント行動ともよばれる。後者はオペラント条件づけとして今日広く知られているものであり，動物のほとんどの随意的行動がこれに相当する。それは反応強化随伴性とよばれる原理で説明されるものであり，反応とそれに続く事象の関係から個体が学習していくものである。たとえば，イヌが飼主の命令に従ってお座りやお手をするのも，生まれながらにして自然にできる行動ではない。まずイヌが座り，片手をあげるという個別の行動レパートリーを手に入れた上で，飼主の発する言葉を弁別刺激とし，その行動をしたときに餌をもらう，あるいは飼主がほめることにより強化され，行動が獲得されていく。これが学習過程である。複雑な行動パターンもこれらの学習行動の組み合わせで説明できる。

　獲得される行動がいつも好ましい行動とは限らない。たまたまある問題行動を発したときに，自分にとって嫌な状況から脱することができたとすれば，それはオペラント条件づけの原理に従って学習が成立したことになる。癖や問題行動の多くはこのような状況から個体が獲得してきた行動である。その個体にとっては適応的行動といえる。その行動を変容させるためには同様にオペラント条件づけの消去や，別の行動の獲得手続きを用いる。それがすなわち治療や臨床的応用につながる。この章では古典的条件づけとオペラント条件づけのメカニズムと，その基本となる報酬や罰の理解をうながし，行動がどのように獲得されるのかを問題行動や認知的学習を例にして取り上げていく。

2. 古典的条件づけ

　水しぶきが飛んできたので思わず目をつぶることがある。これは生体が外的刺激から身を守る反射（reflex）の一種である。水しぶきならたいしたことはないが、ボールが飛んでくると目をつぶるだけでは痛い目にあう。身体は思わずそれを避けようと反応する。頭を動かすのも、手を出すのも同じ反応である。これが初めての経験であると、まずまちがいなく痛い目にあうであろう。経験を積むことによって次に起こることを予測し、すばやく反応できるようになる。これが学習である。身体が思わず反応する学習のことを古典的条件づけ（classical conditioning）、またはレスポンデント条件づけ（respondent conditioning）とよぶ。

　古典的条件づけにおいて反応の基本は反射である。ロシアの生理学者であったパブロフ（Pavlov, I. P.）は消化の研究で1904年にノーベル生理学・医学賞を受賞した（図8-1）。その受賞講演の後半でこの条件づけの話をした。食べ物を口に入れると生得的反射として唾液が分泌される。彼がイヌを使って実験をしていたとき、イヌは食物を入れる皿を見ただけで唾液を分泌することに気がついた。食物－唾液だけではなく、皿－唾液が結びついたのである。これを連合学習★1とよぶ。彼の興味は高次神経活動に移り、実験心理学から精神の構造へとつながっていく。ここから古典的条件づけ研究が始まった。

(1) 基本的手続き

　古典的条件づけにおける5つの手続きをまとめると図8-2のようになる。食物を口に入れたときに唾液が分泌されるのは、生得的にもっている生理的反応である。この場合の食物を無条件刺激（unconditioned stimulus：UCS）、唾液分泌を無条件反応（unconditioned response：UCR）とよぶ。イヌに生まれて初めて皿だけ見せても唾液分泌は起こらないから、皿はもともとは中性刺激（neutral stimulus：NS）である。それが食物と対呈示されることにより皿は、条件刺激（conditioned stimulus：CS）の力を獲得する。皿－食物－唾液分泌の連合が形成されるのである。皿を見ただけで起こる唾液分泌反応のことを条件反応（conditioned response：CR）とよぶ。最初のころはNS－UCS－UCRであったものが、何度も経験することにより、CS－UCS－CRに変わる。皿－唾液分泌はCS－CRであり、古典的条件づけが成立したことを示している。一般的に実験ではCSとして光や音、あるいは図形のように操作しやすいものを用いる。

　用語としての古典的条件づけは古いイメージがあるが、脳の中で処理されていることを考えると脳の情報処理モデルとしては非常に現代的で脳研究には不可欠のものである。条件づけの手続きとしていちばんよく用いられる同時条件づけ★2や、時間的に操作した遅延条件づけ★3、痕跡条件づけ★4、さらに逆行条件づけ★5、時間条件づけ★6などがある（図8-3参照）。

(2) 予測可能性

　パブロフはCSとUCSの時間的接近（temporal contiguity）が条件づけの成立に決定的役割を果たすと考えた。条件づけの手続きを詳しく見ればわかるように、CSとUCSの時間関係が重要であることにまちがいはない。しかし、重要なのはそれだけではない。むしろCSがどれだけUCSの予告信号となるか、その予測可能性（predictability）がより重要である。CSはUCSに単純に置き換わるのではなく、UCSを予告する情報をもつようになる。随伴関係の重要性を示すために、時間関係をそろえてCSとUCSの随伴関係だけを操作した2群の実験からそれが明らかになる。

　図8-4はレスコーラ（Rescorla, R.A. & Solomon, R.L., 1967）の研究を紹介したものである。一見同じような手続きに見えるが、UCSが単独で呈示されることがないA群とそれがあるB群の設定に

図8-1　パブロフ（右から2番目）(Domjan, M., 1993)

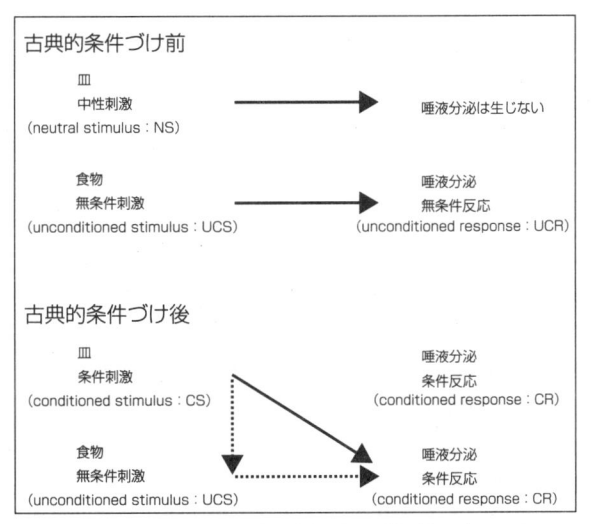

図8-2　古典的条件づけの前と後

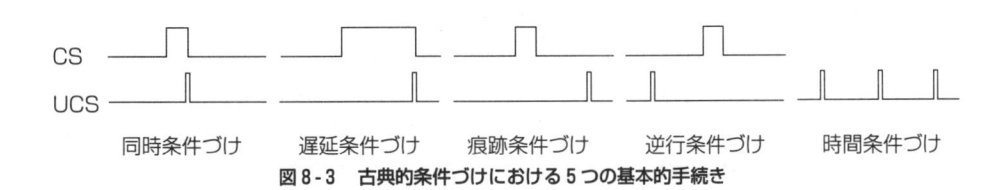

古典的条件づけ前

皿
中性刺激
(neutral stimulus : NS) → 唾液分泌は生じない

食物
無条件刺激
(unconditioned stimulus : UCS) → 唾液分泌
無条件反応
(unconditioned response : UCR)

古典的条件づけ後

皿
条件刺激
(conditioned stimulus : CS) → 唾液分泌
条件反応
(conditioned response : CR)

食物
無条件刺激
(unconditioned stimulus : UCS) → 唾液分泌
条件反応
(conditioned response : CR)

CS / UCS

同時条件づけ　遅延条件づけ　痕跡条件づけ　逆行条件づけ　時間条件づけ

図8-3　古典的条件づけにおける5つの基本的手続き

なっている。A群では学習が成立し，B群では学習が成立しない。これによれば，CSの後にUCSが呈示される確率が，CSがないときにUCSが呈示される確率よりも高いときに条件づけが成立し，同じ確率のときには条件づけは成立しない。CSがUCSを予告する信号となるとき，CSのUCSに対する予測可能性が高いという。図8-4ではA群もB群も時間関係は同じであるが，A群ではUCSはCSの後にしかなく，B群ではCSがないときにも同じ確率でUCSがある。つまりA群では音が鳴らなければ電気ショックは来ない。この場合は音が電気ショックの予告信号となっている。

（3）刺激般化・分化・消去

古典的条件づけにおける刺激と反応の関係は強力である。先の予測可能性のところで説明した実験例では，音刺激のCSが電気ショックのUCSを予告するとき，音によってそれから逃げる反応が生起するようになる。その音がピアノのソの音であったとき，ピアノのラの音やシの音でも同じような反応が生じる。これを刺激般化（stimulus generalization）という。一方，ソの音の後には電気ショックが来てもシの音の後には一度も電気ショックが来なければ，動物はソの音とシの音を聞き分けてソの音には反応するが，シの音には反応しなくなる。これを刺激分化（stimulus differentiation）という。また，一度学習が成立しても，ソの音のみの呈示をくり返し，電気ショックをその後まったく与えなければ，やがて反応は消えていく。これを消去（extinction）という。消去はCSとUCSの間に関係がないことを学習していく過程であると考えられている（図8-5）。

（4）生物学的制約

ワトソン（Watson, J.B.）が1913年にコロンビア大学心理学セミナーで講演した内容は，「人間の行動は，たとえ，どんなに複雑で洗練されたものであれ，行動論的枠組みのなかで考えるべきである」と述べて，すべての行動を刺激と反応から説明しようとした。古典的条件づけの研究が進むに従って，動物の行動はすべてこの原理で説明できるのではないかとその機運が高まった。時間的接近，随伴関係，予測可能性等の原理的なものが明らかになるにつれ，いよいよその機運が現実のものとなる感があった。しかし，ガルシアとケーリング（Garcia, J. & Koelling, R.A., 1966）が味覚嫌悪（taste aversion）の研究として提起したように，学習理論に合致しない現象も報告されるようになる。

動物はすべての刺激に対して，いつも決まったやり方で反応しているのではない。動物はある特定の刺激に対してあらかじめプログラムされた方法で反応している。これが生物学的制約（biological constraints）とよばれるものである。その例として味覚嫌悪学習があげられる（表8-1）。ラットがバニラ風味の水を飲んだ後，気分が悪くなったとすれば，そのラットは二度とバニラ風味の水を飲もうとしなくなる。これはたった一度の経験で学習が成立する。しかし，光と音を受けて気分が悪くなったとしても，その光と音と気分の悪さは結びつかない。また，バニラ風味の水を飲んだ後で電気ショックを受けたとしても，その味と電気ショックは結びつかない。つまり，CSとUCSには連合しやすい刺激と連合しにくい刺激が存在する。これが生物学的制約である。表8-1に示したように彼らはそれを実験的に証明した。

古典的条件づけの理論に従えば，どんなCSもどんなUCSと同じように連合するはずであるが，実際には特定のUCSには特定の属性をもった刺激しかCSになることはできないことが示された。これは種によって結びつく刺激が異なり，たとえばトリでは視覚刺激と気分の悪さが結びつくが，味と気分の悪さは結びつかなかった。生物が生きていく上でその適応戦略に応じた生物学的制約が存在すると考えられている。

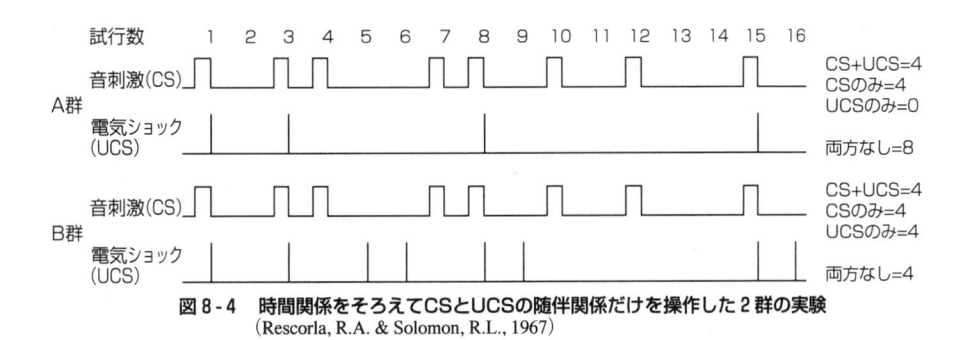

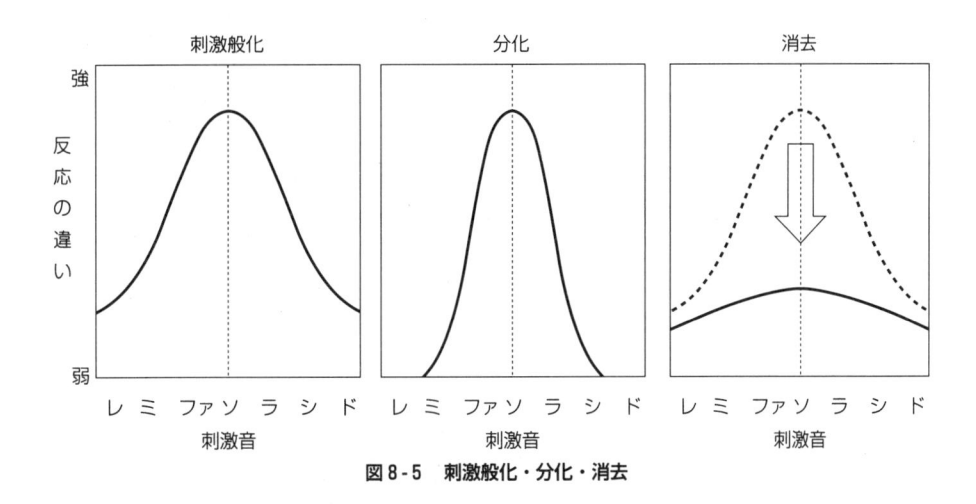

図8-4　時間関係をそろえてCSとUCSの随伴関係だけを操作した2群の実験
(Rescorla, R.A. & Solomon, R.L., 1967)

A群：CS+UCS=4、CSのみ=4、UCSのみ=0、両方なし=8
B群：CS+UCS=4、CSのみ=4、UCSのみ=4、両方なし=4

図8-5　刺激般化・分化・消去

表8-1　生物学的制約を示す味覚嫌悪条件づけの手続き
(Garcia, J. & Koelling, R., 1966)

	第1段階	第2段階	第3段階（テスト）
実験群	甘い味の水 ＋ 光と音	悪い気分	半数：甘い味の水➡回避 半数：光と音➡回避せず
統制群	甘い味の水 ＋ 光と音	電気ショック	半数：甘い味の水➡回避せず 半数：光と音➡回避

3. オペラント条件づけ

　野球が好きである。テニスが好きである。ドライブが好きである。音楽を楽しみ，踊るのが好きである。ヒトは自分の好みに応じた行動を，自分の好みに応じた方法で行なう。人の生活の中ではこのように自分が主体となる能動的（active）行動を随意的（voluntary）に起こす。動物の行動を見ても，自動的（automatic）に動いているわけでなく受動的（passive）行動ばかりでもない。餌を求めて移動するにしても，巣を作るにしても環境条件に応じた適応的な行動が生じる。環境の条件変化によって行動も変わる。このように動物自らが能動的に起こす行動をオペラント行動（operant behavior）とよぶ。行動はオペラント行動と前項のレスポンデント行動から説明される。

　暑い日に「かき氷」の表示を見て口の中への冷たい感覚が生じるのはレスポンデント行動である。「みぞれ」にするのか「いちご」にするのかを選択するのはオペラント行動である。私たちの生活の中ではこの選択行動が多くの部分を占めている。「かき氷」よりもソフトクリームが好きである。あの店よりもこちらの店のソフトクリームが好きである。この好みは何によって決まってくるのであろうか？　行動を決定づけるものは反応と強化の関係である。選択行動の基本にはそれまでの経験による学習が大きく関与している。

　オペラント条件づけの研究は1898年のソーンダイク（Thorndike, E.L.）の研究に始まる。彼はネコの問題箱（puzzle box）とよばれる実験を行ない，閉じ込められた箱の中から試行錯誤の末にネコが扉を開けて出てくることを観察した（図8-6）。箱の外に魚を置き，空腹のネコを問題箱に入れることをくり返すと，ネコはすぐに出て魚を食べるようになる。ネコは試行錯誤により学習したのである。彼はこれを効果の法則（law of effect）とよんだ。

(1) 反応強化随伴性

　ソーンダイクの実験をさらに単純化して反応を定量的に測定できるようにしたのがスキナー（Skinner, B. F.）である。彼は反応するスイッチがついた小さな箱（オペラント箱：図8-7）の中にラットを入れて，反応と強化子（報酬）の関係からラットの行動を観察し，反応強化随伴性の原理を見いだした。彼は新行動主義とよばれる立場を確立し，客観的記述を重視し，徹底的行動主義を主張した。

　オペラント箱にはじめて入れられたラットは，箱の中で臭いをかいだり，立ちあがったりして動き回る。これを探索行動（exploring behavior）という。一般にどんな動物でもはじめて遭遇する環境では，最初に探索行動が出現する。実験箱の中には反応レバーが1本あり，ラットがそれを押すと餌口に小さな餌のペレットが1個出るようになっている。はじめて実験箱の中に入ったラットがレバー押し反応をするのは偶然でしかない。何も操作しないでそのまま観察しているとやがて慣れ（habituation）が生じてラットは箱の中でじっとまるくなる。

　空腹のラットがレバー押し反応をするように行動形成[*7]の手続きを行なう。これは行動変容の手続きとして臨床的にも応用される。レバー押し反応をすれば餌が出ることの関係をくり返し経験すれば，オペラント箱の中に入れられたラットは自ら能動的にレバー押し反応を始める。このレバー押し反応とそれに続く強化子の呈示の関係が反応強化随伴性である。レバー押し反応はスイッチが入るか入らないかで反応のあるなしを定義する。反応の後に強化子が続くことで，強化前の行動の出現頻度が増加する。反応がどのような状況のときに生じるかで，弁別刺激を設定することができる。弁別刺激－オペラント反応－強化子の関係を3項随伴性という（図8-8）。この条件がそろえばオペラント条件づけの学習が成立する。

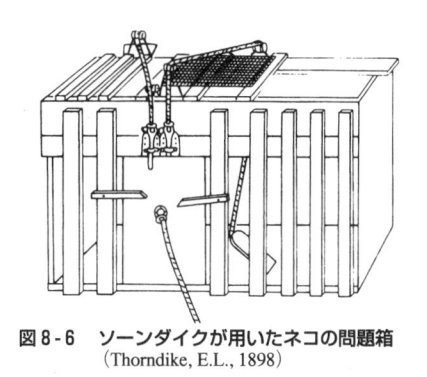

図 8-6 ソーンダイクが用いたネコの問題箱
(Thorndike, E.L., 1898)

図 8-7 ラット用オペラント箱

弁別刺激 ──→ オペラント反応 ──→ 強化子
　　　　　　　　　↑ 出現頻度を増減 ┘

図 8-8　3項随伴性の説明図
反応に強化子が伴うことを強化とよび，この強化が次のオペラント行動の出現頻度を増減させる力をもつ。弁別刺激とはオペラント反応が生じたときに環境に存在する事柄である。

(2) 強化スケジュール

オペラント条件づけでは，反応に応じた強化子の呈示を強化スケジュールとして記述することができる。たとえば，行動形成では1回のレバー押し反応に対して1個の餌（強化子）が呈示される。これは全強化スケジュールまたは連続強化スケジュール（continuous reinforcement schedule：CRF）とよばれる。レバー押し反応を学習した後は，2回の反応に対して1個の強化子や5回の反応に対して1個の強化子のように，複数の反応回数に1個の強化子を対応させることができる。これらは反応率に依存する強化スケジュールであり，固定比率（fixed ratio：FR）または変動比率（variable ratio：VR）の2種類のスケジュールがある。これらは何回かの反応に1回強化されるスケジュールなので，部分強化スケジュールまたは間隔強化スケジュールとよばれる（表8-2）。

さらに，時間経過に依存した強化スケジュールも設定することができる。強化を受けてから一定時間経過後の初発反応に対して強化するスケジュールである。その経過時間を固定した固定間隔（fixed interval：FI）強化と変動間隔（variable interval：VI）強化のスケジュールがある（表8-2）。横軸に時間経過，縦軸にレバー押し反応の累積数をとったグラフを累積記録とよぶ。これは強化スケジュールに従った特徴的な行動パターンを表わすのに適している。図8-9に累積記録の典型的な4つのパターンを示した。

(3) 迷信行動

時間に依存した強化スケジュールで特に固定間隔（FI）強化スケジュールに入れると，時に関係のない行動と強化が見かけの随伴性を示し，特別な行動パターンが生じることがある。これを迷信行動（superstitious behavior）とよぶ。たとえば，ティンバーレークとルーカス（Timberlake, W. & Lucas, G.A., 1985）の実験では，ハトをオペラント箱に入れて一定時間間隔で餌を出したところ，グルグル回ってから餌が出てくる壁をつつく一定のパターン化された反応が観察された。この実験ではハトはキーをつつく必要はないが，一定時間間隔で餌が出ることと自分の行動を結びつけたかのような行動が出現した。強化間に出現した行動は本来強化とは関係ない行動である。しかし時間的一致が生じるために，ハトにとってみれば，グルグル回ってつつく行動が餌と随伴する。FI強化スケジュールでは比較的迷信行動が出現しやすい。

ヒトを含めて動物は自分が反応したことと，その後に生じる事象の間に随伴関係をつけたがる傾向がある。本来因果関係がないのに，その間に関係があると認知して行動するのが迷信行動である。帽子を裏返してかぶってバッターボックスに入ったときにヒットが打てたとすれば，次もそうする傾向が高まる。偶然にも次もヒットになればさらにその傾向は続く。ハトの実験の場合も，たまたまその行動をした後に強化子が出ただけのことであるが，何回か強化を受けることにより，さらにそのパターン化された行動が出現しやすくなり，強化を受けやすくなる。こうなったときにはたとえ迷信行動でも容易に消去しなくなる。

迷信行動ではないが，ヒトを引き付けるものにギャンブルがある。まったく当たることがなければ強化を受けないので消去手続きになる。この場合はギャンブルにおぼれることはない。しかし，1度当たるとその強化力は大きく，2度，3度と当たるとなかなか抜け出せなくなる。ギャンブルはVR強化スケジュールで説明される。ラットやハトのVR強化スケジュールの行動パターンをみると，高い反応率がずっと維持されることがわかる。ヒトに当てはめても同様である。ギャンブルにはまり込んでいくヒトの場合，時どき大当たりがでることによって，全体として損をしていても，その関係から抜け出せなくなり，次から次へと資金を投入していくことになる。

表 8-2　オペラント条件づけの強化スケジュールの説明

	比率強化スケジュール (ratio)	間隔強化スケジュール (interval)
固定 (fixed)	固定比率強化スケジュール (fixed ratio：FR) 決まった回数の反応に対して1回強化する。たとえば、FR10であれば、10回の反応に対して1回強化される。	固定間隔強化スケジュール (fixed interval：FI) 決まった時間間隔経過後の初発反応に対して強化する。たとえば、FI30秒であれば、30秒経過後の初発反応が強化される。
変動 (variable)	変動比率強化スケジュール (variable ratio：VR) 変動する回数の反応に対して1回強化する。たとえば、VR10であれば、6回で強化されるときもあれば、14回で強化されるときもある。	変動間隔強化スケジュール (variable interval：VI) 変動する時間間隔経過後の初発反応に対して強化する。たとえば、VI30秒であれば、15秒経過後の反応が強化されることもあれば、45秒経過しないと強化されないこともある。

FR100　　　　　VR100　　　　　FI60秒　　　　　VI60秒

比率強化スケジュール　　　　　　間隔強化スケジュール

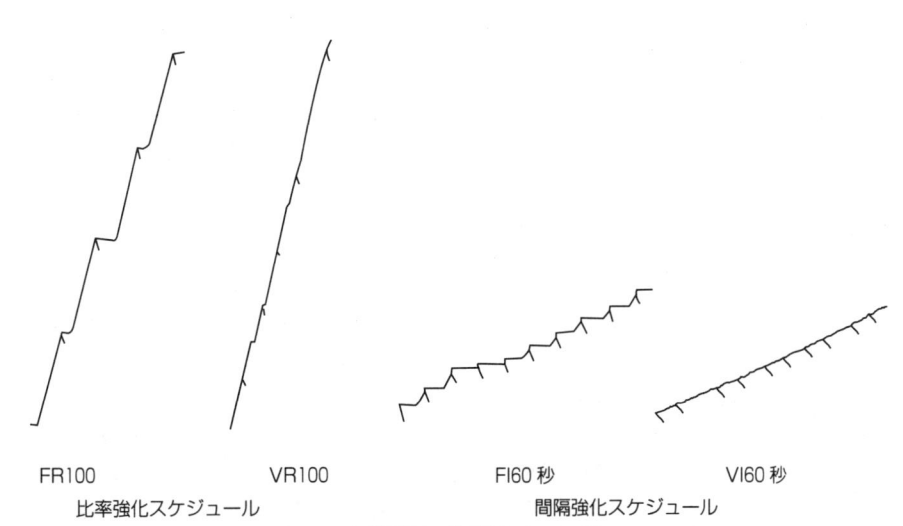

図 8-9　累積記録の典型的な4つのパターン

横軸は時間経過、縦軸は累積反応数を示す。右下がりのスラッシュは餌（強化子）が出た時点を示す。
（実験室で得られた実際のラットの累積記録データ）

4. 報酬と罰

　自分にとって好ましいものは報酬（reward）であり，自分にとって嫌なものは罰（punishment）である。報酬と罰という用語は比較的理解しやすいが，これは絶対的なものではなく，相対的価値をもつものである。

　たとえば，ネズミを用いた実験的研究では報酬として1粒45mgの小さな餌ペレットを用いる。ネズミが走路を出発してゴールにたどり着いたときにそこに4粒の餌ペレットがあれば，これは1粒の餌ペレットよりも大きな報酬となる。しかし，ネズミが以前はそこで16粒の餌ペレットを受け取っていたのが，今回は4粒しか受け取れなかったとすれば，これは報酬が減少したことになり，罰の効果をもつ。このように報酬か罰かはその前後の文脈により変化する相対的なものである。ヒトにおいても幸せは何かといったときの幸せは，客観的にその時点では同じ状態であっても，その個人にとってはどちらの方向性をもつのかでその価値は異なってくる。

　心理学では報酬と罰を，強化と罰という概念で表現する（表8-3参照）。強化とは望ましい行動の出現頻度の増加を意味する。強化には正と負がある。どちらも望ましい行動の出現頻度を増加させる。罰にも正と負があり，どちらも望ましくない行動の出現頻度を減少させる（図8-10参照）。報酬は正の強化子（positive reinforcer）と同じである。しかし罰は負の強化子（negative reinforcer）とまったく同じではない。負の強化子は嫌悪刺激である。負の強化子とは，それが除かれると反応の出現頻度が増加する刺激である。正の強化子が生体に加えられると正の強化となり，反応の出現頻度が増加する。くり返すが，正と負の強化子のどちらも呈示または除去によってその前に生起する反応の出現頻度を増加させる刺激である。これを正の強化，負の強化という。罰にも正の罰と負の罰があり，正の罰は嫌悪刺激の呈示であり，負の罰は快刺激の除去である。

　オペラント条件づけでいちばん理解しやすいのは，正の強化子を呈示するか，しないかで考える場合である。生体がある行動を起こしたときに，その直後に正の強化子が呈示されれば，その行動は強化され，その行動の出現頻度は増加する。生体がある行動を起こしたときに，その直後に何も呈示されなければ，その行動は強化されず，その行動の出現頻度は増加しない。これが続けばその行動はやがて消去される。問題行動を消去したいときには，その行動が生起しても無視することである。子どもが泣くからといってかまってやると，その行動は強化され，ますます泣くようになる。

　理解がむずかしいのは負の強化の場合である。たとえば，寒いときにずっと冷気が吹き付けているのを止めるような場合である。望ましい行動が出現したときに冷気の吹き付けを止めるとその行動は強化され，次にその行動の出現頻度は増加する。これが負の強化である。しかし，負の強化子を取り除く手続きはわかりにくく，実験的にもなかなか成立しない。オペラント箱を用いたシドマン型回避課題[8]がその例となる。これはネズミがつねにレバー押し反応を続けなければ，5秒ごとに電気ショックが加えられるような手続きである。実験的には行動形成がむずかしい手続きである。

　罰は積極的に反対の効果をもつ。嫌悪刺激が呈示されるとその直前の行動の出現頻度は減少する（図8-10参照）。反応を生じさせないようにする手続きが罰である。罰は一般的な行動の出現頻度を減少させてしまうので，その後の行動変容を起こしにくくする効果をもつ。治療には妨害効果をもつ手続きである。罰を用いた行動の制御は，報酬を用いた行動の制御よりもむずかしい。行動の出現直後に呈示される罰は行動の出現頻度を減少させるにはもっとも効果的である。強化も罰も時間的に接近した呈示は強力な効果をもつ。

表 8-3　強化と罰のタイプ

	定　義	効　果	例
正の強化	望ましい行動が生起した後の快刺激の呈示	望ましい行動の出現頻度の増加	試験でいい点を取ったときほめる
負の強化	望ましい行動が生起した後の嫌悪刺激の除去	望ましい行動の出現頻度の増加	騒がなくなったら叱るのをやめる
正の罰	望ましくない行動が生起した後の嫌悪刺激の呈示	望ましくない行動の出現頻度の減少	試験で悪い点数を取ったとき叱る
負の罰	望ましくない行動が生起した後の快刺激の除去	望ましくない行動の出現頻度の減少	行儀の悪い子どもにテレビを見せない

		刺激	
		快	嫌悪
操作	呈示	正の強化 出現頻度の増加	正の罰 出現頻度の減少
	除去	負の罰 出現頻度の減少	負の強化 出現頻度の増加

図 8-10　快刺激・嫌悪刺激の呈示と除去のマトリックス

5．学習性無力感
(1) 無力感を「学習」したイヌ
　セリグマンとマイヤー（Seligman, M.E.P. & Maier, S.F., 1967など）は，イヌを被験体として，随伴性が行動に影響することを示唆した一連の実験を行なった。それらの実験の1つは，イヌを3つの群に分け，電撃を用いて2段階で行なわれた（図8-11）。第1段階では，3群のイヌはハンモックで同時に実験台に固定され，ある決められた条件で電撃を経験させられた。第1群のイヌは，実験台に電撃が来たときに，鼻でパネルを押すことによって電撃を止めることができた。第2群のイヌの実験台は，第1群のイヌの実験台と電気的に連結されていた。したがって，第2群のイヌは，第1群のイヌと同じ分量の電撃を経験するものの，イヌ自身がどのような反応を示そうと，第1群のイヌがパネルを押さない限り，電撃を止められなかった。また第3群のイヌには，固定されている間，まったく電撃が与えられなかった（統制群）。
　翌日に行なわれた第2段階では，2区間に仕切られ，間に低い壁のある「シャトルボックス」とよばれる箱にイヌが入れられた。シャトルボックスとは，間仕切られた一方のみに電撃が流れるようになっており，低い壁を乗り越えてもう一方に移動すれば電撃から逃れられるように設計された大きな箱であった。このシャトルボックスに電撃を流したところ，第1群と第3群のイヌは，数秒で低い壁を乗り越えて電撃から逃れられることを発見したが，第2群のイヌは，実際には回避可能なのにもかかわらず，その場にうずくまり，電撃を無抵抗に受け続けるだけであった（表8-4，図8-12）。
　セリグマンらは，第2群のイヌは，第1段階において，どのような行動をとっても電撃から逃れることはできないということを学習したとし，これを学習性無力感（learned helplessness）とよんだ。すなわち，避けることのできない不快な体験や対処不可能事態を重ねて経験すると，後に対処可能な場面に出くわしても，積極的な活動が見られずに，無気力状態になるという現象が実証されたことになる。

(2) 人間の無気力状態の理解
　その後の研究で，学習性無力感は，新たな学習場面で学習しようとする意欲や動機づけが低下すること，後に続く学習場面において対処可能であるという学習が困難になること，不安や抑うつを感じたり感情の鈍麻を引き起こしたりすること，自律神経系の機能不全や潰瘍形成，脳内化学物質の変化が起きることなど，広範囲にわたって負の影響を及ぼすことが明らかにされた。
　セリグマンらは，主として抑うつ症状を対象に，動物のみならず人間にも同様のメカニズムがあるとし，行動と否定的な結果の間に知覚される随伴性の欠如がその本質であると指摘した（図8-13）。すなわち対処不可能な事態に対する個人の「原因の説明」が，その後の反応に影響を与えることを示唆した（図8-14）。このことは逆に，「対処不可能な事態である」と思いこんでいる事象に対しても，個人の「とらえ方」を変化させることによって，行動や反応の改善がみられることを意味している。
　ドゥエック（Dweck, C.S., 1975）は，学習性無力感の考え方を背景に，学業不振児に対する帰属変容の効果の検討を行なった。学業の失敗を能力に帰属（能力不足）することに比べて，努力に帰属（努力不足）することは，子どもが随伴性を認知することになり，失敗経験後も課題に取り組む動機づけは持続されることを示唆した。その後の研究では，動機づけの維持には，能力から努力への帰属の変容に加え，成功への具体的方略の獲得が必要であることが指摘されたが，学習性無力感の解決法の方向性を示唆した研究として大きな役割を果たした。

5. 学習性無力感

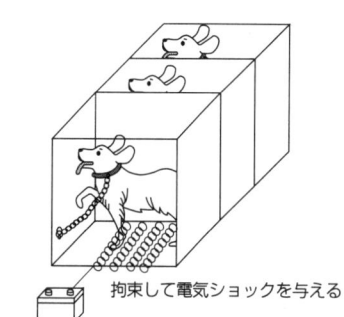

表8-4 セリグマンの実験

イヌ	第1段階		第2段階
第1群	自分で電撃に対処することが可能	➡	電撃からの回避成功
第2群	自分で電撃に対処することが不可能	➡	電撃からの回避失敗
第3群	電撃は与えられない	➡	電撃からの回避成功

図8-11 イヌを被験体とした電撃の実験
（久能・松本, 2000を一部改変）

拘束して電気ショックを与える

安全な部屋に逃げようと思えば、いくらでも逃げられる。

拘束しないで電気ショックを与える

はじめの体験から逃げられないことを学習しているため、逃げようとしない

図8-12 無力感の学習
（久能・松本, 2000を一部改変）

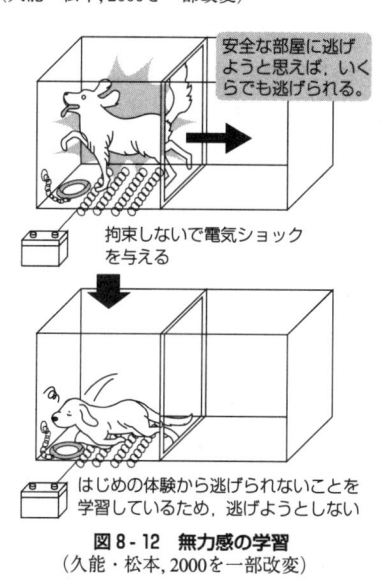

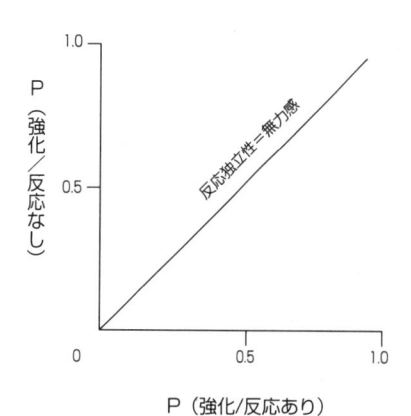

図8-13 随伴性空間（Peterson, C. et al., 1993）
横軸は「反応した時に何が起こるか」の条件確率、縦軸は「反応しない時に何が起こるか」の条件確率を示す。それらの結果がいずれも同じであることを認識すれば行動が結果をコントロールしないこと（反応独立性）を学習したことになる。

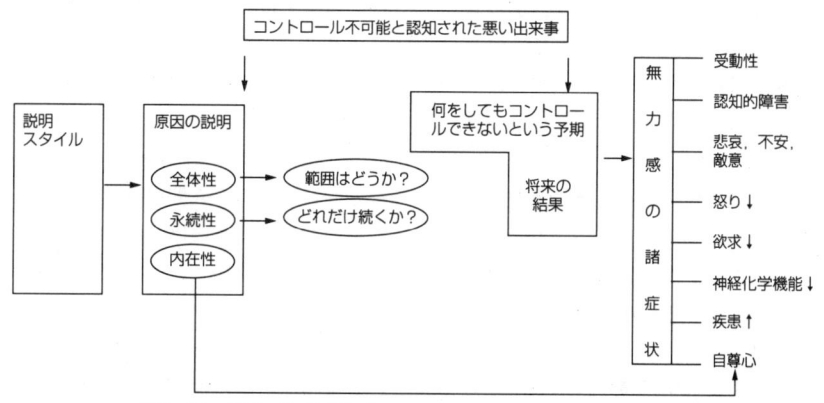

図8-14 帰属の改訂理論（Peterson, C. & Seligman, M.E.P., 1984）

説明スタイル → 原因の説明（全体性／永続性／内在性） → 範囲はどうか？／どれだけ続くか？

コントロール不可能と認知された悪い出来事 → 何をしてもコントロールできないという予期 → 将来の結果

無力感の諸症状：
- 受動性
- 認知的障害
- 悲哀, 不安, 敵意
- 怒り↓
- 欲求↓
- 神経化学機能↓
- 疾患↑
- 自尊心

6．洞察学習
（1）バナナを取るための方法
ケーラー（Köhler, W., 1917）は，テネリフェ島でチンパンジーを対象として実験を行ない，動物がどのように行動を学習するかの検討を行なった。それ以前の動物を対象とした学習実験には，ソーンダイク（Thorndike, E.L., 1898）がネコを用いて行なった問題箱の実験（図8-6）があり，ソーンダイクは，「学習」を試行錯誤（trial and error）によって，事態と反応の結合が徐々に生じることであるとした。そのようななか，ケーラーはソーンダイクの試行錯誤学習では説明がつかない学習があることを明らかにしたのである。

ケーラーが行なった代表的な実験状況は，チンパンジーがどのように直接に手の届かないバナナを取るかであった。その1つの実験では，チンパンジーは短い棒とともに柵の中に入れられた。柵の外には，手でも手元の短い棒でも届かない距離にバナナが置いてあった。この時，柵の外には，直接手ではつかむことはできないが，短い棒で引き寄せることができる程度の距離に長い棒も置いてあった。最初にチンパンジーは，バナナを取ろうと短い棒を振り回したり，柵をかきむしるような行動を見せたが，やがて行動を停止した。そして，長い静止時間の後，チンパンジーは，突然短い棒を取り上げて，長い棒を引き寄せてつかみ，手に入れた長い棒と短い棒をつなぎあわせてみごとバナナを手に入れることに成功したという（図8-15）。

また，別の実験では，チンパンジーは天井からバナナがぶら下げられた部屋に連れ込まれた。チンパンジーは，バナナを取ろうと飛び跳ねたりしたが，バナナは届かない高さにぶら下げられていた。しばらくの静止時間の後，チンパンジーは，この状況でも，突然部屋の中に置いてあった木の箱を積み重ねて，それに昇ってバナナを手に入れることに成功したという（図8-16）。

（2）知覚の再体制化
ケーラーは，このようなチンパンジーの実験結果を踏まえ，この学習は，刺激と行動の結合が少しずつ強まったものではなく，ある準備期間の後に突然生じたものであることから，状況を把握すること，すなわち洞察こそが学習の重要な要因であると指摘した。つまり，ゲシュタルト心理学者のケーラーは，チンパンジーには，場面や状況を新たな視点から見直す「知覚の再体制化」が生じ，手段と目的との関係づけを見通したこと（単純な知覚の場には直接現われていない諸情報の統合，問題状況の中心転換）によって，あたかもあらかじめ解決の見通しを立てたかのように，突然に課題の解決にいたったと解釈したのである。これを洞察学習（insight learning）という。

したがって，ソーンダイクの試行錯誤学習の学習曲線は，「効果の法則」に従って，試行数の増大に伴い成功確率が高くなるという漸増曲線を描く一方で（図8-17），ケーラーの洞察学習の学習曲線は，悉無律的な不連続曲線を描くことになる（図8-18）。

洞察学習のような急激な行動変容は認知構造の再体制化に起因するという考え方は，問題解決における認知説とよばれる。しかしながら，こうした理論では，認知構造は媒介概念にすぎず，そのメカニズムや構成要素が曖昧であること，問題解決場面における過去経験や学習を軽視していることなどが問題点として指摘されてきた。

また，ピアジェ（Piaget, J.）の発達理論（表8-5）に従うと，人間の発達の過程においては，感覚運動期の第6段階（心的結合による新しい手段の発見）において，ケーラーの洞察学習に類似した行動が観察されるようになる。しかしながら，ピアジェは，これをシェマの協応によって説明を行なっており，洞察学習の概念とは区別してとらえている。

図 8-15 2本の棒をつなぎ合わせて長い棒を作っているところ（Köhler, W., 1917）

図 8-16 箱を積み重ねてバナナを取っているところ（大村, 1999）

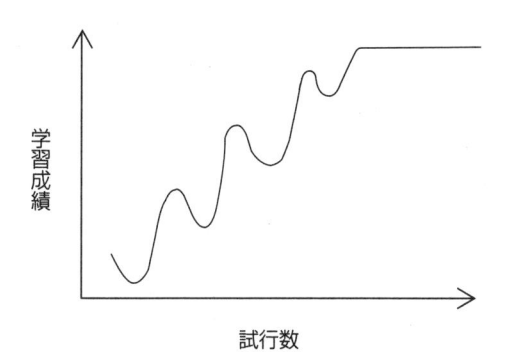

図 8-17 試行数増大に伴う成績の向上

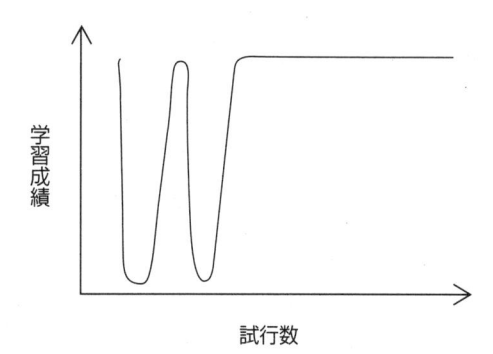

図 8-18 洞察学習の学習曲線

表 8-5 ピアジェによる認知発達の時期（小嶋, 1991を一部修正）

時期の名前	発達段階の特徴	年齢の目安
感覚運動期	感覚の働きと運動的活動を通して世界を知っていくが，象徴活動はわずかで，現前を越えるには限界がある。	0〜2歳
前操作期	イメージや言葉の働きにより，「今・ここ」を越えた表象的な世界が広がるが，まだ論理的に考えにくい。	2〜7，8歳
具体的操作期	具体的対象に関しては，論理的な思考ができる。現象の見えにとらわれず，また他者の視点に立ってものごとを考えられる。	8〜11，12歳
形式的・抽象的操作期	非具体的対象や仮説的な命題について考えることができる。多くの考えを統合した仮説演繹的な思考システムを形成する。	12歳〜成人

7. 社会的学習（観察学習，モデリング）

（1）他人の真似をして身につく行動

条件づけに代表されるような伝統的な学習理論においては，直接的経験による学習が重視されている。ところが，人間は必ずしもあらゆる事象を直接的に経験しているわけではない。むしろ，人間の行動の大部分は，他者の行動を観察することによって模倣的に成立するとも考えられる。このように，一般に，他者の影響を受けて行動を習得していく過程は，社会的学習（social learning）とよばれる。社会的学習という言葉をはじめて用いたミラーとダラード（Miller, N.E. & Dollard, J., 1941）は，同じ動因をもった二者間で，一方の反応が他方の手がかりとなって一致した行動が生起し，報酬が与えられるというプロセス，すなわち伝統的な学習理論であるハル（Hull, C.L.）の動因低減説を用いて，実験的に人間の「模倣」を説明した（図8-19）。

これに対して，バンデューラ（Bandura, A., 1977）は，学習する者が直接に行動し強化を受けることが必要不可欠であったミラーらの模倣の概念に対して，無試行で無報酬であっても，学習が成立するとし，これを観察学習（observational learning）とよんだ。すなわち，学習する者が自ら直接に経験したり，外部から強化を受けなくとも，他者（モデル）の行動を観察するだけで，行動に変化が生じる現象があり，これは刺激と反応のみによっては説明できない過程であると指摘したのである。また，観察学習は，モデルを観察することによってある行動を習得することから，モデリング（modeling）ともよばれている。

（2）子どもの攻撃行動が身につく過程

バンデューラは，観察学習の特徴を検討するために，幼児を対象として，攻撃行動獲得のメカニズムに関する実験を行なっている。その実験の1つでは，5歳の幼児が被験者とされた。そして，成人のモデルが玩具で遊んでいる部屋に幼児を連れていった。そのモデルは，幼児の目の前で，突然大きな風船人形に対して，これまでには見たことのないような方法で攻撃しはじめた。これを幼児に見せた後，玩具を用いて幼児を遊ばせたが，故意に怒らせ，攻撃行動の発現を高めるために，途中で幼児から遊んでいた玩具を取り上げた。その結果，モデルの行動を観察した幼児は攻撃的になり，攻撃行動の様式はモデルが示した様式と類似したものであった。すなわち，バンデューラは，いかなる外的強化がなくても，幼児に学習が成立したことを示したことになる。

また別の実験では幼児を3つの群に分け，各群の幼児に3つの異なったフィルムを見せた。それぞれのフィルムには，2人の成人女性のモデルが大きな風船人形に対して，これまでには見たことのないような方法（こぶしで打つ，馬乗りになる，木槌で叩く，蹴る，放り投げる）で攻撃するシーンが共通して5分間収められていた。そして第1群の幼児には，この攻撃行動の後にモデルが弱い者いじめを非難され，厳しく罰を受けるシーンが加えられたフィルムが見せられた（代理罰条件）。一方，第2群の幼児には，モデルが力強い行動に対して賞賛の言葉をもらい，菓子や飲物とで報酬を受けるシーンが加えられたフィルムが見せられた（代理報酬条件）。第3群の幼児には，そのようなシーンは加えられていないフィルムが見せられた（無結果条件）。その後，子どもたちをフィルムと同じような場面に置き，10分間の行動が記録された。その結果，代理報酬条件と無結果条件の幼児の自発的な攻撃行動（モデルを模倣した行動）は，代理罰条件を見た子どもたちの攻撃よりも多かったことが明らかにされた（図8-20）。さらに各群の幼児に，フィルムでモデルがしたことを尋ね，モデルと同じ行動をすればご褒美を与えると伝えたところ，幼児が再現した行動には，3つの条件間で差が見られなかった（図8-21）。

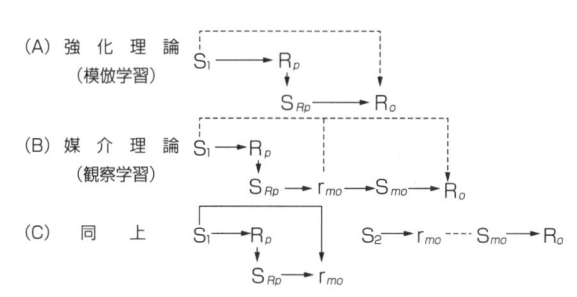

(A) 強化理論（模倣学習）
　モデルが手がかり刺激（S_1）に対して反応（R_p）すると，観察者はR_pを手がかり刺激（S_{Rp}）にして，R_pと類似した反応R_oをする。R_oに好ましい結果が随伴すると破線で示されたS_1とR_oの結合ができあがり，モデルなしでも反応が生じる。

(B) 媒介理論（観察学習）
　モデルの手がかり刺激（S_1）に対して反応（R_p）するのを見た観察者は，R_pを手がかり刺激（S_{Rp}）にして，内潜過程の中でR_pと同一のr_{mo}を言語化する（添え字mは内潜過程）。そして，手がかり刺激（S_1）に直面すると，言語化されたr_{mo}が思い出され，それが手がかり刺激（s_{mo}）になってR_pと類似した反応R_oをする。

(C) 媒介理論（観察学習）
　Bの過程の後，S_1または類似のS_2に直面すると，r_{mo}が想起され，それが手がかり刺激（s_{mo}）になってR_pと類似のR_oが生起する（刺激般化）。Cの過程が成立するには，Bの過程を経験している必要があるとされる。

図8-19　模倣学習，観察学習に関する強化理論，媒介理論（Simmel, E.C. et al., 1968）

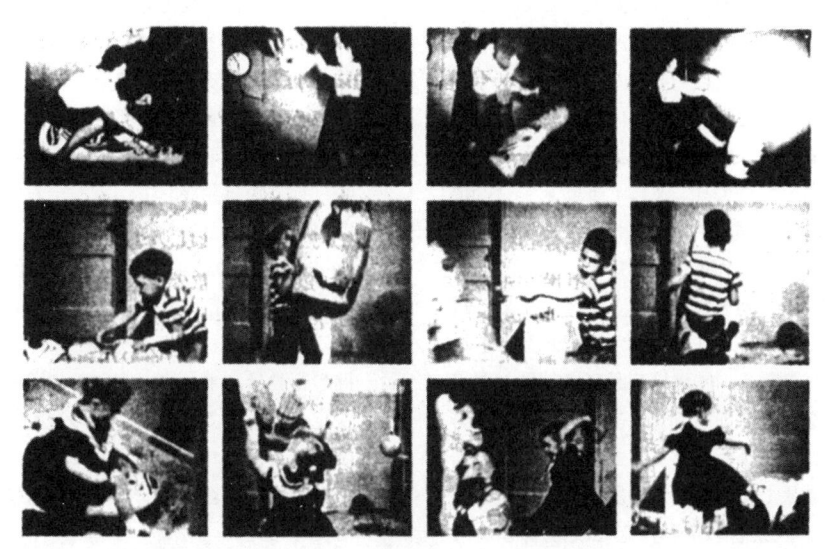

図8-20　「攻撃的モデルの模倣：攻撃の社会的学習」フィルムからの写真（Bandura, A. et al., 1963）
注）上段はモデルの行動，中・下段は幼児の行動

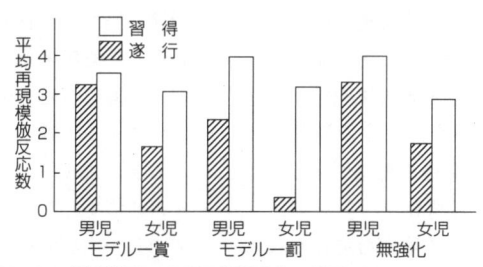

図8-21　観察学習における代理強化の効果（Bandura, A., 1965）

これらのことからバンデューラは，モデルが実際に存在しなくても，学習は映像等の観察によっても成立し（行動の習得），その学習を導く動機づけ（行動の発現・遂行）要因として強化（代理強化）が機能することを指摘した（接近・媒介説）。すなわち，観察学習においては，観察者（学習者）への直接強化よりも，モデルに与えられる強化（代理強化）の機能が重要であること，また，観察学習が生じるためには，強化は必要不可欠な条件ではなく，行動遂行を動機づけるかどうかの促進条件であることが示されたのである。

(3) 観察学習の特徴

バンデューラは，観察学習の効果として，5点をあげている。それらは，①観察学習効果：観察者がモデルの行動を観察することによって，それまでに習得していた行動にはない新しい行動様式が習得されるという効果，②制止・脱制止効果：モデルの行動を観察することによって，すでに獲得されている行動様式が抑制されたり，抑制されていた行動が解除されたりする効果，③反応促進効果：モデルの行動を観察することによって，観察者がすでに習得している行動様式が誘起され，方向づけられる効果，④環境刺激高揚効果：環境刺激に適切な注意を向けさせ，モデルがいない場合にも環境に適切な行動をするようにうながす効果，⑤覚醒効果：モデルの情動反応を観察することによって，観察者の情動反応を喚起する効果，である。

また，バンデューラは，観察学習の下位過程として，①注意過程：観察者がモデルの行動へ注意を向ける過程，②保持過程：観察したことを記憶として取り込み保持する過程，③運動再生過程：記憶しているモデルの行動体系を再生する過程，④動機づけ過程：前述の3つの過程を動機づける過程，の4つを分類している（図8-22）。なお，観察学習におけるモデルは実際の人物だけではなく，マンガ，アニメ，テレビなどのさまざまなメディアを通しても成立することが示されている。また，言語的あるいは映像的に表現された行動も観察学習の対象となることから，広範に学習内容が伝達されうる。さらに，観察学習においては，観察事象の情報的機能や示範事象の象徴的表象の重要性が強調されている。

(4) 社会的学習理論における認知の役割

観察学習の実験を踏まえ，バンデューラは，人間の学習が直接学習（伝統的学習理論）と間接学習（観察学習）の2つから構成されることを指摘した。なかでも大きな特徴は，注意や記憶といった人間の備えもつ認知的機能の役割（自己制御，自己強化，自己効力感等）を重視したことにある。また，人間の行動の制御の方法には，刺激制御，強化制御，認知制御があるとし，いずれの制御も認知によって支配されているとした。

その後，バンデューラは，観察学習の研究を進め，そこから発展して，広く一般的な人間の行動の説明を試みた（社会的学習理論：social learning theory）。この理論においては，行動，環境，認知が分離され，これら3つの関係は相互決定的であるとされる（相互決定主義）。したがって，人間の行動は，単純に一方向的に環境要因によって決定されるのではなく，その行動もまた環境に影響を与え，それに認知も絡んでくるとされる。この社会的学習理論は，後の研究者に大きな影響をもたらした。

その後，観察学習に関する研究は，道徳性，愛他行動（図8-23），攻撃行動，性役割行動などの発達的側面や教育的側面の検討が行なわれている。さらに，臨床場面においては，すでに獲得されている不適応行動をモデリングを通じて消去し，同時にモデルの観察を通して適応的行動を獲得させることによって，問題行動の改善やさまざまな障害の治療を行なうモデリング療法などが研究されており，広範囲にわたって高い治療効果を上げている（図8-24）。

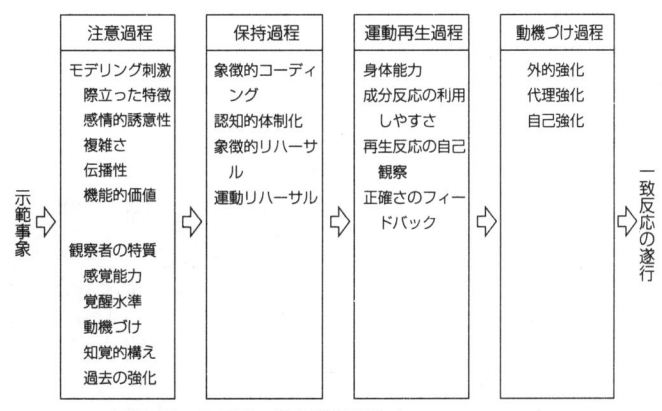

7. 社会的学習（観察学習，モデリング）

図8-22 モデリングの学習過程（Bandura, A., 1971）

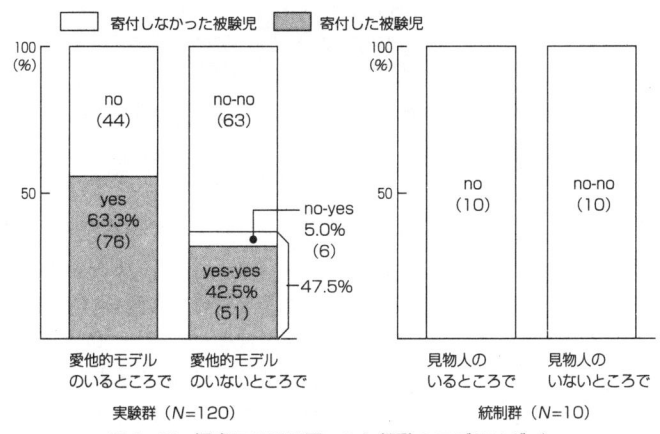

注意過程	保持過程	運動再生過程	動機づけ過程
モデリング刺激 際立った特徴 感情的誘意性 複雑さ 伝播性 機能的価値 観察者の特質 感覚能力 覚醒水準 動機づけ 知覚的構え 過去の強化	象徴的コーディング 認知的体制化 象徴的リハーサル 運動リハーサル	身体能力 成分反応の利用しやすさ 再生反応の自己観察 正確さのフィードバック	外的強化 代理強化 自己強化

示範事象 ⇒ … ⇒ 一致反応の遂行

図8-23 児童における思いやり行動のモデリング（Rosenhan, D. & White, G.M., 1967）

実験群（N=120）
- 愛他的モデルのいるところで: no (44), yes 63.3% (76)
- 愛他的モデルのいないところで: no-no (63), no-yes 5.0% (6), yes-yes 42.5% (51), 47.5%

統制群（N=10）
- 見物人のいるところで: no (10)
- 見物人のいないところで: no-no (10)

小4，5を対象とした愛他行動のモデリング実験。大学生（愛他モデル）とのゲームを行ない，勝つと5セントのギフト券2枚がもらえた（実際には勝ち負けは操作されていた）。大学生が勝ったときに孤児救済基金に寄付する行為を見せた。その後，子どもが勝ったときに寄付するかを観察した（各群左側）。大学生が見ていない場合にも，モデリングの効果が確認された（各群右側）。

今日は都合が悪いので，別の日にお願いできませんか？

今日は都合が悪いので，別の日に……。

実験参加者が示す適切な行動（モデル）を観察する → クライエントは，モデルの行動をまねる

図8-24 モデリング療法のイメージ

【トピックス8】動物の計算能力

約1世紀前のドイツにハンスという名の賢い馬がいた。元数学教師がその馬の飼主であったが、彼は馬も計算することができるという信念のもとで馬に計算することを教えた。長い訓練の後、馬は計算問題に対して蹄を叩いて正しく答えた。飼主以外の人が問題を出しても正しく叩いた。出題者が答えを知っている問題であれば、ハンスは正しく答えることができた。馬も計算ができる!?

心理学者たちはさまざまな実験をした上で、ハンスが計算をして答えているのではないことを実証した。賢馬ハンスは出題者やまわりの人のちょっとしたしぐさから答えの数のところで蹄を叩くことを止めていただけだった。これはこれですばらしい能力を示しているのだが、動物が計算したり、数えたりできるのかということに関しては、その後否定的見方が広がった。この種の研究にはオペラント条件づけの長い訓練と客観的手続きが不可欠である。

過去1世紀の間に100以上の「数」に関する実験的研究が行なわれている。これらの研究は3つの異なる方向からアプローチされている。①反応数を数える。②連続的に呈示された刺激の数を数える。③同時に呈示された刺激の数を数える。賢馬ハンスはできなかったが、他の動物でどこまで数を数えることができるのか整理してみよう。

ランボーとウォッシュバーン（Rumbaugh, D.M. & Washburn, D., 1993）の研究によれば、チンパンジーは4までカウントすることができた。ヒトに近い「進化の隣人」チンパンジーは、松沢（2001）によれば訓練により1から9までの数を正しく答えることができる。この研究では同時に呈示された「もの」の数を数えている。またコンピュータ画面上にランダムに一桁の数字を呈示して、小さい数字から大きい数字へと順に指で触れさせる課題でも正しく答えることができる。川合と松沢（Kawai, N. & Matsuzawa, T., 2000）によれば、画面上に数字を呈示して最初の数字に触れた直後に他の数字を白い四角でマスクしても、7つまでの数字であれば正しく反応できる（図8-25）。これはチンパンジーの記憶容量（memory span）がヒトの7±2に近いことを示す証拠である。

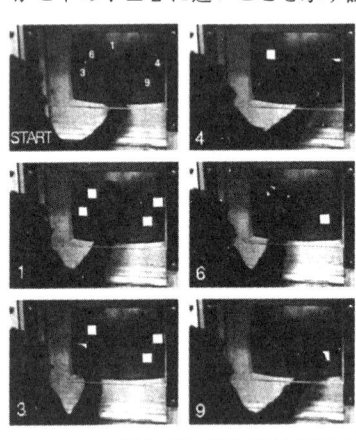

図8-25 記憶容量を測定する
（Kawai, N. & Matsuzawa, T., 2000；松沢, 2001）

隠れた数字を小さい順に選んでいく。

他の動物ではどこまでできるのか？ キャパルディとミラー（Capaldi, E.J. & Miller, D.J., 1988）によれば、ラットに餌の有無のパターンを決めた直線走路課題を行なわせると、餌があるときには速く走り、餌がないときには走るのが遅くなる。この研究から、ラットでは3まで数を数えられることがわかった。メックとチャーチ（Meck, W.H. & Church, R.M., 1983）によれば、ラットでは2と8の弁別が可能である。オペラント箱に2本の反応用レバーを用意し、連続的に呈示される2回の音と8回の音を刺激として、2回のときには左レバー反応が正解で8回のときには右レバー反応が正解であるとして訓練すると、これを正しく学習できる。量的な弁別である。しかし、動物は時間の長さも正しく弁別することができるので、この実験では刺激の数と長さに注意する必要がある。

動物の認知能力は今まで考えられてきた以上に高い可能性がある。これを明らかにするためにより多くの実験が必要とされている。

第9章 情動と動機づけ

1. 行動を駆り立てる内的過程

のどが渇いたから水を飲む，おなかがすいたから食事をするといったように，私たちは外的な刺激に対する反応としてだけではなく，内的な欲求に従って行動している。キャノン（Cannon, W.B.）は，有機体の環境への適応や生命維持のための動的な平衡状態のことをホメオスタシス（homeostasis）とよんでいる。刺激が欠乏したり過剰になったりすると，生理的平衡状態が崩れ生理的欲求が生じることになる。暑くなれば汗をかき，寒くなれば厚着をしようとする生理的な働きや行動は，ホメオスタシス性の行動である。

特定の目標に向けて行動を駆り立てる内的な力を，一般に動機（motive）あるいは動因（drive）といい，その働きを動機づけ（motivation）とよんでいる。動因を満たす目標を誘因（incentive）といい，その魅力の程度を誘意性（valence）という。いくらおなかがすいていても（動因の高まり），食べるもの（誘因）がなければ，食事をするという行動は生じない。また，満腹であれば，いくら食べ物があっても食べることはない。このように，動因と誘因の双方が，行動の発現には必要なのである。たとえ満腹であっても，大好きなケーキだとつい食べてしまうのは，好物だという誘意性の高さが動因を高めることにつながるからである。

高められた動因は，それを満たす対象（誘因）がなければ具体的な行動に結びつけることができず，生体に緊張が生じ欲求不満状態になる。この状態は，生体にとって不快であり，ストレスに代表されるネガティブな感情を体験することになる。欲求を充足させるための行動は，生体がこの状態から脱し適応的な状態に移行することを意味する。言い換えれば，高まった動因を低減させるための行動だといえる（動因低減仮説）。

動機づけと同様に，行動を駆り立てる内的過程に感情がある。プルチック（Plutchik, R., 1980）は，感情の喚起は環境や状況への適応として機能すると考えている。たとえば，「怒り」という感情は攻撃行動を喚起することから，危険な状況に置かれた反応として適応的だといえる。

人が危険にさらされたとき，私たちの多くがストレスを感じる。強い感情体験をした際，とりわけネガティブな感情は，ストレスを生じさせる。ストレス状況では，ストレス反応の高まりとともに，ストレスを下げようとするさまざまな対処行動が試みられる。その状況に適応しようと努力がなされるのである。その意味でストレスを感じることは適応的だともいえる。

2．生得的動機と社会的動機

　動機づけという内的過程によって生じる行動は，私たちの生活の中には数多く存在する。一般に動機は，生まれながらにして備わっている生得的動機である生物学的動機と感覚希求動機，経験や学習によって形成される社会的動機に分けることができる。

（1）生物学的動機

　生物学的動機には，ホメオスタシス性動機や性動機がある。

①ホメオスタシス性動機：のどの渇きや飢餓，排泄に関する動機で，生体が生きていく上で必要な動機である。生体の内的状態を一定に保とうとするホメオスタシスにより生じている動機である。食欲は，視床下部にある食中枢により制御され，それが破壊されると，摂食の制御が行なわれなくなる。空腹中枢を破壊されたネコは，餌が目の前にあっても食べようとせず，餓死してしまう。渇きについては，イヌは体内中の水分量が0.5％失われると飲水しはじめることから（Robinson, E.A. & Adolph, E.F., 1943），かなり精巧な生理的制御の結果，行動が生じていることがわかる。

　自由摂食状況におかれると，その時の身体的要求に応じて，特定の栄養素を含む食品を選択して食べる。これを特殊飢餓という。幼児やラットを用いたカフェテリア研究（図9-1）から，短期的には食事内容がかたよっていても，長期的には栄養にかたよりのないように食物を選択していることがわかっている。しかし，人の味覚嗜好は身体的要求よりも食行動に大きな影響を与えており，食べ物への好みや食習慣によって食品の選択にかたよりが生じるようになる。

②性動機：個体の身体的成熟に伴い，性行動を行なおうとする動機である。性行動によって，子孫を残すことができるため，種の保存に必要な動機といえる。多くの動物において性行動の発現は成熟の結果であるが，霊長類では学習の機会がなければ，適応的な性行動をとることができない。特に人間においては，経験や学習が大きく影響しており，その学習が行なわれる社会的環境である家庭や，地域，文化などの影響は大きい。現在は，マスコミやインターネットから多様な情報が流され，それに影響されているとの指摘がなされている。

（2）感覚希求動機

　私たちの行動は，個体の維持や種の保存に関係した行動だけではない。学習論の立場からは，行動は外的に報酬が与えられることによって生起すると説明されている。しかし，遊びのように，外的な報酬が与えられなくても行動することは多い。むしろ，遊びは，それ自体が目的になっている。とりわけ霊長類では，行動そのものが目的となる場合が多い。感覚希求動機はまさにそうした動機だといえる。

①好奇動機：珍しいもの，かわったものを求めようとする動機が好奇動機である。好奇心は，刺激の新奇性により喚起される。幼児にとって，複雑な刺激や刺激の急激な変化，刺激の不調和性が好奇動機を生じさせやすい（図9-2）。しかし，あまりにも新奇性が高いと，逆に恐怖や回避を引き起こすこともある。

②操作動機：行動を通して外界を探索しようとする動機が操作動機である。機械式のパズルを与えられたサルは，パズルを解いた後でも，また報酬が与えられなくても，パズルを解くことに熱中する（Harlow, H. F., 1950）。パズルの刺激としての新奇性も失われているにもかかわらず，パズルを解く行動を支えたのは，操作動機があるからである（図9-3）。

③感性動機：感性動機とは，感覚刺激を求めようとする動機である。サルを長時間暗所に閉じこめたフォックス（Fox, S.S., 1962）の実験では，サルはエサよりも光を求めることが示されている。

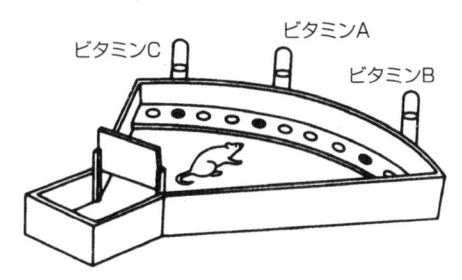

図9-1　カフェテリア実験（Young, P.T., 1936）

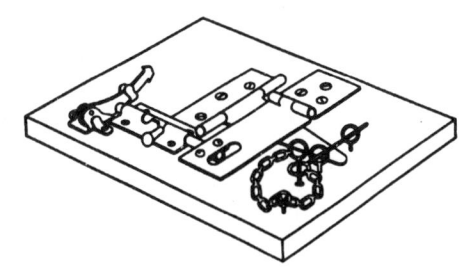

図9-3　サルの解いたパズル（Harlow, H.F., 1950）

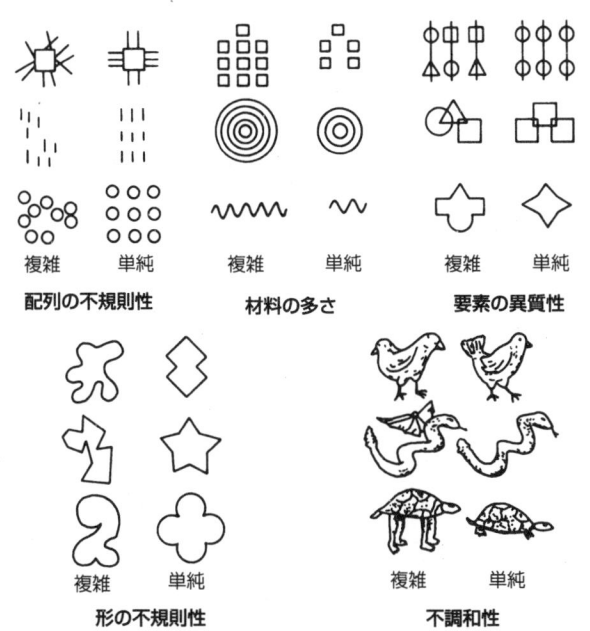

複雑　単純　　　複雑　単純　　　複雑　単純
配列の不規則性　　材料の多さ　　　要素の異質性

複雑　単純　　　複雑　単純
形の不規則性　　　不調和性

図9-2　バーラインの用いた複雑刺激（Berlyne, D.E., 1958）

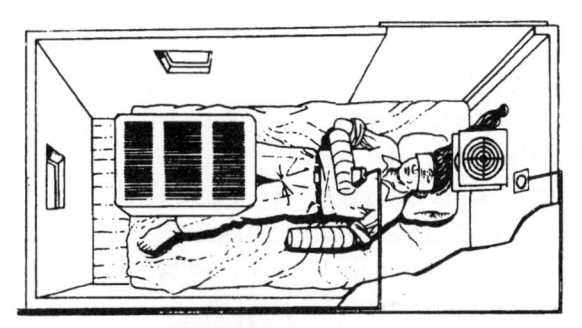

図9-4　感覚遮断実験のようす（Heron, W., 1961）

光という感覚刺激を求めようとする動機の方が，生命の維持に必要な食欲よりも優先されるのである。人間においても感覚遮断状態に置かれると，刺激を求めるようになることが示されている。マギル大学で行なわれた感覚遮断の実験では，図9-4にあるように，実験参加者をアイマスクやフォームラバーの枕を用いて視覚・聴覚を制限した状態に置いた。実験参加者は，実験室に入れられるとすぐに眠りにつくが，目覚めた後では落ち着きがなくなり，不快感を覚えるようになる。ひとりごとを言い，口笛を吹くといったように刺激を求めるような行動をとった。過去のことを思い出したり映画の場面を想起したりと努力するようになるが，しだいに，幻覚が生じ，まとまりのない考えに陥るようになる（表9-1）。実験参加者は，この状況に2〜3日でも耐えることができなかったのである。実験参加者は，何もしないよりは苦しくても刺激の多い作業の方がよかったと報告していることから，適切な刺激環境にいることが大切であることがわかる。

④接触動機：周囲の人（個体）との愛着的接触を求めようとするのが接触動機であり，発達の初期段階において重要な働きをしている。ハーロー（Harlow, H.F., 1959）の行なった代理母実験は，幼少期の愛着行動が子どもの精神的安定や自発的行動の発現をうながす重要な要因であることを示している。生後すぐに母ザルから離された子ザルを，布製の代理母と針金製の代理母のもとに置いた。ある子ザルは針金製の代理母から，別の子ザルは布製の代理母からミルクを飲むことができるようになっていたが，いずれの子ザルもほとんどの時間を布製の代理母のもとで過ごしていた（図9-5）。クマのぬいぐるみを入れて脅かすと，子ザルは，あたかも助けを求めるように布製の代理母にしがみついた（図9-6）。実際の母ザルの感触に近い布製の代理母に対して強い接触行動を示したといえ，ミルクをもらうという生物学的動機の充足以上に接触動機の充足が大切であることがわかる。

(3) 社会的動機

社会的動機は社会的な状況や他者とのかかわりのなかで認められる動機で，学習や経験によって形成される。社会的動機は，社会環境や文化的条件の影響を受けることから，認められる動機の内容や程度にはかなりの個人差が認められる。マレー（Murray, H.A., 1938）は社会的動機を6つに分けている（表9-2）。ここでは，親和動機と達成動機に触れる。

①親和動機：他者と友好的な関係を保ち，行為を交換し，協力し，生活をともにしようとする動機が親和動機で，社会生活を営む上で重要な役割を果たしている。シャクター（Schachter, S., 1959）は，女子学生を対象に，電気ショックを受ける実験を待っている間，他の人といっしょにいたいのか，1人でいたいのか，あるいはそのようなことを気にしないのかについて尋ねる実験を行なっている。高不安者は他の人といっしょに待っていたいと答える人が多いが，低不安者は気にしないと答える人が多かったことから，不安が親和行動を促進させているといえる。人が災害や事故にあったとき，互いに身を寄せ合い，誰かそばにいてもらいたいと思うのは，この親和動機が関係しているからである。

②達成動機：困難なことを成し遂げ，他の人よりも成功しようと思う動機が達成動機である。この動機は，要求水準の程度と深く関係している。要求水準の高い人は，目標を中程度の水準に置こうとするが，要求水準の低い人は，目標を必ず成功するような低い水準か，ほとんど失敗してしまうような高い水準に置く傾向がある。低い目標設定は安全を求めようとする気持ちから生じている。一方，高すぎる目標は，誰でも失敗する水準を設定することで，自分が失敗したときの責務を逃れたいという気持ちから生じている。

表9-1 感覚遮断環境における被験者の行動変化 (杉本, 1983)

正常段階 (1日目)	思考（哲学的，問題解決的） 空想（身近な事件，白昼夢）
境界段階 (2日目)	過去の思い出 空想の遮断 衝動的気分や行動 睡眠中の夢の多発
異常段階 (3日目)	被害妄想 幻想 抑うつ，無気力

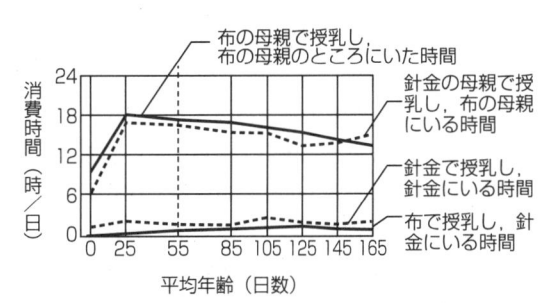

図9-5 子ザルが布製の代理母と針金製の代理母のもとで過ごした時間 (Harlow, H.F., 1958)

図9-6 代理母実験のようす (Harlow, H.F., 1959)

表9-2 社会的動機のリスト (Murray, H.A., 1938)

おもに事物と結びついた動機
　　獲得動機，保存動機，整頓動機，保持動機，構成動機
待望，意志力，達成，および威信の動機
　　優越動機，達成動機，承認動機，顕示動機，保身動機
　　劣等感回避の動機，防衛動機，中和動機
人間の力を発揮し，それに抵抗し，または屈服することに関係のある動機
　　支配動機，服従動機，模倣動機，自律動機，反動機
他人または自己を損傷することに関係のある動機
　　攻撃動機，謙虚動機，非難回避の動機
他人との愛情に関する動機
　　親和動機，拒絶動機，養護動機，救援動機
その他の社会的動機
　　遊戯動機，求知動機，解明動機

3．欲求階層説

欲求には，さまざまなものが存在する。生命体の基本的欲求としては，苦痛を避け，心地よさを求めるという「快楽原則」を前提に考えることが一般的である。しかし，人間を全体的成長・統合の傾向をもった存在だとする考え方も存在する。

そのような前提に立って，人間の欲求を階層的にとらえた説に，マスロー（Maslow, A.H., 1954）の欲求階層説がある（図9-7）。マスローは欲求を，生理的欲求，安全の欲求，愛と所属の欲求，自尊の欲求，自己実現の欲求という，基本的な5つのカテゴリーに分けている。これらの欲求が階層性をもち，低次の欲求が満たされなければ高次の欲求は充足されないという優勢性を仮定している。低次の欲求は欠乏欲求ともよばれ，この欲求を満たすことで緊張低減をもたらし，有機体を均衡状態にもどすと考えている。一方，高次の欲求は存在価値に基づくもので，成長動機に関連していると考えている。存在価値における緊張は，個人の視野を広げることにつながるものであり，創造や芸術，真実を追究しようとする欲求から生じている。生じた緊張は，欠乏欲求の場合とは異なり，否定的感情よりも肯定的感情に結びついていると想定している。欠乏状態とそれを充足するものについてを表9-3に示した。

マスローの欲求階層のもっとも低次な欲求は生理的欲求である。これは，生命維持に最も不可欠なものであり，他の心理的欲求よりも優先される。生理的欲求が満たされると，安全の欲求が優位となる。苦痛や不安を避け，身の安全や安心を確保したいという欲求である。安全が満たされると，愛情や所属の欲求が支配的になる。人に愛されたい，仲間として受け入れてもらいたい，友情を分かち合える仲間が欲しい，という欲求で，これが満たされないと，ホスピタリズムや非社会的・反社会的行動を引き起こす原因となる。愛情が満たされると，自尊の欲求が優勢となる。これは他の人に認めてもらいたい，地位や名誉が欲しいといった欲求であり，自尊心を高く保ちたいという気持ちを抱く。自尊の欲求は，人から認めてもらいたいという欠乏性の欲求と自分や他人を尊重しようとする成長性の欲求とに分けることができる。もっとも高次の欲求が自己実現の欲求である。人間的に成長したい，個性を活かしたい，充実感や生きがいを感じたいと思う欲求である。この段階に到達するためには，基本的な欲求が十分満たされていることが大切である。マスローは，人は潜在的に自己実現を果たしたいという欲求をもっているものの，この段階に到達することはむずかしいと述べている。

欲求階層を精神的発達の観点からとらえるならば，精神的な成長に伴い，優勢となる欲求が入れ替わることになる。人間は誕生後しばらくは生存するために必要な生理的欲求が満たされることを求めるが，心身の発達・成長に伴って安全の欲求が中心となる。その次に，愛と所属の欲求が中心的となり，その後は，自尊心や自己実現の欲求といった高次の人格的欲求が発達してくる。そして，これらは発達の各段階においてのみにあてはまることではなく，一般的にも基本欲求とよばれる下位の生物的欲求が満たされないと，成長欲求とよばれる上位の欲求は生じないとされている。

マスローは，人間とは心理的健康を求め自己実現をめざす存在であり，日常生活での必要性に縛られた欠乏への意識を超越し人間的価値の創造や自己超越といった高次の存在に近づこうと動機づけられていると考えている。このような人間観は，カウンセリングや教育において重視され，個人のありのままを尊重し，クライエント（来談者）の自己成長をサポートするという考え方に受け継がれている。特に，人間の前進的傾向という考え方は，ロジャーズ（Rogers, C.R.）らが中心に行なっている来談者中心療法の考え方に通じている。

3. 欲求階層説

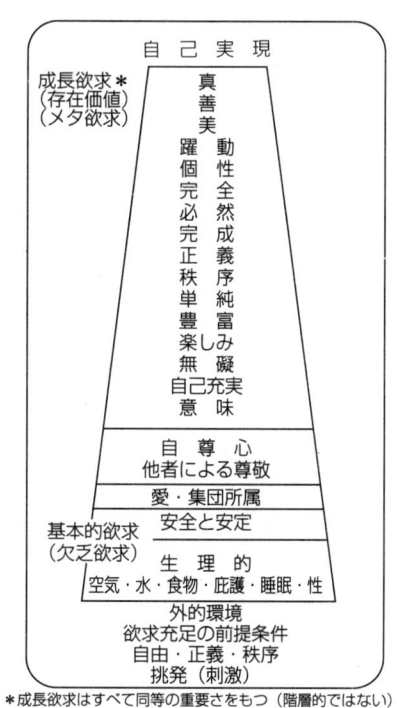

```
                   自 己 実 現
成長欲求＊        真
(存在価値)        善
(メタ欲求)        美
                 躍 動 性
                 個 全 然
                 完 必 成
                 完 正 義 序
                 正 秩 純
                 秩 単 富
                 豊 楽 し み
                 楽 無 礙
                 無
                 自己充実
                 意 味
                 自 尊 心
                 他者による尊敬
                 愛・集団所属
基本的欲求       安全と安定
(欠乏欲求)       生 理 的
                 空気・水・食物・庇護・睡眠・性
                 外的環境
                 欲求充足の前提条件
                 自由・正義・秩序
                 挑発(刺激)
```

＊成長欲求はすべて同等の重要さをもつ(階層的ではない)

図9-7 マスローの欲求の階層(Goble, F.G., 1970)

表9-3 欲求の階層における欠乏状態とその充足(DiCaprio, N.S., 1974)

欲求階層	欠乏状態	充足
生理的	飢え,渇き 性的欲求不満 緊張 疲労 病気	弛緩 快感経験 緊張緩和 快感経験 身体的健康
安全	不安 熱望 喪失感 恐れ 緊迫観念 強迫	安心 安楽 均衡 平静 平穏 落ち着き
愛と所属	自己意識 求められていないと感じる 価値がないと感じる 空虚,孤独,孤立,不完全感	自由な感情表現 一体感,暖かさの感じ 生命力と精神力の回復 一緒に成長していると感じる
自尊	無力感 拒絶(反抗) 劣等感	自信 熟練度 肯定的自己意識,自尊心
自己実現	疎外感 メタ病理 生きる意味の欠如 退屈	健康な好奇心 志向経験 可能性の実現 楽しく価値のある仕事

4. 情動の理論

　情動はなぜ生じるのか，どのようにして生じるのかということは古くから議論されてきた。多くの研究者が，この情動の問題に対してさまざまな説を主張してきたが，現在のところ，単独の理論ですべてを説明できるものは存在しておらず，いくつかの研究の流れに受け継がれて存在している。ここでは，現在の情動研究に影響を及ぼした理論の変遷を概観する。

(1) ジェームズ・ランゲ説

　ジェームズ（James, W., 1884）は，身体的変化は実際に起こっている刺激事象（状況）に直接的に追従して生じ，その変化の感じが情動である，と主張した。つまり，ある情動状態は身体の表出が介在することによって生じるという考えである。すなわち，「悲しいから泣く」という一般的な考え方ではなく「泣くから悲しくなる」というとらえ方をする。

　一方，その翌年にデンマークのランゲ（Lange, C.G., 1885）も，ジェームズの説とよく似た理論を展開し，すべての情動は何らかの身体的変化を伴うとした。ランゲは末梢（特に血管運動）の変化が情動の表出や行動だけでなく，情動経験をもたらすと主張した。

　このように，両者の説は非常に類似していたため，ジェームズ・ランゲ説とよばれている。また，この説は，末梢の変化に基づいた情動の理論であったことから，情動の末梢起源説ともよばれている。図9-8は，ジェームズ・ランゲ説の模式図である。刺激が感覚受容器を通って大脳で知覚され，その信号が内臓や骨格筋に伝達され，内臓や骨格筋の動きが再び大脳にフィードバックされたときに情動が生じるという図式である。

　この説は，その後多くの研究者から，批判を受けた。しかし，身体的変化の意味するところは，交感神経系（分泌腺や内臓機能の制御）の活動の増大やそれによる心臓や胃などその他の器官に及ぼす影響，姿勢や顔面表情の変化などを含んでおり，情動には生理的変化が大きくかかわっているとする視点は徐々に広まった。その後，ジェームズ・ランゲ説を部分的に支持するような研究が報告されるようになり，後述する顔面フィードバック仮説などの修正された説が出てきている。

(2) キャノン・バード説

　キャノン（Cannon, W.B., 1927）は，ジェームズ・ランゲ説を痛烈に批判した1人である。キャノンはジェームズ・ランゲ説がまちがいであるということに関して，以下の理由をあげている。

・中枢神経系から内臓を完全に分離しても，情動反応は変化しない。
・非常に異なる情動状態であっても，情動のない状態であっても，同じ内臓変化が生じる。
・内臓は比較的感覚を感じにくい構造をしている。
・身体的変化のあとに情動が発生するには，内臓変化の速度は遅すぎる。
・激しい情動に特有の内臓変化を人為的に誘発させても，そのような情動は生じない。

　以上のような根拠に基づいて，キャノンは図9-9のような図式で情動の発生を説明した。まず，刺激が感覚受容器から視床を経由して大脳に伝達され，刺激が情動を喚起するに十分な強度であれば大脳からの視床下部に対する抑制が解除され，視床が興奮してパターン化された反応が生起する。その一方で，信号が内臓や骨格筋へ伝わって表出行動が惹起され，それと同時に上方への信号が情動体験として感じられるという図式である。視床に対する皮質抑制の解放という現象はバード（Bard, P., 1928）の研究によるため，この説はキャノン・バード説とよばれる。また，この説は，視床の働きを中心に説明されているため，情動の中枢起源説ともいわれている。

　キャノン・バード説は，ジェームズ・ランゲ説の批判から出てきたものであるが，上述した5つ

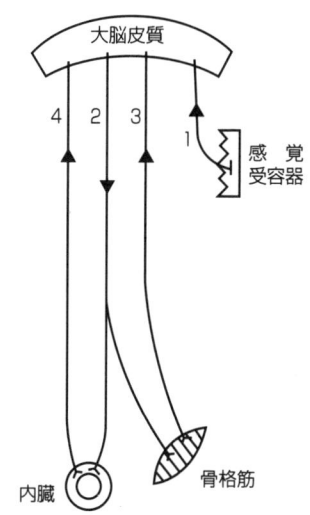

図 9-8 ジェームズ・ランゲ説による神経結合の図式
（Cannon, W.B., 1927）

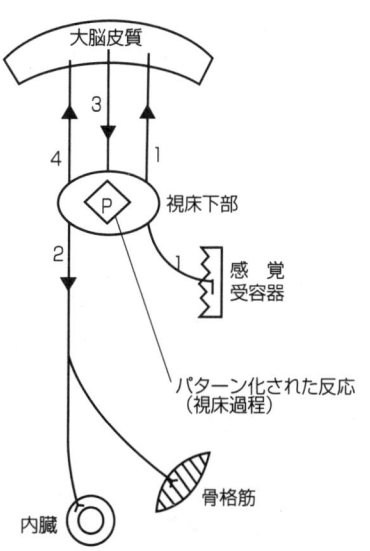

図 9-9 キャノン・バード説による神経結合の図式
（Cannon, W.B., 1927）

の批判はすべて内臓にかかわることであり，ジェームズ・ランゲ説を完全に否定できるものではなかった。しかし当時は，この批判の影響でジェームズ・ランゲ説は信憑性を疑われることになった。

(3) シャクターの帰属理論

シャクター（Schachter, S.）は，情動が2つの要因から成り立っていると考えた。1つは，身体から発せられた自律神経系のフィードバックである生理的覚醒であり，もう1つは，状況から判断される情動喚起についての原因の認知である。そして，ある情動状態は，生理的覚醒の状態とその覚醒状態に適合した認知との相互関係によって生じるとしている（Schachter, S. & Singer, J.E.,1962：図9-10）。すなわち，人は生理的覚醒状態にあったとしても，その理由を思考や状況によって適切に説明できない場合には，自分の覚醒に適合した説明をその時の状況を手がかりとして探し，何か見つかればその覚醒の理由づけとしてある特定の情動（たとえば，喜び，怒りなど）もしくは身体状態（たとえば，寝不足，空腹など）として解釈し，経験されるとしている。

シャクターとシンガー（Schachter, S. & Singer, J.E., 1962）は，上記の説を検証するため，次のような実験を行なった。実験参加者は，視力におけるビタミン補給の効果に関する実験という名目で集められ，実際には交感神経の覚醒を起こすエピネフリン（アドレナリン）を注射された。そして，①「ビタミン（実際にはエピネフリン）」の副作用（心臓の動悸，赤面，手の震えなどの作用）について正確な説明を与えられる群，②無害で何の副作用もないと告げられる群，③副作用について誤った情報（身体中がかゆくなり，頭痛がする可能性があるという情報）を聞かされる群，の3群に分けられた。その後，実験参加者は別室へ案内され，そこで別の実験参加者を装った研究協力者（サクラ）といっしょに待つように指示された。サクラは半数の実験参加者に対しては愉快なようにふるまい，残りの半数に対しては怒っているようにふるまうよう依頼されていた。そして，その状況で被験者がどのようにふるまうかがワンウエイ・ミラーから観察された（図9-11）。

その結果，正確な情報を告げられた群では，サクラの行動に影響を受けて，同様の情動的行動をとることはなかったが，他の2つの群ではサクラの行動と同様の情動的行動が増加する傾向が示された。これらの2群は身体的変化の理由がわからなかったことから同じ立場に置かれているサクラの行動を認知することによってその情動（愉快さ／怒り）に帰属し，サクラと同様の情動的行動を行なったと考えられる。この実験結果から，シャクターらは，情動には生理的覚醒だけでなく，そのことに対する原因の認知も必要であると主張した。

シャクターの主張は，ある意味でジェームズ・ランゲ説に認知的要因を加えたものであるといえる。この説は，情動が社会的文脈の認知に依存していることを示していたことから，その後の社会心理学の発展に貢献した。

(4) 顔面フィードバック仮説

トムキンス（Tomkins, S.S., 1962, 1963）は，ジェームズ・ランゲ説とその後の批判を踏まえながら，顔面の表情の働きを重要視した情動理論を提起した。彼は，顔が身体のなかでも非常に高密度に感覚受容器と表情の表出に関連する効果器があること，また，内臓変化と異なり，その表情筋の反応が速いことに着目した。そして，情動は顔面部にある筋肉や腺の反応パターンの感覚がフィードバックされた結果として生じるという顔面フィードバック（facial feedback）仮説を主張した（図9-12）。この仮説に従えば，私たちの表情を操作することによって，自由に情動をコントロールすることができることになる。

4. 情動の理論

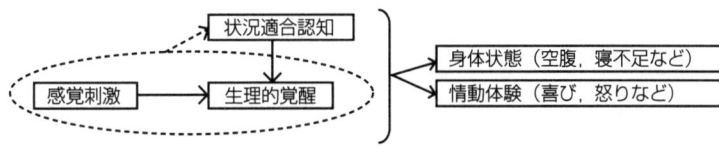

図9-10 シャクターの原因帰属理論の模式図
(Schachter, S. & Singer, J.E., 1962)

```
Ⅰ. ビタミン剤としてエピネフリンを注射
        ↓
Ⅱ. ①薬の作用について正確な情報を与えられた群
    ②何の副作用もないという情報を与えられた群
    ③薬の作用について誤った情報を与えられた群
        ↓
Ⅲ. 別の実験参加者（サクラ）とともに別室で待機
    ↙         ↘
うかれだすサクラ   怒りだすサクラ
```

②，③の被験者は，自分の生理的変化の理由がわからないため，サクラの演技に生理的変化を原因帰属するため，それぞれの情動を体験する。
①の実験参加者は，生理的変化の原因を把握しているため，サクラの影響を受けない。

図9-11 シャクターとシンガーの実験の流れ
(Schachter, S. & Singer, J.E., 1962)

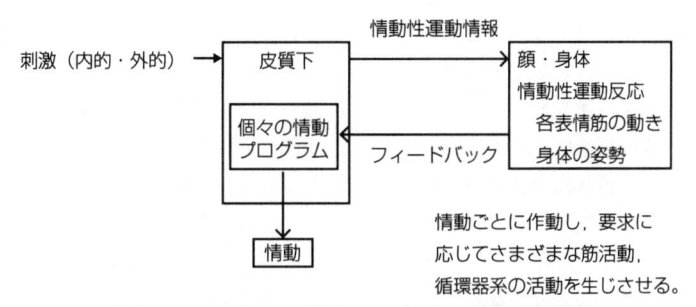

情動ごとに作動し，要求に応じてさまざまな筋活動，循環器系の活動を生じさせる。

図9-12 トムキンスの顔面フィードバック理論の模式図
(Tomkins, S.S., 1962, 1963)

5．情動の中枢と自己刺激行動

ギリシャ時代の哲学者プラトン（Platon, 472-347 B.C.）は，知の源は脳に，情動の源は心臓にあると考えていた。緊張したり興奮したりすると，心臓がドキドキすることから，情動の源と考えたのだろう。今でも，感情的な意味を含んで「心」を表わすときには，胸（心臓）を手で押さえる表現をとることが多い。しかし実際には，動物を用いた多くの生理学研究から，情動の中枢は脳にあることが明らかにされている。現在では，脳のどの部位で，どのような経路を経て情動が処理されているかの検討が進められている。

（1）パペツの情動回路

キャノン・バード説が提唱されて以降，情動喚起における視床や大脳辺縁系の働きが注目されるようになった。パペツ（Papez, J.W., 1937）は，環境刺激からの感覚入力信号が視床に入ってから「思考の流れ」「運動の流れ」「情動の流れ」の3つに分けられるとし，そのなかの「情動の流れ」は視床下部を経て，視床前核，帯状回，連合野，海馬を通り再び視床下部にもどる，という線維連絡のあることを見いだした。この一連のつながりをパペツの情動回路とよぶ（図9-13）。

この発見は，外界からの刺激情報を分析する過程において，情動的意味が加えられる回路が存在することを意味している。帯状回とは，皮質下領域からの情動情報をはじめに受け取る皮質領域であり，情動のラベルづけをする働きを担う部位である。この回路では，大脳皮質領域に属する連合野に蓄えられた意味や記憶が帯状回で情動的意味づけがなされ，海馬を通じた視床下部との連結により，自律神経系とも接続していることから，情動表出と関連していることも想定できる。

このことから，末梢からの感覚刺激と大脳皮質での高次認知活動とが，ともに情動喚起に影響を及ぼしている可能性があること，およびこの近辺の部位が情動の中枢であることを示していると考えられる。

（2）怒り・恐れの中枢

ほぼ同じ時期に，クリューバーとビューシー（Klüver, H. & Bucy, P.C., 1937）はアカゲザルの扁桃体を含んだ両側の側頭葉を切除すると怒りや恐れという情動行動が消失することを見いだした。このような特異な症状をクリューバー・ビューシー症候群とよぶ。彼らの研究は，扁桃体や海馬およびその周辺領域である大脳辺縁系が，怒りや恐れといった情動と関連していることを明らかにしたものである。

その後，ヘス（Hess, W.R., 1954）はネコの攻撃中枢が視床下部（視床下部腹内側核の近辺）にあることを見いだし，ここを電気的に刺激することによって，対象不在の状況で攻撃行動（偽の怒り）を実験的に起こせることを示した。さらに，視床下部の少し異なる部位（視床下部背内側核の近辺）を同様に刺激すると，恐れの情動と関連のある逃走行動を示すことがわかった。

以上のような研究の蓄積により，怒りや恐れの中枢は，視床下部のいくつかの部位と扁桃体が関連していると考えられるようになった。

（3）喜び・快感の中枢

オールズとミルナー（Olds, J., & Milner, P., 1954）は，ラットの脳に電極を埋め込み，レバーを押すと電気が流れるようにして実験を行なっていた。他のラットは，電気が流れるとレバーから離れていったが，1匹だけレバーに近づき，電流が流れるのを欲しているような行動をとることに気づいた。彼らが，そのラットの電極が埋め込まれた場所を確認したところ，当初想定していた場所とズレていることが判明した。そこで彼らは，別のラットの同じ部位に電極を埋め込み，自らレバーを押すと電流が流れるようにして同様の実験を行なった。すると，ラットは餌を食べることも忘れて，最高で6時間に4,000回もの頻度でレバ

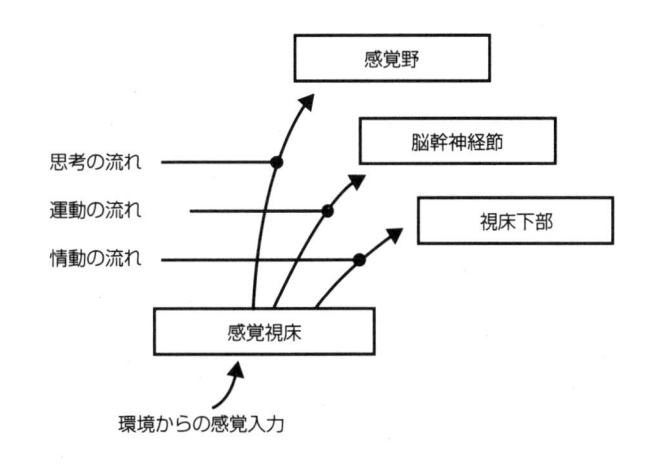

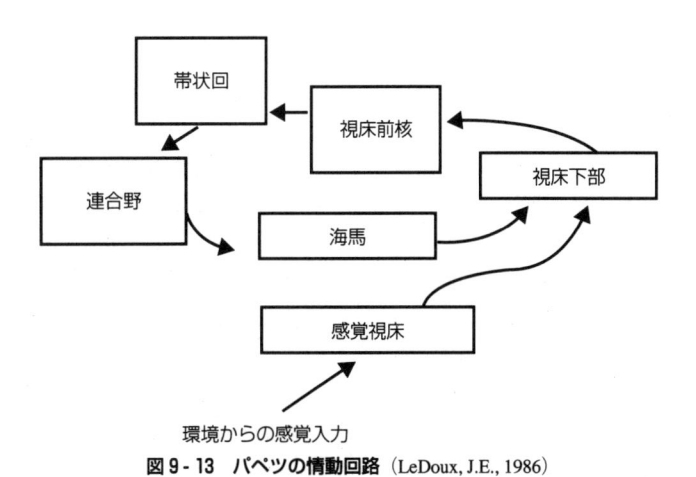

5. 情動の中枢と自己刺激行動

思考の流れ ──────●→ 感覚野
運動の流れ ──────●→ 脳幹神経節
情動の流れ ──────●→ 視床下部
                    感覚視床
                      ↑
                環境からの感覚入力

帯状回 ← 視床前核 ←
  ↓   ↑
連合野 → 海馬 → 視床下部
              感覚視床
                ↑
          環境からの感覚入力

図 9 - 13　パペツの情動回路（LeDoux, J.E., 1986）

ーを押し続けた。ラットは脳内電気刺激を報酬として感じていたと考えられ，その脳の部位（中隔野の内側前脳束という部位）は報酬系または快楽中枢とよばれた。また，このように，レバー押し行動を学習し，疲れ果てるまでレバーを押し続けるような学習行動を自己刺激行動とよぶ（図9-14）。

その後，金魚，ハト，ネコ，サルなどでも同様の自己刺激行動が確認されており，人間においても，てんかんやパーキンソン病の手術の際に行なわれた電気刺激によって，快感，幸せな気分，恍惚感などが自覚されるということが報告されている（Heath, R.G., 1963）。

さらに，その後の研究では，報酬系から少し離れた部位（室周系とよばれる部位）において，逆の働きである罰系の中枢が存在していることが見いだされている。

ところで，電気刺激による知見から，報酬系は食行動や飲水行動，性行動などの本能行動が発現する部位とほぼ重複していることが示されている。また，餌を十分に食べたラットでは，自己刺激行動の頻度が少なくなることがわかっている。しかし，自己刺激行動は，それらの欲求に優先する強さをもっている。通常の欲求は，それが満たされると満足し，それ以上は望まない。したがって，自己刺激行動とは，生物としての恒常性維持とは無関係な快楽を作り出しているようである。

そこで，自己刺激行動に関する生化学的研究が行なわれていった。その結果，現在では，自己刺激行動には，脳内伝達物質であるノルアドレナリンやドーパミンといったカテコールアミンの働きよりも，アンフェタミンやコカインといったような依存物質（脳内麻薬物質）との関連が指摘されている。

（4）ルドゥの二経路説

ルドゥ（LeDoux, J.E., 1987）は，視床からの感覚神経が2か所で収斂していること，すなわち，1つは高次認知機能をつかさどっている大脳皮質を経由して扁桃体に伝わる経路であり，もう1つは皮質からの入力がなくとも情動反応が喚起されうる扁桃体と海馬を中心とした大脳辺縁系へ直接伝わる経路であることを見いだした。これは，情動の処理経路が2つあることを示唆する知見である。この説を二経路説（dual pathway theory）という。

具体的には，情動に関連した感覚情報は，刺激の詳細な認知処理が行なわれる前に，扁桃体や海馬において大雑把ではあるがすばやい処理が行なわれる経路と，大脳皮質において複雑な処理や評価といった高次認知処理を経てから扁桃体へ伝わる経路とに分けることができるのである（図9-15，図9-16）。

扁桃体と海馬は，内臓器官や自律神経系からのフィードバックと感覚情報とを統合して情動を表出するという出力の段階をコントロールしている部位でもある。したがって，通常レベルの情動喚起刺激の場合には，刺激は大脳皮質において高次認知処理を経た後に，調整された上で情動表出がなされると考えられるが，個体にとって危険であるような強烈な情動喚起刺激の場合は，大脳皮質を経由した高次認知処理を経ずに，ただちに扁桃体を経由して迅速な反応が行なわれることになる。不適切な情動表出がなされる場合もまた，高次認知処理を経なかったため，直接的に扁桃体を経由して突発的に行なわれたと考えることができる。

このように，ルドゥの二経路説は，情動喚起と情動表出および行動に関する適切な説明を提供するものである。この説は，これまでの情動理論の矛盾を解消し，うまく説明することのできる理論であるとして，現在，注目されている。

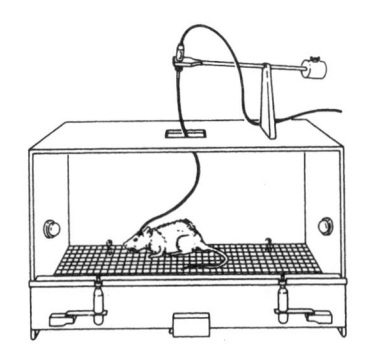

図9-14 オールズが用いた自己刺激の装置
(Olds, J. & Milner, P., 1954)

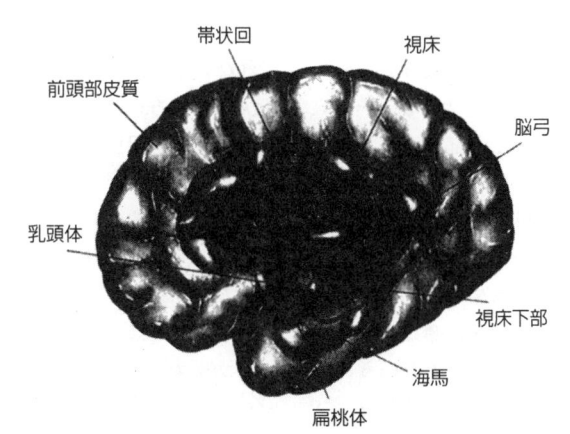

図9-15 大脳辺縁系を中心とした脳の内部

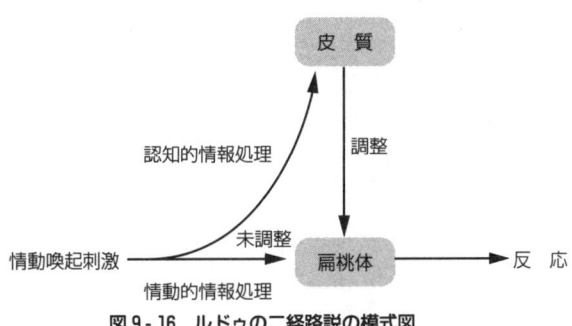

図9-16 ルドゥの二経路説の模式図
(LeDoux, J.E., 1987)

6．フラストレーション

(1) コンフリクト

私たちがもつさまざまな欲求は，それが満たされることもあれば，十分満足のいくようには満たされない場合がある。欲求が何らかの形で満たされないと欲求不満（frustration）状態に陥る。欲求不満状態の代表的場面がコンフリクト（葛藤）である。

コンフリクトとは，2つあるいは，それ以上の欲求が同時に生起し，それが互いに拮抗している状況のことである（図9-17）。

①接近－接近のコンフリクト（プラス－プラスのコンフリクト）：自分の野球の能力が認められて，A大学の野球部に誘われている。大学に入っても好きな野球がやれるのはかなり魅力的である。一方，学校の成績もよく，B大学の工学部へ進学して，将来エンジニアになることも悪くないと思っている。自分にとって双方とも魅力的な目標の間で迷っている状態のことである。

②接近－回避のコンフリクト（プラス－マイナスのコンフリクト）：「フグは食いたし，命はおしし」という言葉にみられるように，フグという魚は美味である。しかし，その一方で，調理の仕方を誤ると，毒にあたって死ぬ可能性もある。1つの目標が，プラスとマイナスの両面をもっていて，その目標を選択しようか否かを迷っている状態のことである。

③回避－回避のコンフリクト（マイナス－マイナスのコンフリクト）：一週間後に，卒業試験を控えており，その試験に合格しなければ卒業できないことはわかっていても，試験勉強をしようという意欲がまったくわいてこないといったように，2つの目標が，双方とも自分にとっては望ましくない，回避したい状態のコンフリクトをさす。

④二重接近－回避のコンフリクト（ダブルプラス－マイナスのコンフリクト）：A大学はあまり勉強しなくても楽に入学できるが，卒業後の就職状況は，あまりかんばしくない。一方，B大学に入学するには，かなり勉強しなくてはならないが，卒業後の就職はかなり恵まれている。2つの目標のそれぞれに，自分にとって魅力的な部分と回避したい部分の両方が含まれていて，その目標のいずれか1つを選択しなければならないコンフリクトのことをさしている。

(2) フラストレーション行動

フラストレーション状況に陥っても，その不満を上手に処理することができれば，何も問題はない。しかし，解決できずに情緒的な緊張などが続くと以下のような行動で不満を解決しようとする。

①フラストレーション－攻撃行動：欲求が満たされないときに，他者への攻撃行動をとることで解決をはかろうとする。一般的には攻撃行動は，欲求の充足を阻止した対象へ向けられるが，その対象に対して直接向けることができないときには，間接的に，他の弱い対象に向けられることもある。自殺は，自分自身に向けられた攻撃行動といえるだろう。また，攻撃行動の度合いは，阻止された欲求が強いほど強くなると考えられる。

②フラストレーション－固執行動：フラストレーション状態に陥ったときに，決まりきったパターンの行動をとることである。マイヤー（Maier,1949）は，ネズミの弁別学習で，弁別不可能事態をつくると，ネズミは決まりきった行動をとることを示している。これをマイヤーは異常固着とよんでいる（図9-18）。

③フラストレーション－退行行動：「幼児がえり」といわれるのが退行行動の代表例である。幼児が，弟や妹が生まれると，おねしょが始まったり，甘えるようになるのが，その例である。実際の自分の年齢よりも，より未分化な下の年齢相当の行動をとるようになることである（図9-19）。

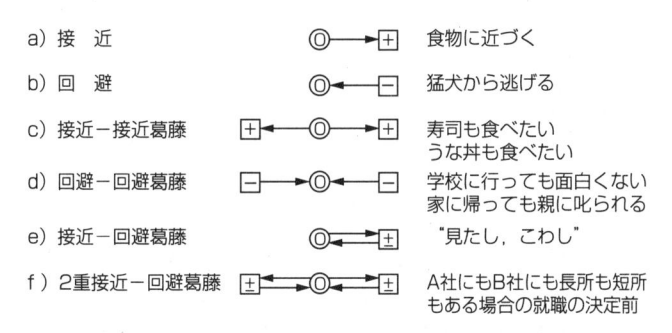

6. フラストレーション

a) 接 近　　　　　　　◎→＋　　食物に近づく
b) 回 避　　　　　　　◎←－　　猛犬から逃げる
c) 接近－接近葛藤　　　＋←◎→＋　寿司も食べたい
　　　　　　　　　　　　　　　うな丼も食べたい
d) 回避－回避葛藤　　　－→◎←－　学校に行っても面白くない
　　　　　　　　　　　　　　　家に帰っても親に叱られる
e) 接近－回避葛藤　　　◎⇄＋　　"見たし，こわし"
f) 2重接近－回避葛藤　 ＋⇄◎⇄＋　A社にもB社にも長所も短所
　　　　　　　　　　　　　　　もある場合の就職の決定前

図9-17　接近行動・回避行動と4種の葛藤の模式図（今田ら，1986）

注）○は生活体，□は目標，＋，－は目標の誘意性，矢印は動機づけられた方向

図9-18　ネズミの固着行動（三谷・菅，1979）

ひとたび，一方の刺激に反応してしまうと，状況が変化しても
その刺激に固執する反応が生じる。

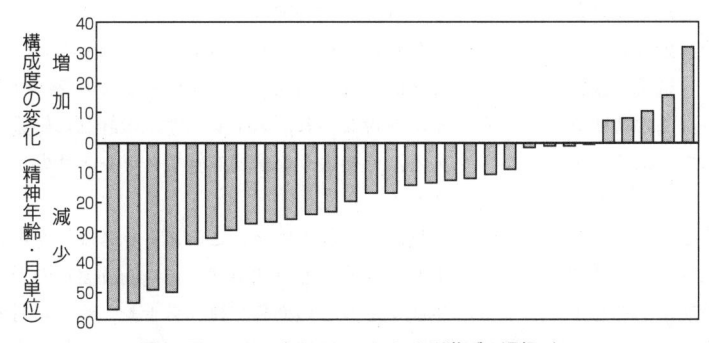

図9-19　フラストレーションによる遊びの退行（Barker, R.G. et al., 1941；村田，1987）

各棒グラフは1人ひとりの子ども
がフラストレーションの結果と
して示した退行の程度を，構成度の
変動の幅で表現したものである。
全部で30名のうち25名に退行が
認められ，退行の平均値は17.3
か月に達している。

7. ストレス

ストレスという言葉は，もともと物理学や工学の分野で使われる言葉で，外圧によって生じる歪みを意味している。セリエ（Selye, H., 1956）は，環境からのさまざまな刺激すなわちストレッサーによって生じる非特異的な身体反応をストレスと定義している。ストレッサーと生体，ストレス反応の関係を模式的に表わしたのが，図9-20である。ストレッサーが認知され，脅威的であると評価されるとそれに対応するために対処行動がとられる。ストレス反応はその結果であり，対処が成功すれば，ストレス反応は低く抑えられることになる。

(1) ストレスのメカニズム：汎適応症候群

セリエ（1956）は，ストレッサーの種類にかかわらず，ストレッサーにさらされたときに生じる生理的反応は同じであるという観点から，ストレスについての汎適応症候群（general adaptation syndorome）というストレス理論を提唱している。ストレス刺激にさらされると，その刺激に対抗しようとしてホルモン系や自律神経系の活動が活発になり，ストレッサーに対応できる態勢がつくられる。この過程を3つの段階に分けてセリエは説明している（図9-21）。

第1段階は警告反応期である。ストレッサーに対する抵抗力を増している段階であって，ストレスの原因となっているストレッサーだけでなく，他のストレッサーに対しても十分な抵抗力をもっている。第2段階は抵抗期である。抵抗力は維持され，一見安定した時期を迎える。この時期では，原因となったストレッサーに対しては抵抗力を持続しているが，それ以外のストレッサーに対する通常の抵抗力は弱くなっているので，ダメージを受けやすい。第3期は疲弊期である。この時期では，抵抗力が尽き，自然治癒力も崩壊してしまう。ストレッサーに対する生体内部の均衡が壊れ汎適応症候群にいたる。このことは生体の防衛反応が限界を超えて死を迎えることを意味している。過労死などは，その代表例といえるだろう。

(2) ストレスの認知論

表9-4に示すように，ストレッサーにはさまざまなものがあるが，同じようなストレッサーにさらされても人によってストレスの程度は異なっている。これは，ストレッサーに対する受けとめ方が人によって異なっているからである。ストレッサーをどのように意味づけし，解釈するかを認知的評価（cognitive appraisal）とよんでいる。

ラザラス（Lazarus, R.S., 1969）は，認知的評価に基づくストレス理論を提唱している。図9-22に示すように，ストレッサーやストレス状態に対する認知のプロセスを経て，個人の感じるストレスの程度が決定されると考えている。ストレッサーにさらされると一次的な脅威評価（primary appraisal）が行なわれる。この過程では，ストレス刺激が，個人にとって無関係な刺激であるのか，それとも脅威的な刺激であるのかといった評価が行なわれる。ここで脅威的であると評価された刺激は二次的な脅威評価過程に送られる。

二次的脅威評価（secondary appraisal）は，刺激に対する対処手段の有無についての評価である。どのような対処手段があるのか，その対処手段が効果的であるのかといった評価が行なわれる。一次的評価において，脅威的と判断された刺激であっても，二次的評価の過程で，対処が可能と判断されれば，その刺激は脅威的とはならない。また二次的評価の結果は，一次的評価にもフィードバックが行なわれ，ストレッサーの評価に影響を与える。そのような過程を経てストレス状態が決定される。

反応が生起すると，このストレス反応が再びストレッサーとなり再評価（re-appraisal）の過程が生起する。この過程では，ストレッサーに対する対処行動が適切であったかどうかの評価がなされ

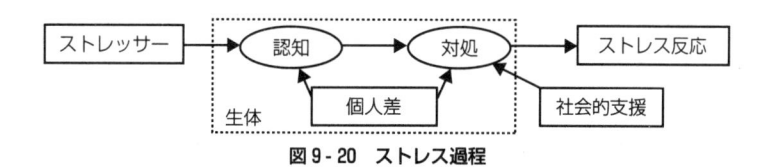

7. ストレス

図 9-20 ストレス過程

ストレッサー → [生体：認知 ⇄ 対処（個人差／社会的支援）] → ストレス反応

第1期　警告反応期（alarm reaction）

　ストレッサーによる刺激

　ショック相（phase of shock）
　　体温降下，低血圧，低血糖，神経系の活動抑制，筋緊張の減退，血液の濃縮，毛細血管の透過性の減退，アシドーシス，白血球の減少ついで増加，エオリン好性白血球減少，リンパ球減少，急性胃腸びらんの発生

　反ショック相（phase of antishock）
　　基本的には，ショック相の症状の逆の状態になる。ただし，白血球増加，エオリン好性白血球の減少，リンパ球の減少などは継続する。抵抗準備状態。

ストレッサーが繰り返される，あるいは，持続すると
↓

第2期　抵抗期（stage of resistance）

　反ショック相の生理的状態とほぼ同じ状態の維持
　　特に，全血中コレステロールおよび脂質，血中予備アルカリ血中ナトリウム，尿中ナトリウム，血糖，基礎代謝量などが増加する。

　　抵抗しているストレッサーに対しては抵抗力が強いが，他のストレッサーに対しては，通常よりも抵抗力が低下する。

ストレッサーの解消ができず，ストレス状態が持続，あるいは繰り返され，生体がこれ以上の適応状態を維持できず耐え切れなくなると
↓

第3期　疲弊期（stage of exhaustion）

　→ 抵抗力の減退：ショック相の生理的変化とよく似ている。
　→ 局所的適応症候群（local adaptation syndrome）
　→ 汎（全身）適応症候群（general adaptation syndrome）

図 9-21 ストレス・メカニズムの経過（杉本, 1991）

表 9-4 ストレッサーの例

〈外的ストレッサー〉	
物理的・化学的・生物的ストレッサー	天候，寒暖の変化，時差，高度，振動，放射線，外傷，拘束，騒音，アルコール，薬物，酸素欠乏，細菌
社会的ストレッサー	他者からの期待や要求，人間関係のトラブル，社会規範や慣習，道徳，文化
〈内的ストレッサー〉	
精神的ストレッサー	不安，緊張，怒り，焦り，取り越し苦労，自尊心，好奇心，探求心，危険，試合，試験，手術
身体的ストレッサー	空腹，渇き，疲労，発熱，疼痛

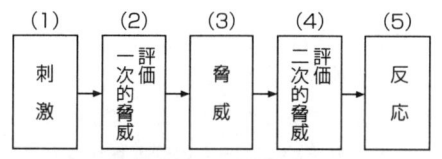

(1) 刺激 → (2) 一次的評価 脅威 → (3) 脅威 → (4) 二次的評価 脅威 → (5) 反応

図 9-22 ラザラスの心理的ストレスのプロセスの図式（一谷, 1974）

る。このような過程を経て最終的なストレス状態が決定されるとラザラスは考えている。

ラザラスとコーエン（Lazarus, R.S. & Cohen, J.B., 1977）はストレス状態の生起には，持続的で慢性的なストレッサー，すなわち，日常的ないらだち事（daily hassles）である騒音，仕事量，不規則な生活，近隣との不和なども重要なストレッサーであると述べている。ピアノ騒音などによる近所とのトラブルが殺人事件等までに発展する例が，時おり新聞等で報じられるが，騒音の発生源側と騒音を与えられる側での，音に対する認知的評価の違いが，そのトラブルの原因となっていることが多々みられる。

一方，ホームズとレイ（Holmes, T.H..& Rahe, R.H., 1967）は，生活出来事（life event）の急激な変化が心理的社会的ストレッサーであることを見いだしている。生活出来事の変化によってもたらされたショックに加え，新しい生活に再適応するための努力がストレッサーとなるのである。表9-5に示す43の場面を過去1年間に体験したかをチェックし，各項目のストレス値の合計が300点を超えた場合には，約80％の人が次の年に重大な健康上のトラブルを経験していることを示唆している。

表9-6は宗像ら（1986）が日本人向けに作成したストレス状態を測定する尺度である。日常的ないらだちに対する認知的評価の違い，すなわち日常的にストレスをどの程度感じているかを測定している。

(3) ストレスの対処行動

ストレスに対する対処行動は，具体的対処行動と認知的対処行動に分けて考えることができる。

ブラディ（Brady, J.V., 1958）は，図9-23に示すように2頭のサルを椅子に固定し，対処行動の実験を行なった。2頭のサルは，電極によって直列につながれている。一方の管理職ザルとよばれるサルは，電撃回避用のレバーを押すことができ

る。もう片方の平ザルとよばれるサルは，電撃を回避する手段はもっておらず，管理職ザルが対処行動に成功するか否かによって，電撃を回避できるという立場に置かれている。管理職ザルがレバーを押すことによって，電撃の到来が20秒遅れるようになっており，管理職ザルが頻繁にレバーを押しつづけていれば，双方のサルは，ともに電撃を回避できることになる。ブラディは，電撃に対する対処手段をもっていない平ザルの方がストレスを強く感じるだろうと予測したが，予想に反して，管理職ザルの方に胃潰瘍が多く見られ，結果的には，先に死んでしまった。

それに対して，ワイス（Weiss, J.M., 1971）は，ラットを用いて，ラットが対処行動として，輪回しをすれば電撃を回避できるという類似の実験を行なった。2匹のラットは，ブラディの実験と同様，直列につながれており，対処行動としての輪回しを行なう管理職ラットと対処手段をもたない平ラットにわかれていた。ただし，この実験はブラディの実験と比べて，電撃の到来前に合図があり，10秒以内に輪回しをすれば電撃は止まり，それに加えて次の合図までは電撃は到来しないという点で異なっていた。その結果，ブラディの実験とは逆に平ラットの方に潰瘍が発生した。

この2つの実験の結果は，何を意味しているのであろうか。第1にストレスを低減させるためには，単に対処行動が存在していればよいわけではないことを示唆している。ブラディの実験では，管理職ザルは，自分の対処行動の有効性を確認することはできない。そのためつねに対処行動としてのバー押しを続けなければならない。一方，ワイスの管理職ラットは，電撃到来のブザーの合図があって対処行動としての輪回しをすればよい。しかもその対処行動を行なえば電撃はこないのであるから，自分の行なっている対処行動の有効性を確認することができる。それに対して，平ラットの方は，ブザーがなるということで，電撃の到

表9-5 社会的再適応評定尺度：生活出来事質問表 (Holmes, T.H. & Rahe, R.H., 1967)

生活出来事	マグニチュード	生活出来事	マグニチュード
1）配偶者の死亡	100	23）子女の離家（たとえば，結婚や進学のため）	29
2）離婚	73	24）義理の親族とのトラブル	29
3）夫婦別居	65	25）顕著な個人的成功	28
4）刑務所などへの収容	63	26）妻の就職や退職	26
5）近親者の死亡	63	27）本人の入学や卒業	26
6）本人の大きなけがや病気	53	28）生活条件の大きな変化（たとえば，家の改築，住宅環境の変化）	25
7）結婚	50	29）個人的習慣の修正（たとえば服装，マナー，交際関係など）	24
8）解雇（による失業）	47	30）上司とのトラブル	23
9）夫婦和解	45	31）勤務時間や労働条件の大きな変化	20
10）引退・退職	45	32）転居	20
11）家族員の健康面や行動面での大きな変化	44	33）転校	20
12）妊娠	40	34）レクリエーションの形や量の大きな変化	19
13）性生活での困難	39	35）教会（宗教）活動上の大きな変化	19
14）新しい家族員の加入（たとえば誕生，養子，老人の同居）	39	36）社交的活動の大きな変化（たとえば，クラブ，ダンス，映画や訪問など）	18
15）再適応を要する仕事上の大きな変化（たとえば，合併，倒産，再編成など）	39	37）1万ドル以下の借金やローン（たとえば自動車購入，テレビ，冷蔵庫などの購入）	17
16）経済状態の大きな変化（たとえば，通常よりかなり良い，あるいは悪い）	38	38）睡眠習慣の大きな変化（少なくなった，多くなった，あるいは睡眠時の変化）	16
17）親しい友人の死亡	37	39）団らんで集う家族員の数の大きな変化（いつもより多い少ない）	15
18）業務・配置転換	36	40）食習慣の大きな変化	15
19）夫婦の口論回数の大きな変化（たとえば，子どものしつけや習慣などに関して，多くなった，あるいは少なくなった）	35	41）長期休暇	13
20）1万ドル以上の借金やローン（家を購入，仕事上の借入金）	31	42）クリスマス	12
21）借金やローンの抵当流れ	30	43）小さな法律違反（たとえば，スピード違反，信号無視，治安妨害など）	11
22）仕事上の責任の大きな変化（たとえば，昇進，降格，転属）	29		

注）マグニチュード：環境の変化が心身に与える衝撃の強さ，ストレス値

表9-6 日常いらだち尺度 (宗像ら，1986)

1）自分の将来のことについて	16）転職後の生活について
2）家族の将来のことについて	17）今の仕事（家事，勉強を含む）が好きでないことについて
3）自分の健康（体力の衰えや目や耳の衰えを含む）について	18）他人に妨害されたり，足を引っぱられることについて
4）家族の健康について	19）義理のつき合いが負担であることについて
5）出費がかさんで負担でいることについて	20）暇をもてあましがちであることについて
6）借金やローンをかかえて苦しいことについて	21）どうしてもやり遂げなければならないことが控えていることについて
7）家族に対する責任が重すぎることについて	22）自分の外見や容姿に自信がもてないことについて
8）仕事（家事，勉強を含む）の量が多すぎて負担であることについて	23）生活していく上で性差別（男性の場合も含む）を感じることについて
9）異性関係について	24）不規則な生活がつづいていることについて
10）職場（学生の場合は学校）や取引先の人とうまくやっていけないことについて	25）まわりからの期待が高すぎて負担を感じることについて
11）家族とうまくやっていけないことについて	26）陰口をたたかれたり，うわさ話をされるのが辛いことについて
12）親族や友人とうまくやっていけないことについて	27）過去の出来事で深く後悔しつづけていることについて
13）近所とうまくやっていけないことについて	28）公害（大気汚染や近隣騒音など）があることについて
14）家事や育児が大変であることについて	29）コンピュータなどの新しい機械についていけないことについて
15）いつ解雇（学生の場合には退学）させられるかということについて	30）朝夕のラッシュや遠距離通勤（通学も含む）に負担を感じることについて

注）各項目について，それぞれ（1）大いにそうである，（2）まあまあそうである，（3）そうではない，の形に評価する。自己評価で（1）を選んだものを1点として合計し，3点以上の場合には日常いらだち事が多いと判定。

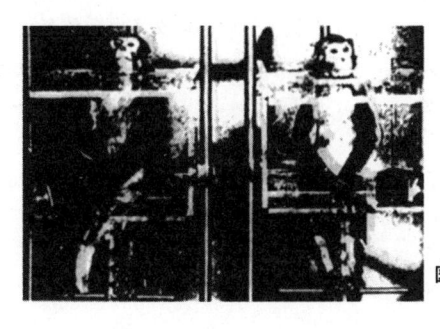

図9-23 管理職ザルと平ザル
(Brady, J.V., 1958；三谷・菅, 1979)

来を予想することになる。しかも自分はそれを防ぐための対処手段はなく，管理職ラットまかせであり，管理職ラットが対処に失敗すれば，おのずと電撃を受けることになるので，ストレスは強くなる。さらに，ブラディの実験の平ザルのストレスが低かったことなどから考えると，2つの実験から以下のように考えることができる。具体的対処行動が有効に機能するためには，何らかの対処手段が単に存在しているというだけでは，ストレスの低減にとって十分ではなく，刺激の到来が予測できること，そして自分のもっている対処手段が有効に機能することの確信をもつことが必要であるといえる。

ところで，具体的対処行動がとれなかったり，困難である場合，人はストレスにさらされたままなのであろうか。このような場合であっても，どうにかしてストレスを低減させようと努力する。たとえば，大型で強い台風の接近が予想される場合，当然のごとく，台風の進路を変えることは不可能である。さらに具体的にとれる対処行動も限られている。しかしそのような場合でも，私たちは，台風の到来を刻々と告げる天気予報に，つねに耳を傾けている。一方，毎日くり返される交通事故のニュースに注意は向けるかもしれないが，自分が事故にあうとは誰も深刻には考えていないだろう。このように，ストレス刺激に対して，脅威そのものを無視したり，逆に注意を集中し身構えることによって，ストレスを低減させようとする対処行動を認知的対処（cognitive coping）とよんでいる。

認知的対処には，到来の予測されるストレッサーに対して，それほど脅威的ではないと評価を変えたり，あえて無視したり気にしないようにする対処行動と，最悪の事態をあらかじめ覚悟して，脅威の到来時のショックを和らげる対処行動に分けることができる。子どもが注射をされるときに，顔をそむけたり目をつぶることで注射のことを無視しようとしたり，注射器をにらみつけて，痛くないと自分に言い聞かせながら注射を受けるような場合が，それぞれの対処行動にあてはまるといえる。

（4）心身症

心身症とは，身体症状を主訴とするが，その病気の発病の原因に心理的な因子が中心となっている疾病である。心身症は特定の病名をさしているのではなく病態を表わしている。たとえば，高血圧の治療のため血圧を下げるための薬を飲んでいるがなかなか血圧が下がらない。器質的要因が原因ではなく，心理的ストレスが原因となっている場合に心身症としての高血圧（本態性高血圧）の可能性が疑われる。

心身症の現われ方は，不安やストレスなどに由来する身体反応，欲求不満からくる身体反応，暗示による身体反応，心身交互作用，条件づけられた身体反応，身体の病気の神経症化，行動習慣の異常による身体反応の7タイプがあると考えられている（表9-7，表9-8）。

代表的な心身症としては，循環器系では本態性高血圧症，狭心症，心臓神経症，消化器系では消化性潰瘍や過敏性腸症候群，呼吸器系では気管支喘息，内分泌・代謝系では神経性食欲不振症などがあげられる（表9-9）。

心身症に陥りやすい性格特性には，2タイプあると考えられる。1つは，野心的，せっかち，早口・多弁といった猛烈サラリーマンタイプであり，片方は，愛情関係の破綻や依存欲求の挫折といった気苦労の多いタイプや依存欲求を満足させてくれない人への恨みを抱きやすいといった受動的消極的な人に多い。いずれの性格特徴にしても，ストレスに対する有効な対処行動がとれずに，それが身体反応として現われるのである。心身症を治療するためには，心療内科や心理療法的なかかわり方が必要とされる。

表9-7　一般の喘息と心身症としての喘息の違い（江花，2002）

	気管支喘息	心身相関
一般の喘息	あり	ないか少ない
心身症としての喘息	あり	強く認められる

表9-8　心身症の診断手順（江花，2002）

1．ある特定の臓器に身体の病気があることを確認する
2．その発病や経過に心理的ストレスが関係していることを確認する
3．心理的ストレスがなくなると病気や症状がよくなることを確認する

表9-9　心身症がよくみられる疾患（杉本，1991）

内科疾患	循　環　器　系	本態性高血圧症，本態性低血圧症，レイノー病，狭心症，一部の不整脈，期外収縮，心臓神経症など
	呼　吸　器　系	気管支喘息，過呼吸症候群，神経性咳嗽，呼吸困難感，溜息呼吸など
	消　化　器　系	消化性潰瘍，慢性胃炎，胃下垂症，潰瘍性大腸炎，過敏性腸症候群，胆道ジスキネジー，慢性膵炎，噴門痙攣，胃アトニー，神経性嘔吐，腹部緊満症，呑気症など
	内分泌・代謝系	神経性食欲不振症，肥満症，糖尿病，甲状腺機能亢進症，心因性多飲症など
	神　経　系	自律神経失調症，片頭痛，筋緊張性頭痛，めまい，冷え性，脳血管障害とその後遺症，不眠症など
	骨・筋肉系	慢性関節リウマチ，全身性筋痛症，痙性斜頸，書痙，振戦，チックなど
各科の疾患	小　児　科	周期性嘔吐，吃音，乳嫌い，夜尿症，遺糞症，学校不適応症など
	皮　膚　科	慢性じん麻疹，アレルギー性皮膚炎，皮膚瘙痒症，多汗症，円形脱毛症，イボなど
	泌　尿　器　科	神経性頻尿，インポテンス，夜尿症，浮腫，遊走腎など
	産　婦　人　科	更年期障害，月経異常，不妊症など
	耳　鼻　咽　喉　科	メニエール症候群，咽喉頭部異常感症，耳鳴，声がれ，失声，乗り物酔，アレルギー性鼻炎など
	眼　科	原発性緑内障，眼瞼疲労，眼瞼下垂，眼瞼痙攣，心因性盲，心因性視力低下，心因性視野狭窄など
	外　科	頻回手術，腹部手術後愁訴（腸管癒着症，ダイビング症候群）など
	整　形　外　科	腰痛，頸肩腕症候群，いわゆるむち打ち症など
	歯科・口腔外科	歯ぎしり，特発性舌痛症，義歯神経症，咬筋チックなど

【トピックス9】攻撃性

「他者に危害を加えようする意図的行動」を攻撃行動といい（大渕，1993），それを引き起こす内的過程（認知，情動，動機づけ，パーソナリティなど）を攻撃性という。メディアでは連日のように，人間の攻撃性に関係するさまざまな事件が報道されている。ドメスティック・バイオレンスや幼児虐待など家庭内で発生する暴力，校内暴力やいじめ，金銭目当ての殺人，衝動的な傷害，民族間紛争，国家間の戦争など，人間の攻撃性は時に悲惨で理解不能な行為となって現われている。

人間以外の動物種においても，食物やテリトリーなど，生存にかかわる資源を獲得することを意図した攻撃行動が認められる。そのため，進化的な観点からとらえれば，人間の攻撃行動も基本的には生存のための適応的行動の1つであったことが推測できる（加藤，2001）。しかし人間の攻撃行動には，資源の獲得とは無関係にきわめて多様な手段によって他者を傷つけるという他動物種にはみられない特徴がある。また，攻撃によって資源を獲得することは，人間社会においては道義的・法的に許されていない（安藤，2002）。それにもかかわらず，絶えず暴力や戦争などの形で攻撃行動が認められるという事実は，進化論的な意味での適応的な役割を失った人間の攻撃行動が，人間社会独自の積極的役割を担うことで強化・維持されていることを示唆している。

人はなぜ攻撃するのであろうか？　これを説明する理論的立場を，大渕（1993）は「内的衝動説」「情動発散説」「社会的機能説」の3つに分類している。内的衝動説は，攻撃的な衝動が内側から自然に湧いてくるとする考え方である。情動発散説では，不快経験に伴って喚起された怒りや敵意などの不快情動を外部に発散するために攻撃行動が生じると考える。社会的機能説では，攻撃行動が葛藤場面における対処行動として自覚的に選択されることに着目し，攻撃行動の道具的側面に焦点をあてている。

大渕（1993）は，情動発散説と社会的機能説の統合をめざした攻撃反応の2過程モデルを提案している。このモデルには，2つの攻撃反応経路が含まれている。1つは情動発散説で仮定されている経路であり，不快情動が自動的認知処理を経て衝動的な攻撃動機を生む経路である。もう一方は社会的機能説に基づく経路であり，不快情動を伴うことなく反応過程が制御的に営まれ戦略的攻撃動機を生む。両経路の相互作用のなかで攻撃反応が喚起される。また，戦略的攻撃動機による攻撃反応は学習による影響を受けやすく，それを実行し目標を達成することで，再び同じ攻撃反応をとろうとする傾向が強まるとされている。

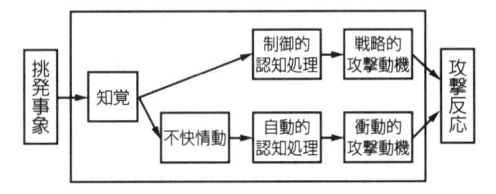

図9-24　攻撃の2過程モデル（大渕，1993）

近年，攻撃性がストレスの増大や生活習慣の悪化をもたらし，ひいては健康問題を引き起こす可能性が指摘されている（島井，2002）。その予防対策として，学校や健康教育の場で，攻撃性の適正化をはかる介入プログラムを実践する動きがあり，怒り，敵意などの不快情動のコントロールに重点を置いた介入が行なわれている。上述の2過程モデルに基づけば，不快情動を伴わない攻撃反応経路も存在し，この経路については，認知処理過程が攻撃動機とは異なる動機へと結びつくようにするための介入が有効だと考えられる。攻撃反応が挑発されやすいような事象に直面しても，それが攻撃動機以外に結びつくのはどのようなときかを検討し，介入方法に応用することが課題といえよう。

第10章 脳と行動

1. 知・情・意の中枢

(1) 脳の構造と機能

　脳は大脳半球，間脳，中脳，橋，延髄，小脳の6つの部分からなっている。間脳は視床と視床下部からなり，視床は感覚と運動の情報中継基地として機能している。視床下部は自律神経系の最高中枢として，生命を維持する機能に関与している。この部位は情動興奮にも強く関与しており，情動行動が激しい自律神経系興奮を伴うのはこのためである。最上端にある大脳半球は表面を覆う大脳新皮質とその下に埋もれた大脳辺縁系と大脳基底核からなっている。大脳辺縁系は情動体験とその評価に関与しており，大脳基底核は情動行動の表出に関与している。大脳新皮質は高等な動物ほどよく発達しており，高次機能に中心的な役割を果たしている。

(2) 知・情・意と前頭連合野

　人間の行動を分類すると，知・情・意が最も根源的と考えられる。知的行動とは思考や推論，計画，問題解決など理知的な行動全般をさしている。
　情動行動は快・不快，喜怒哀楽などの気分感情を反映した行動である。意は意識的行動であり「自我」の働きを反映している。
　これらの行動の最終決定と実行の発令は大脳皮質の前方部にある前頭連合野というところで行なわれている。もちろん，知・情・意のすべての情報処理が前頭連合野だけで行なわれるわけではない。たとえば知的な行動は，知覚や記憶に関するさまざまな脳の領域，頭頂連合野や側頭連合野，さらには海馬など大脳辺縁系からの入力をへて処理が進行する。解答が得られると今度は線条体や運動連合野などの運動出力系に働きかけて，解答を文字で書いたりコンピュータのキーボードを操作して入力する。この間の情報管理や統合は前頭連合野が「脳の最高中枢」として全体をコントロールしている。
　前頭連合野の機能の詳細はまだ解明されていないが，その上側（背外側部）は知的な情報操作や自発的行動のプログラミング，その場の状況モニタ，自己コントロールに関与しており，自我機能では自由意思を司っている。下側（眼窩領域）は性格と感情を統合し，自己と他者の関係，自分自身に関する知識，感情，経験などの自己意識を司っている。
このような前頭連合野の活動には，高度な認知活動を適正に維持管理する「ワーキングメモリ」という基礎過程（第7章3節参照）が必要であり，この文脈で脳と行動に関する理論的，実験的な研究も進められている。

2．脳の機能区分

（1）大脳皮質の機能局在

　脳と脊髄をあわせて中枢神経系とよぶ。脳は，大脳半球，小脳および脳幹（間脳，中脳，橋，延髄：図10-1）に分けられ，それぞれの組織では担う機能が異なる。特に大脳半球の大部分を占める大脳皮質は，人間の心理に深くかかわる神経機能を営んでいる。大脳皮質の表面には多数のひだ（脳溝と脳回）があり，このひだを広げると，その表面積はおよそ新聞1頁分に相当する。大脳半球は脳溝によって前頭葉，側頭葉，頭頂葉，および後頭葉に分けられている（図10-2上）。ブロードマン（Brodmann, K.）は大脳皮質を細胞の大きさや層の構造から52の領野に分け，各領野を番号で表わした。この脳地図は，神経細胞の構造だけでなく，その機能も異なることが後の研究によって明らかにされた。ブロードマンの脳地図にそれぞれの領野の機能を書き込んだものが，脳の機能地図である。

（2）体性感覚と運動の身体地図

　1950年代の終わり，カナダの脳外科医ペンフィールド（Penfield, W.）は脳外科手術を受けている患者の大脳皮質を電気刺激することで各領野の役割を調べた。中心溝の後部を刺激したときは，身体がうずく感じが起こった。刺激位置を少しずらすと，感じられる身体の部分も移動した。他にも，刺激する場所によって光が見えたり，音が聞こえたりした。

　身体各部分から感覚を受けとめているのは体性感覚野であり，身体の各部とつながった神経細胞が，まるで全身を凝縮した地図のように並んでいる（図10-2下）。この体性感覚野は，大脳の前頭葉と頭頂葉の間にある中心溝に沿って，頭頂葉側にある。一方で中心溝をはさんで前頭葉の側にある運動野は，全身の運動を制御している。身体地図のなかでも，舌から唇など顔の部分と手に関係する部分は，もっとも広い領域を占めている。皮膚の2点弁別閾[1]にみられる身体部位差はこの全身地図の面積差に依存している。また，事故や病気で手足を失った患者が，失ったはずの手足を感じる幻肢とよばれる現象がある。実際の感覚入力がなくても，体性感覚野が活動すると，失った手足を確かな存在として感じるのである。この他にも，視覚野には動き，色，形，奥行きなどの情報を処理する視覚地図があり，聴覚野には音の高低を弁別する地図がある。

（3）連合野

　運動や感覚の中枢以外で，機能局在が明確でない大脳皮質領域を連合野という（図10-3）。連合野は個々の中枢で処理された情報を，さらに統合的に制御している。連合野も脳葉ごとに前頭，側頭，頭頂，後頭連合野に分けられている。そのなかでも，前頭連合野はヒトでもっとも発達しており，作業記憶（ワーキングメモリ）や複雑な行動のプログラミング，さらには適応行動に欠くことのできない創造，推理などの高次の精神活動に中心的な役割を果たしている。

（4）大脳の機能局在と結びつけ問題

　大脳の機能局在は，たとえば視覚の場合，色，形，動きなどが，それぞれ別の領野によって処理されることを表わしている。一方，丸くて白い物体がこちらに向かってくると，私たちは情報の断片を結びつけて野球のボールが飛んできたことを認識できる。脳が各領野で得た情報をどのように再構成しているかはいまだ解明されておらず，このことは結びつけ問題（binding problem）といわれている。脳の中に単独で情報を結合するような中枢は存在しないことから，脳の各機能部位がネットワークとして連携し，協調的に働くことによって的確な認識と行動が成立すると考えられている。

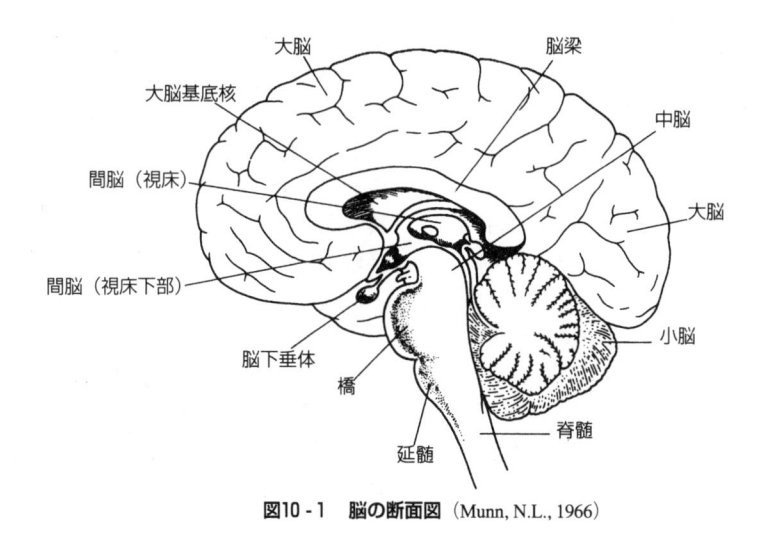

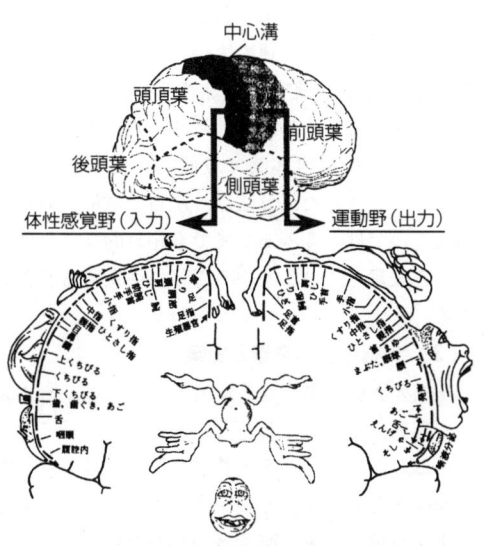

図10-1　脳の断面図（Munn, N.L., 1966）

図10-2　体性感覚野および運動野の機能分布と再現像
（Penfield, W. & Rasmuseen, T., 1950を改変）

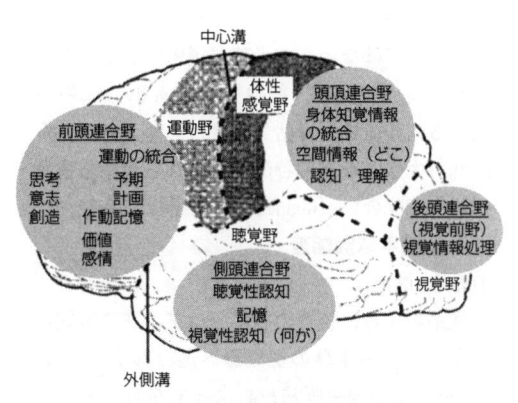

図10-3　連合野の機能を表わす模式図

3．大脳の半球機能差

（1）言語機能

　大脳は左右の半球に分かれているが，意識にのぼる基本的な感覚情報を受容したり，運動を制御する機能は左右の半球でほぼ均等に行なわれ，右半身を左脳が，左半身を右脳が受けもっている。しかし，ヒトでは感覚野と運動野が大脳皮質に占める割合よりも，連合野の割合のほうがきわめて広く，この部分で行なわれる高度な情報処理は，どちらかの半球にかたよっている。ヒトのもつ言語機能は半球間のかたよりがもっとも著しい代表例である。

　左脳の脳卒中では完全に言語機能が消失し失語症（aphasia）になることがある。大脳の左半球の前頭葉に損傷があると，話すことができなくなり，左半球の側頭葉に損傷があると相手の話がわからなくなる（図10-4）。こうした失語症の例から，言語機能が左半球に集中化していることは，百年以上も前にブローカ（Broca, P.）やウェルニッケ（Wernicke, C.）らによって指摘されている。聴覚野のすぐ後ろにある側頭葉は，左半球の場合，言語理解の中枢にあたる。この組織が右半球よりも左半球で大きいことは肉眼でも確認できる。しかし，右半球が言語機能にまったく関与していないというわけではない。右半球が損傷するとアクセントや抑揚が失われ，韻律性（prosody）に障害が生じる。韻律性とは話し言葉のタイミング，声の高低，大きさなどの特徴で，これらが話し言葉の微妙な意味合い（nuance）を伝達している。

（2）大脳半球機能差

①視覚と聴覚

　視覚系の場合，視野の右半分は左半球の視覚野へ，左半分は右半球の視覚野へ送られる（図10-5）。そこで半側視野法[*2]によって左右一方の視野に単語や図形を呈示し，左視野（右脳）に呈示したときと右視野（左脳）に呈示したときの課題成績の違いをみると，左右どちらの脳がより深くその課題に関与しているかがわかる。一般的に，単語や文字の場合は左半球優位であり，顔の知覚や視空間刺激については右半球優位であることがわかっている。

　一方，聴覚系では，両耳に同時に音を呈示する両耳分離聴テストが用いられる。呈示された音の復唱や記憶課題などから，聴覚的な言語識別は左半球優位であるのに対して，メロディーの認識などは右半球優位であることが知られている。

②感情の側性化

　うつ症状の研究から，脳の左右前頭部のそれぞれが特定の感情と関係することがわかってきた。左前頭部の不活性化または損傷は，極度の不安や悲観などネガティブな感情を引き起こす。反対に右前頭部の不活性化または損傷は，多幸症状や不適切な笑いなどポジティブな感情を引き起こす。また，大脳半球の左前頭部には目標に接近する機能が存在し，右前頭部には危険を回避する機能が存在すると考えられている。

③左右の大脳半球がもつ機能

　脳障害の研究や一連の実験によって左右半球機能のさまざまな違いが示されてきた（図10-6）。左半球が情報を分析的で継時的に処理するのに対して，右半球は全体的で空間的な処理を行なう。ただし，こうした二分法は，左右半球機能の絶対的な違いではなく，あくまでも相対的な差（優位性）を表現しているということに注意する必要がある。

（3）大脳の左右半球と脳梁

　左右の大脳半球機能を統合するために，脳は絶えず左右の半球どうしが互いに連絡しあって働いている。左右の半球を連絡する神経線維のことを交連線維というが，その交連線維のもっとも大きな束を脳梁とよぶ。脳梁という呼び名は，2億本以上の神経線維が屋根の梁のように大脳半球の大脳髄質の中を走っているところからきている。交

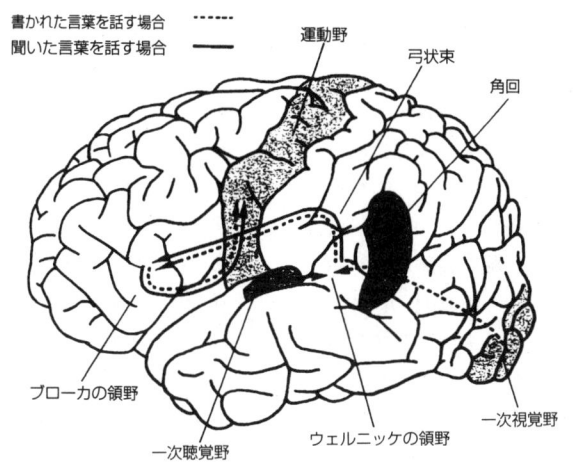

図10-4　ブローカ領とウェルニッケ領
（Geschwind, N., 1979）

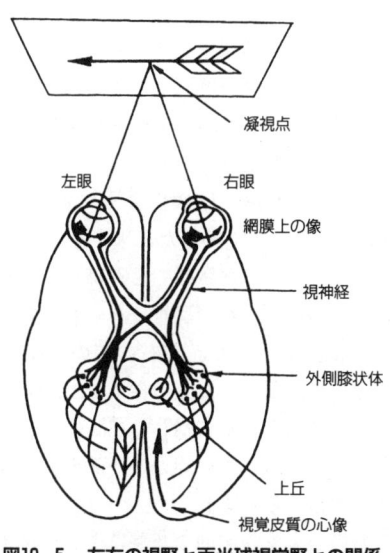

図10-5　左右の視野と両半球視覚野との関係
（原, 1981）

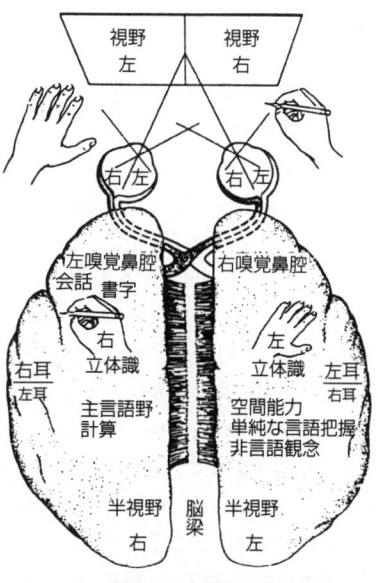

図10-6　左右大脳半球の特異機能の模式図
（Eccles, J.C.；伊藤, 1990を改変）

連線維には他に，前交連と脳弓交連という線維の束がある。脳梁が左右半球の新皮質間の連絡回路であるのに対して，これらの交連線維は主として古い皮質からの情報交換を行なっている。

さて，片側の半球に重いてんかん病巣ができると，片方の半球で生じた発作は脳梁の神経繊維を介して，もう一方の半球の同じ領域に伝播する。そこで，このような発作の伝播を防ぐために脳梁を切断する手術が行なわれた。脳梁切断により発生する分離脳現象は，スペリー（Sperry, R. W.）やガザニガ（Gazzaniga, M. S.）によって研究され，左右半球機能の特殊化やそれぞれの半球に独立した自己の存在がつきとめられた。

（4）分離脳患者の行動

脳梁切断を受けた脳は，それぞれの半球が分離していることから分離脳（split-brain）とよばれる。分離脳患者では，半球間の情報伝達ができないので，前述した半側視野法を用いると視野情報は片側の半球にだけ入力される。スペリーらの研究（Nebes, R.D. & Sperry, R.W., 1971）では，右視野（左脳）に単語や絵を呈示すると音読したり名前を言ったりすることができた。しかし，左視野（右脳）に呈示した場合には音読することができなかった。言語機能が左脳にかたよっていることを示している。ところで，左視野に単語を呈示した場合，分離脳患者によっては音読はできないが単語が示すものを左手で選び出したり（図10-7A），左手で字を書くことができる人たち（図10-7B）もいた。このような人たちでも「今，手にとった物は何ですか」と質問すると，「わからない」と答える。自分の左手がナットをつまんだその瞬間でさえ，まったく理解していなかった。左脳の意思と行動は意識できるが，右脳のそれは意識できない。このことは，私たちの意識体験が左脳で生成されていることを示している。

一方，ガザニガ（1983）は患者の前に置いたスクリーンの左右に別々の映像を映し出し，映像と関連する絵カードを選ぶように求めた（図10-8）。患者の右脳は雪景色を，左脳は鳥の足を見ているので，右脳が支配する左指はスコップを，左脳が支配する右指はニワトリをさす。これはいずれも正答であるが，患者に何を見たか尋ねると，驚いたことに，「僕は足を見てニワトリを選びました。スコップは，ニワトリ小屋の掃除に必要だからです」と答えたのである。実験者の声による質問は患者の左脳だけが理解できる。問われた左脳には鳥の足しか映っていないのであるが，自分の左手はスコップを指さしている。この自分の行動を左脳は合理的に説明しなければならない。そこで右脳がなぜスコップを選んだかについて，とっさに思いついたこじつけがニワトリ小屋の掃除であった。

分離脳患者には，身体の左側に自発活動がまれにしか起こらないとか，自分の左手が自分の指図に従わないので困るという訴えが多い。右半球は自分が何を見，何を考え，何をしているか意識し，言葉にすることができない。健常者の場合は，右半球の情報を左半球に転送することにより，情報を統合し意識化することができる。分離脳患者は右半球で処理した情報を制御することができないため，意識と行動が分離してしまうのである。脳は左右半球に生じる2つの自己を統合し，1つの意識体験をつくり上げている。

ガザニガ（1998）は次のように述べている。「左脳は，外の世界で起きた出来事をつじつまの合う物語に仕上げる解釈機能を獲得し，言語や会話の能力につなげたが，反対に本来もっていたいくつかの能力を失った。左右の脳の機能分化は，進化の過程で，限られた脳の容積を生かすために，すでにある能力を右脳に残し，左脳に新しい能力を割り当てるために古い能力の一部を捨てたために起きたと考えられる」。

私たちの心も生物学的な基盤によって成り立っていることを忘れてはならない。

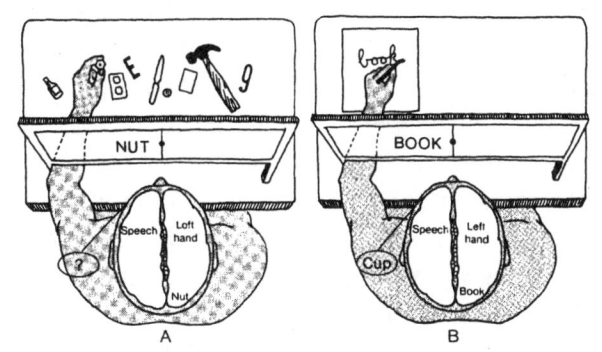

図10-7　左右半球の能力テスト
(Nebes, R.D. & Sperry, R.W., 1971)

A．分離脳患者はNutという文字が右脳に呈示されると，触って正しくナットを選ぶことができる。しかし，名前を言ったり，書いたりすることはできない。

B．はじめにカップ，ナイフ，ブックやグラスといったモノの名前のリストを左右の脳のそれぞれに十分な時間だけ呈示する。次に，リストの中の1つの名前，たとえばブックを右脳だけに呈示する。分離脳患者に，何を見たのか書いてもらうと，事前に呈示したリストの中の名前のどれを書いてもかまわなかったにもかかわらず彼の左手はブックと書いた。彼に，何を書いたのか尋ねてみると，答えられず，カップではないかと推測した。彼は書字による体の動きから，左手で何か書いたことを知っていたが，何を書いたかわかっていなかった。

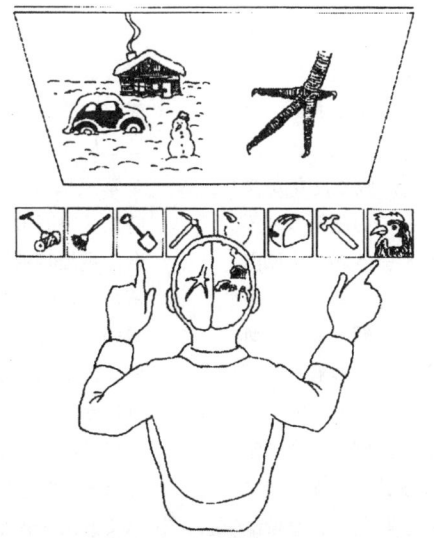

図10-8　左右の脳に異なる絵を同時に呈示し，関連するカードを左右の指で選ぶ実験
(Gazzaniga, M.S., 1983)

4．生体リズム

(1) 時差症状（時差ぼけ）

人間の生体リズムはその人が住む環境の明暗周期や生活様式など環境サイクルに同調している。睡眠覚醒リズムも1日を周期とするサーカディアンリズム（circadian rhythm）をもっている。サーカディアンリズムという用語は，ギリシャ語のサーカ（circa：about）と，ディエス（dies：a day）を組み合わせた造語で「およそ1日周期」という意味で概日リズムあるいは概日周期ともよばれる。ジェット機で時差の大きな地域間を急速に移動すると，生体リズムと環境サイクルにズレが起こり，いわゆる時差症状（jet lag syndrome）が起こる（図10-9）。

表10-1は国際線パイロット257名を対象に，時差症状を調査した結果である。88.3％のパイロットに時差症状が出ており，フライト経験を重ねても慣れが起こりにくいことを示している。上位3つをみると，睡眠障害，眠気，精神作業能力の低下である。もっとも多い睡眠障害は，いつもと違う時間帯で睡眠をとろうとするために起こる睡眠覚醒リズムの障害で，その内訳は「夜中にしばしば目が覚める」が52.0％でいちばん多く，次が「なかなか寝つけない」で30.9％，その他（熟睡できない，日中に強い眠気が残る，なかなか目覚めない）となっている。日中の眠気は，不愉快であるばかりか居眠り事故を引き起こす原因にもなり危険である。精神作業能力の低下は，単語や数列の度忘れ，言いまちがい，聞き違い，簡単な計算をまちがえるなどである。いつもまちがうかというとそうではなく，時どき急に起こる。このためパイロットばかりでなく，国際試合に参加するスポーツ選手や，重要な商談や外交交渉にあたる商社マンや外交官にとって時差症状対策は特に重要である。

(2) 時差ぼけ対策とリズムの再同調

時差症状はその人の生体リズムと現地の環境サイクルがズレることで起きたのであるから，できるだけ早く現地の時刻に合わせればよい。このようなリズムの時刻合わせを，リズムの位相同調という。人間の生体リズムは時間手がかりのない閉鎖環境で調べると，24時間よりも少し長めの25時間周期を示す。このため放っておけば1日1時間ずつ夜更かしをし，朝寝坊するようにできている。つまり生活時間を遅らせること（位相後退）は得意であるが，早寝早起き（位相前進）はたいへん苦手である。このことがリズムの位相同調に大きく影響してくる。図10-10は時差6時間の場合に飛行後何日ぐらいで，さまざまな生体機能のリズムが現地時間に同調するかを調べたものである。西行フライトはおよそ6日で，生体リズムと現地の時刻の位相差が0になって同調を完了している。一方，東行フライトは8日めでようやく同調範囲に入っているがまだ完全ではない。西行が時差1時間につき約1日の割合で同調するのに対し，東行きでは時差1時間につき約1.5日かかっている。どうしてこのような差ができるかというと，東行きが早寝早起き（位相前進）を強制するのに対し，西行は極端な遅寝遅起（位相後退）をすることになり，西行の方が負担がずっと軽い。日本を基点に考えると時差はもっと大きな値をとる。時差8時間のコペンハーゲン（西行）に飛んだ場合，現地時刻にリズムが同調するのは約8日である。ところが，現地に生体リズムが同調した後で帰国すると，今度は東行きの時差8時間となるので，日本の時刻に再同調するためには10日から12日はかかることになる。図10-11は時差10時間の地点で試合をするスポーツ選手のための遠征計画である。時差同調と競技能力との関係を考慮に入れて計画が練られている。また，同調期間では努めて朝日を浴びるようにし，食事のリズムを現地に合わせることが推奨されている。

4. 生体リズム

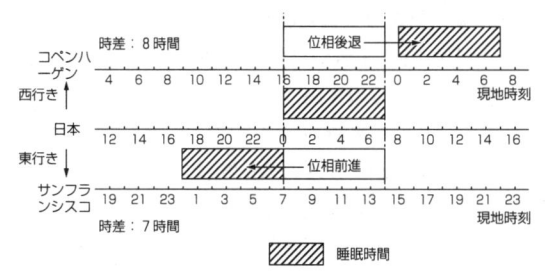

図10-9 時差と睡眠をとるタイミング

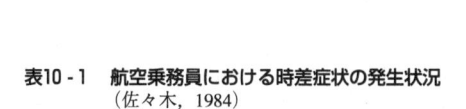

表10-1 航空乗務員における時差症状の発生状況
（佐々木, 1984）

順位	時差症状	人数	％
1	睡眠障害	173	67.3
2	眠気	43	16.7
3	精神作業能力低下	37	14.4
4	疲労感	27	10.5
5	食欲低下	26	10.1
6	ぼんやりする	24	9.3
7	頭重感	15	5.8
8	胃腸障害	11	4.3
9	眼の疲れ	6	2.3
	その他（覚醒困難・はきけ・いらいらなど）	8	3.1

時差症状がある227名（88.3％），時差症状がない25名（9.7％），無記入5名（1.9％）
$n=257$

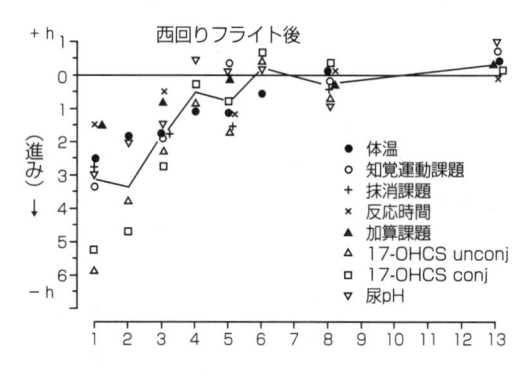

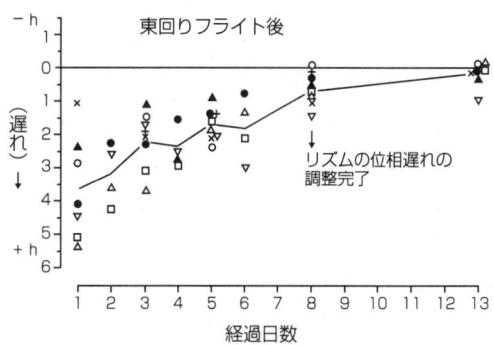

図10-10 東西飛行後（時差±6時間）における種々の生体機能にみられる同調率
（Wegmann, H.M. et al., 1983）

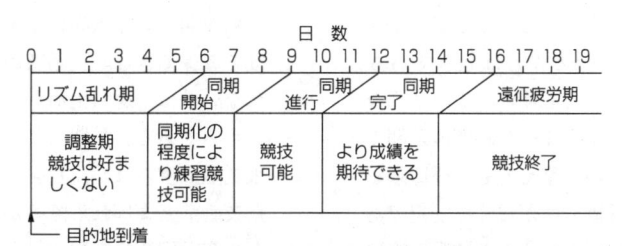

図10-11 時差への同調と競技能力との関係
（横堀, 1976）

(3) 夜勤病

24時間の勤務体制を採用する事業所では作業者を2つ以上の組に分け，交替制勤務が行なわれている。当然のことながら交替制勤務では深夜勤が含まれている。このような事業所は過去10年間を調べると全事業所の15～20％を推移し，夜勤や交替制で働く人の全労働者に占める割合は6.8％，約580万人と概算されている（表10-2）。

3交替制では日勤が午前8時から午後4時までとすると，準夜勤は午後4時から深夜零時に終わる。このあと深夜勤は零時から午前8時まで作業につき，日勤者に仕事を引き継ぐ。一般にローテーション制をとっていて，1つの時間帯を何回か続けた後，休日をはさんで次の時間帯に移る。移る方向は，日勤，準夜勤，深夜勤の順（正循環）が多い。最近は12時間の2交替制や，16時間夜勤，8時間日勤という2交替制を採用するところもあり，電子部品の生産工場や国立病院，療養所などで採用が進んでいる。いずれの場合も夜勤では時差症状によく似た訴えが認められる。表10-3は1000人の交替制勤務者から得られた睡眠障害の訴えと睡眠時間である。日勤に比べて夜勤では各症状の訴えが著しく増加しており，睡眠時間も日勤の7.6時間に比べ深夜勤では4.3時間に減少している。夜勤ほどではないが早朝勤にもかなりの訴え率の増加が認められ，約2時間の睡眠短縮がみられる。夜勤者の睡眠は勤務明けの日中にとることになる。日中は生活騒音や戸外の交通騒音なども，夜間よりずっと強い。早朝勤ではふつうの人より2時間は早く床に入ることになるが，午後8時から9時では家族のほとんどは起きており，生活騒音が眠りを妨げることも多い。このような時間帯では睡眠時間はおよそ4～6時間の範囲である。どのように寝室環境を整えても，昼間睡眠は夜間睡眠に比べると睡眠時間が短く不安定である。この原因の1つに体温のリズムと睡眠が密接に関連していることがあげられる。

(4) 体温リズムと睡眠

図10-12は3名の男性を対象に13週間連続で夜勤をしたときの体温変化を調べたものである。点線で示した日勤時の体温変化に比べると平坦化が進んでいるが，リズムの位相はほとんど動いていない。すでに時差症状で述べたように，人間の生体リズムは環境の明暗サイクルや社会的な生活サイクルを標準として同調している。時差状況では環境サイクルと社会的な生活サイクルがそろって逆転する。このような環境変化には同調が可能であり，生体リズムの位相を前進あるいは，後退させることができる。これに対して，夜勤状況では周囲の自然環境も社会環境もそのままで，個人の生活時間だけを変えることになる。生体リズムは標準サイクルに同調しているので，体温は日中に高くなり夜間に低下する。どんなに昼夜逆転生活を続けても，生体リズムの位相が逆転することはない。本来体を休め睡眠をとるべき低体温期に起きて作業をするので，体温低下が妨げられる。一方，体温が高くなる活動期に睡眠をとって代謝を下げるので，体温リズムに平坦化が起こる。

図10-13は交替制勤務者の就床時刻と睡眠時間の長さについて，ドイツと日本のデータを比較したものである。横軸は就床時刻で縦軸はその時に得られた睡眠時間の平均と標準偏差を示している。午前10時から午後8時の10時間では，睡眠時間は5時間以下になっている。昼間眠れないという特徴は日本とドイツに共通している。図10-12を見れば，この時間帯は高体温期であることがわかる。逆に夜間の低体温期に就床すると安定して長い睡眠を確保できる。夜勤者が昼間眠ろうとしても眠れないのは，逆転生活が生体リズムとかみ合わないからである。長期にわたって夜勤を続けると睡眠覚醒障害のほか，胃腸障害や呼吸器疾患を伴った夜勤病とよばれる障害が発生する。このことから，夜勤回数の制限や勤務編成の改善，休養の必要性が指摘されている。

表10-2 交代制勤務を採用する企業の割合
(厚生労働省, 2000)

平成元年	15.5%
平成4年	15.2%
平成8年	17.5%
平成10年	20.3%
平成11年	17.5%

表10-3 日勤(始業午前8時),早朝勤務(午前6時),夜勤(午後11時)における睡眠障害の訴え率と睡眠時間 (Åkerstedt, T., 1984)

	日勤	早朝勤	夜勤	
入眠困難	5	26	29	(%)
睡眠維持困難	9	32	54	
休息感なし	9	41	61	
騒音	2	10	22	
睡眠時間	7.6	5.7	4.3	(h)

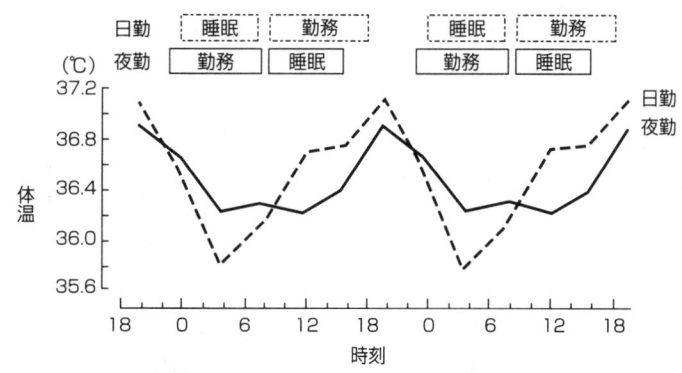

図10-12 13週間連続で夜勤をしたときの体温変化 (Van Loon, J.H., 1963)

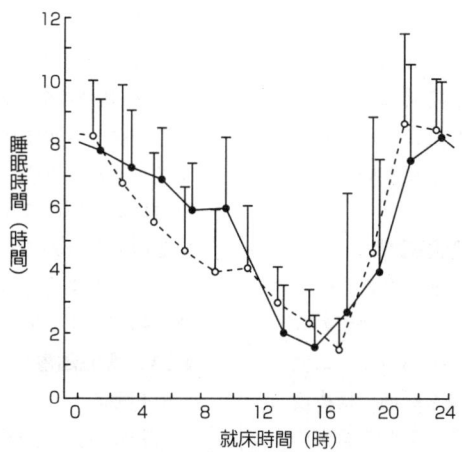

図10-13 交替勤務者の就床時刻別にみた睡眠の長さの西ドイツと日本との比較 (小木, 1983)

実線は西ドイツ (Knauth, P. et al., 1981) のラジオ・テレビ放送局,空港荷扱2,332例。点線は,日本 (労働科学研究所, 1982) の印刷,新聞印刷,コンピュータセンター,動力車乗務3,240例 (勤務先仮眠は除く)。

5．睡眠と覚醒

（1）睡眠段階と睡眠周期

脳波パターンは意識水準とよく対応して変化することから，眠りの深さを測る指標として活用されている。図10-14は国際判定基準に従って分類した特徴脳波パターンである。眠りの深さは4段階に分類され，段階3と4は振幅の大きなゆっくりとした波（徐波）が連続することから徐波睡眠ともよばれ，深い睡眠状態を示している。段階3，4が続いた後，脳波パターンは段階1に移行する。入眠期の段階1と違ってこの段階1では，急速眼球運動（rapid eye movement: REM）が起こり，顎などの抗重力筋の脱力が起こる。これがレム睡眠である。これに対して段階1から4までを総称してノンレム睡眠とよぶ。

図10-15は睡眠段階の時間経過を模式図で示したものである。睡眠は段階1から4まで進み，1度段階2にもどってからレム睡眠（黒帯部）が出現する。レム睡眠には90分ごとに出現する周期性があり，ノンレム睡眠とそれに続くレム睡眠までを1つの睡眠構成単位として，睡眠周期とよぶ。一夜の睡眠ではこの睡眠周期が4，5回くり返されるが，深い睡眠は前半の2，3時間に集中して出現し，レム睡眠は後半で持続が延長する。睡眠は2つの睡眠状態の単純なくり返しでないことがわかる。

（2）レム睡眠の夢，ノンレム睡眠の夢

表10-4はノンレム睡眠とレム睡眠のそれぞれで起こして夢見体験の有無を調べ，レム睡眠の夢の再生率が高い順に配列したものである。レム睡眠の夢は再生率も高く，感覚心像も鮮明で構成度の高い内容のものが多い。一方，ノンレム睡眠の夢は明晰度に欠け，断片的でイメージ化された思考に近い。そこで，はじめはレム睡眠のときにだけ夢をみると考えられ，ノンレム睡眠の夢はその前のレム睡眠でみた夢の記憶断片であろうと考えられた。ところが最初のノンレム睡眠中に起こしても夢見体験があるところから，ノンレム睡眠でも夢をみることが確認された。

この他，入眠期の段階1では入眠期心像とよばれるイメージ体験がある。幾何学模様や色彩光，時空間が誇張されたり極端に省略された視覚体験などが起こる。また急に谷底に落ちるような落下体験や身体が浮きあがる浮遊体験も入眠期に特有の体験である。

（3）睡眠中の行動

①中途覚醒

一晩の睡眠で十数回は途中で目が覚める。大方は寝返りなどの体動に伴って数秒だけ目が覚める。この時に夜具を直したり，ベッドの縁を確かめたりする。睡眠中に新しいことを記憶することはほとんど不可能であるが，中途覚醒時に特に印象に残ることが起こると，これは翌朝まで覚えておくことができる。

②ノンレム睡眠中の行動

歯ぎしりは段階2にもっとも多く起こる。寝言も大半は段階2で起こる。ふだんと変わらない声と調子ではっきりと話す。ところが，起こして聞いてもその内容を記憶していることはない。

③レム睡眠中の行動

悪夢はレム睡眠中の怖い夢が原因で，恐怖のあまり目覚めたもので，悪夢の内容を想起できる。寝言はレム睡眠でも起こる。顎の筋緊張が落ちているので発音がやや不明瞭であるが，その内容は夢の内容とよく一致している。レム睡眠の寝言は夢の随伴現象とみなすことができる。

（4）睡眠障害

①不眠症

入眠障害，熟眠障害，早朝覚醒，睡眠時間短縮などが主な症状である。睡眠ポリグラムや家族の観察から実際に睡眠の量と質に障害が認められる場合は，背後に精神神経疾患や内科疾患，呼吸障害など不眠や過眠の原因となる疾患をもつことが

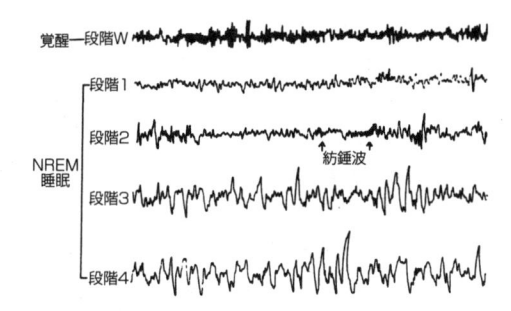

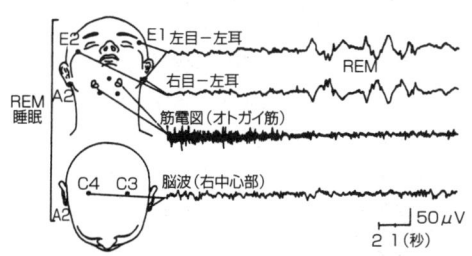

図10-14　標準判定基準に基づく睡眠段階と脳波パターン
（Rechtschaffen, A. & Kales, A., 1968を改変）

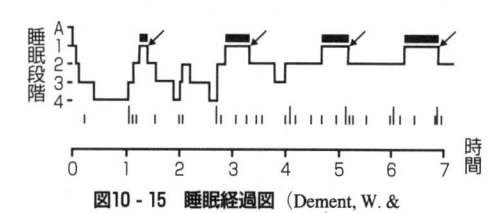

図10-15　睡眠経過図（Dement, W. & Kleitman, N., 1957）
睡眠段階　A：覚醒，1～4：ノンレム睡眠，黒帯：レム睡眠
矢印は睡眠周期の終了時点を示す。
下段の縦棒は寝返りなどの粗体動（長）と局所的な体動（短）を示す。

表10-4　レム睡眠とノンレム睡眠の夢の再生率

研究者	被験者数	覚醒回数	再成率（%） レム睡眠	再成率（%） ノンレム睡眠
Dement	10	70	88	0
Rechtschaffen et al.	17	282	86	23
Orlinsky	25	908	86	42
Wolpert	8	88	85	24
Wolpert & Trosman	10	91	85	0
大熊	19	200	84	22
Foulkes	8	244	82	54
藤沢	10	?	80	50
Dement & Kleitman	9	351	79	7
Klemente	9	57	75	12
Aserinsky & Kleitman	10	50	74	7
Snyder & Hobson	10	320	72	13
Goodenough et al.	16	190	69	34
Snyder	16	237	62	13
Jouvet et al.	4	50	60	3

多い。ところが不眠症の大部分は心理的ストレスなど精神生理学的な原因によって起こり，神経質で過敏な人に多い。睡眠ポリグラムで障害の程度を調べると，寝つきが悪く，睡眠経過が不安定で総睡眠時間も短い。中途覚醒の回数にも増加が認められるが，やや不良という程度で，睡眠の全体像は正常者からそれほど逸脱したものではない。ところが，睡眠の自己評価は客観評価よりもはるかに悪い。このため，何らかの心理的ストレスで「眠れない夜」を体験すると，今夜も眠れないのではと不眠恐怖を抱き，床につくと懸命に眠ろうと努力するようになる。この努力が覚醒度を高め寝つきを悪くし，眠りを浅くする。

精神生理性不眠症の治療は睡眠環境の調整，規則的な睡眠習慣，入眠時の不安緊張の緩和などが行なわれる。図10-16は条件不眠の形成，表10-5は刺激制御療法の指導内容をまとめたものである。この他，バイオフィードバック法，自律訓練法，森田療法，認知療法なども有効とされている。

②睡眠遊行と夜驚症

睡眠遊行と夜驚症は段階3，4（徐波睡眠）で突然に起こる異常行動である。徐波睡眠は入眠後2，3時間に集中して出現するので，これらの異常行動も最初の3時間以内に起こる。

睡眠遊行では熟睡中に突然ムックリと起きあがると，うつろな表情を浮かべて歩き始める。徘徊の多くは数分から15分以内であるが，まれに30分程度続くこともある。目の前の障害物をよけたり，ドアを開けたり部分的には合目的的な行動ができるが，行動全体には目的性がない。図10-17は睡眠遊行中の児童の睡眠ポリグラムを示したものである。深い睡眠状態から急に起きあがり，あたかも夢をみながら歩き回っているように見えるが，夢見体験はなく，行動中の記憶もない。古くは夢遊病あるいは夢中遊行とよばれたが，現在ではノンレム睡眠からの完全覚醒が障害されて生じる，覚醒障害と考えられている。

夜驚も寝てから3時間以内に突然，鋭い叫び声をあげて飛び起きる。恐怖の表情，多量の発汗，頻脈，恐怖対象から逃れようと走り出すなど，パニック状態を示す。異常行動の多くは5分以内，長くても10分でおさまり，再び眠りにもどる。異常行動中は覚醒が著しく困難で，無理に覚醒させると錯乱を示す。行動中の記憶はほとんどない。睡眠遊行と同様に覚醒の障害と考えられている。

睡眠遊行も夜驚も4〜8歳で起こりやすく，ごく軽い症状のものを含めれば健常児の15〜30％にみられる。思春期前に消失するが，約1％は成人に達しても両者が持続する。

③レム睡眠行動障害

レム睡眠中は骨格筋の緊張が著しく低下あるいは消失するので，夢見の最中に夢と連動した運動が実行されることはない。ところが，この骨格筋の緊張を抑制する機構に障害が起こると，レム睡眠中に骨格筋が脱力しないので，夢の中の行動がそのまま表出する。暴力的で抗争的な不快夢のときには，急に立ちあがり，夢の内容に一致した寝言を大声で叫び，夢の中の相手と激しく言い争ったり，殴り合うような行動を示す。時には隣りに寝ている配偶者を，あたかも夢の中の暴漢であるかのように殴ったり蹴ったりする。異常行動中は周囲を認知したり，障害物を回避するなどの合目的的な行動はできない。このため大暴れの最中に，タンスや柱にあたるなど本人がけがをすることもある。異常行動はレム睡眠中に起こるので，朝方に多い。完全に覚醒させることは容易で，目覚めた後の意識は正常で，異常行動と一致した夢内容を想起できる。レム睡眠の障害と考えられており，50歳以上の高年齢で発症することが多い。

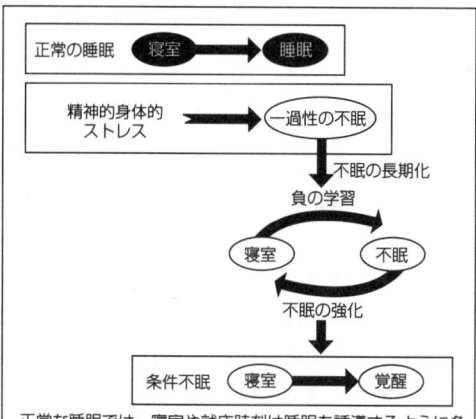

図10-16 一過性不眠から条件不眠（長期化）への移行（内山, 2002）

正常な睡眠では，寝室や就床時刻は睡眠を誘導するように条件付けられている。精神的身体的なストレスが加わった場合，一過性の不眠が生じる。不眠が長期化した場合，寝室や就床時刻と眠れないことが関係付けられ，これが次第に強固なものとなり，条件不眠となる。刺激制御療法は，刺激を除去し，この悪循環をとめることで治療を行う。

表10-5 刺激制御療法による指導リスト
（Bootzin, R.R. & Nicassio, P.M., 1978）

1. 眠くなってから，布団に入りなさい（眠くないのに横になってはいけません）。
2. 寝床は眠るためだけに使いなさい（寝床で本を読んだり，テレビを見たり，ものを食べたり，考え事をしてはいけません）。
3. 寝床に入ってから10分たっても眠れないなら，寝室を離れなさい。眠くなるまで，何か退屈な作業でもしていなさい。
   時計は見ないこと。眠くなったときにのみ，寝床にもどってよろしい。
4. 必要なら，一晩中，段階3をくり返すこと。
5. どんなに眠れなくても，目覚まし時計をセットして，毎日，同じ時刻に起床すること。起床時刻を一定にすることは体が一定の睡眠リズムに慣れることを助けます。
6. 昼寝はしないこと。昼寝をすると夜の寝つきを悪くする可能性があります。

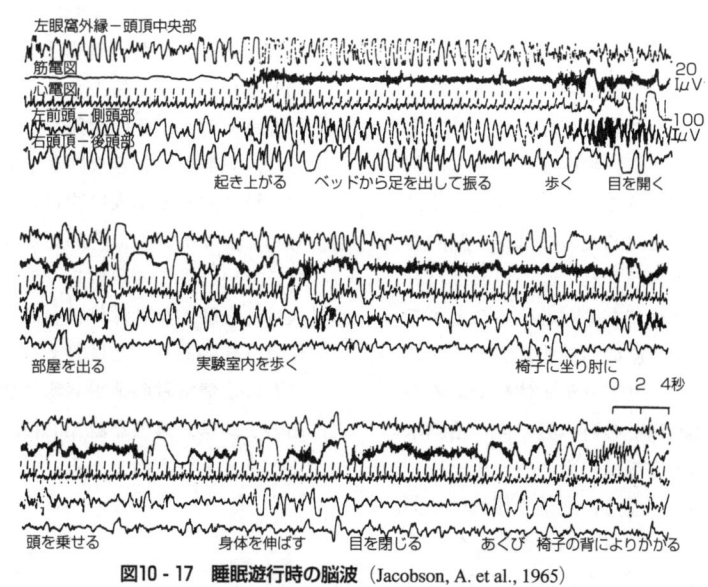

図10-17 睡眠遊行時の脳波（Jacobson, A. et al., 1965）
1〜3Hzの高振幅徐波を示す睡眠段階4に始まった睡眠遊行。

【トピックス10】金縛り

　睡眠には，脳の活動水準が低下するノンレム睡眠と脳の活動が高い状態に保たれているレム睡眠とがあり，このレム睡眠中に夢をみている。レム睡眠は約90分の周期性をもって出現し，通常は，寝入ってから約1時間程度の「深い」睡眠を経てから初回のレム睡眠に入る。しかし，ある条件下では，この「深い」睡眠を経ずに覚醒状態から直接レム睡眠に入る場合があり，これを入眠時レム睡眠とよんでいる。この入眠時レム睡眠の最中に金縛り（専門用語では睡眠麻痺とよぶ）を体験する。レム睡眠中には筋活動が抑制されるが，これが，主観的には麻痺体験として感じられ，通常のレム睡眠に比べても高い脳の活動状態を背景として，夢体験として体験されるはずの主観的体験が，鮮明な幻覚体験として体験されることになる。ちなみに，金縛り体験中に寝室のようすが鮮明に知覚される場合があるが，この寝室自体が入眠時幻覚によって再現された幻覚体験である可能性が高い。夢の中で視覚，聴覚，嗅覚，味覚，触覚，平衡感覚など，すべての感覚を体験することが可能であり，空を飛んだりなど覚醒中には体験したことのない感覚さえ味わうことが可能であることを思い起こしてほしい。レム睡眠中は外界からの刺激が中枢で遮断されていることから，夢見体験は外界からの刺激によって生じたのではなく脳内のプロセスのみによって再現されているいわばバーチャル・リアリティ体験であると考えることができる。夢見が，不十分な脳の活性化によって起こる不完全なバーチャル・リアリティ体験であるのに対して，金縛り体験はその時の脳の高い活動水準を背景として生じる完成度の高いバーチャル・リアリティ体験である。また，金縛り体験は疲労感やストレスの強いとき，仰向けで眠ったとき，睡眠や生活のリズムが不規則なときなどに起こりやすい。これらは，レム睡眠中に筋が弛緩することや自律系に亢進状態が起こることなどと関連があると思われる。

　金縛りは，文化・民族などを問わず出現する。ところがその出現頻度に関しては研究によってかなり幅広く，5〜15％程度というものから，私たちの調査のように40％前後というものまでさまざまである。一般に低い出現率を報告しているのが北米の研究であり，日本のようにこの現象についての呼び名がある地域（中国では「鬼圧」，ニューファンドランド島では"Old Hag"とよばれる）では報告される出現率が高い。低い出現率を報告している北米の研究では，調査で「覚醒と睡眠の移行期に体験される一時的な麻痺」という表現が使われているが，「麻痺」という言葉には重篤な疾患を暗示する響きがある。私たちが行なった調査でも呼び名を「金縛り」から「一時的な麻痺」と変えただけで，報告される出現率は大幅に低下した。つまり，この現象をどのような認知的枠組みでとらえるかが報告率に大きく影響することがわかる。筆者らが，カナダと日本で大学生を対象として睡眠麻痺の出現率について調査を行なった結果，報告された出現率については，両群とも約40％と変わらず，報告された症状の分布もほぼ同一であったが，その現象をどうとらえるかについては，両群間に大きな開きがあり，この現象を夢の一種とする日本人は約15％にすぎなかったのに対して，カナダ人は約55％が夢の一種であるとみなしていた。この現象を「夢の一種」とみなした人は「一時的な麻痺体験」の有無を問われた場合には「体験あり」とは答えないと考えられ，北米における健常者の睡眠麻痺体験の報告率が低い理由の1つは，適当な認知的枠組みがないためであると考えられるのである。

テクニカル・ターム

【第2章　テクニカル・ターム】
★1：カリカックの善と悪の家系の研究
　カリカック一家の始祖であるマーチン・カリカックは，2人の女性との間に子どもをもうけた。正妻であるふつうの家庭に育った正常な女性と，酒場で働いていた精神遅滞の女性である。その女性との間に精神遅滞の男児をもうけ，正妻との間には7人の正常な子をもうけた。精神遅滞の子を始祖とする劣悪のカリカック系統では5世代480人の子孫のなかで明らかな正常者は1割の46人で，その他は精神遅滞者143人，犯罪者，売春婦，アルコール中毒者などであった。それに対して正常な子のカリカック系統では496人の子孫のなかに精神遅滞者が1人もおらず，大酒のみが2人，性的にたいへんルーズな者が1人いただけで，その他の子孫は，貿易商，大地主，教育者などが多く，社会的に恵まれた家へ嫁ぐ女子も多かった。

★2：環境閾値説（theory of environmental threshold）
　ある特性が発現するためには，一定の閾値以上の環境条件が必要であり，もし，閾値以下に環境が劣悪であれば，その発現は妨げられる。

★3：母親の喫煙と不当軽量児（small for days: SFD）
　タバコを吸う母親の胎児は，発育状態が悪く，在胎期間に比べて体重が少ない不当軽量児が多い。なかでも1日6本以上吸う母親が問題となる。

★4：自己中心性（egocentrism）
　幼児は自他未分化すなわち主観と客観が未分化の状態にあるため他者の視点から外界を認知することが困難である。したがって自己の視点からのみ外界を認知して（中心化），対象を自己と同一化する傾向が強い。

★5：母語（mother tongue）
　子どもが成育の過程で母から自然に習得する言語のことで，自然発生的で変化し続ける言語である。母語に対して母国語は，ある人の属する国家の言語すなわち国語のことである。

★6：認知経験的自己理論（cognitive-experiential self-theory）
　個々人が自己に対していだく自己概念の多くは暗黙のうちに決められていて，感情と緊密に結びついていると考えられている。エプスタインによれば，意識水準で機能する合理的体系，前意識水準で機能する経験的体系，無意識水準で機能する連想的体系からなる。

【第5章　テクニカル・ターム】
★1：単純接触仮説（mere exposure hypothesis）
　刺激にくり返し接触するだけで，その刺激に対する好意度が上昇するという考え方。この効果は，閾下知覚のレベル（刺激に接触していることに本人は気づかない，意識にのぼらないレベル）においても見いだされることが示されている。

★2：マッチング仮説（matching hypothesis）
　釣り合い仮説。自分自身の身体的魅力度と同程度の身体的魅力をもつ異性がペアになるという仮説。人は可能な限り魅力的なパートナーを求めるのだが，魅力度の高い者どうしがお互いに選択しあうので，潜在的選択肢は徐々に狭まり，結果的にそうなると主張する研究者もいる。

★3：自己開示（self-disclosure）
　自分自身に関係する情報を特定の他者に対して伝達する言語的行動。他者に意図的によい印象を与えようとして伝達される場合は，特に自己呈示として区分されることもある。対人関係において，相互的な自己開示は，その基盤の安定化に重要な意味をもつとされる。

【第6章　テクニカル・ターム】
★1：情報（information）
　コミュニケーションにおいて不確実性（曖昧さ）を減少させるもの。1948年にアメリカの数学者シャノンが数量的に定義した（Shannon, C.E., & Weaver, W., 1949）。しかし，心理学では，このような厳密な定義をせずに，ある目的のために利用される手がかりや知識といった抽象的な意味で使われることが多い。

★2：精神物理学（psychophysics）
　物理量と心理量の関数関係を明らかにする学問。フェヒナー（Fechner, G.T.）が1860年に著わした『精神物理学原論（*Elemente der Psychophysik*）』に由来する。彼は，ドイツのライプチヒ大学で医学・物理学・数学を学び，物理現象と精神現象の間に存在する法則を明らかにしようと研究に打ち込んだ。この過程で彼が創出した調整法・極限法・恒常法などの測定法や，それによって測定される刺激閾・弁別閾という概念は，現在でも用いられ，実験心理学の基礎を築いたといえる。

★3：マグニチュード推定法（magnitude estimation）
　感覚量を実験参加者に数値として直接答えてもらう方法。アメリカのスチーブンス（Stevens, S.S.）によって開発された。それまでの精神物理学では，参加者の単純な反応（大きい／小さいなど）に基づき，長い時間をかけて感覚量を推定していた。マグニチュード推定法により，短時間でさまざまなモダリティの感覚量を推定できるようになった。

★4：大きさの恒常性（size constancy）
　網膜像が変化しても同じ物体はほぼ同じ大きさに見えること。物体までの距離を2倍にすると，網膜に写る像の大きさは1/2になるが，見えの大きさはそれほど変化しない。恒常性は大きさだけでなく，形や色についても認められる。

★5：表面色（surface color）
　物体の表面に密着して見える色。これに対して，澄んだ青空のように実体感のない色を面色（film color）という。

★6：ゲシュタルト（Gestalt）
　「形態」を意味するドイツ語で，英語のformに相当する。刺激を構成要素に分解するのではなく，まとまった全体として扱おうとする立場をゲシュタルト心理学とよぶ。

★7：定位反応（orienting response）
　環境の変化が生じた方向に，耳や目などの感覚器官を向ける（定位する）反応。同時に覚醒が上昇し，環境の探索が行なわれる。定位反射（orienting reflex）ともよばれる。ロシアの生理学者パブロフ（Pavlov, I.P., 1927）によって発見され，「なんだろう反射（"what-is-it?" reflex）」または「探索反射（investigatory reflex）」と名づけられた。

★8：共同注視（joint visual attention）
　相手が視線を向けた対象に視線を向けること。幼児はふつう生後8～10か月までにこの能力を獲得する。自分から対象を指さす行動が始まるのは，その1～2か月後からである（Bruner, J.S., 1983）。

★9：内言（inner speech）
　音声を伴わない内的言語。思考や行動制御のために使われる。音声を伴う外言（outer speech）が発達により内面化されたものと考えられている。

★10：自動化（automatization）
　自動性（automaticity）を獲得する過程。練習によって達成されるが，一度獲得すると，元の制御的処理が行なえなくなる。スキーやテニスを自己流で身につけてしまうと悪い癖がいつまでも直せないのはこのためである。

★11：多義図形（ambiguous figure）
　見方によって複数の意味をもつ図形。知覚心理学の教材としてよく用いられる。

★12：活性化と抑制（activation and inhibition）
　通常，神経細胞内は細胞外に比べてマイナスに帯電している。他の神経細胞からの信号を受けて，細胞内の電位がプラス方向に変化することを活性化，マイナス方向に変化することを抑制という。細胞内の電位が一定のレベルを超えると活動電位が発生し，次の神経細胞に信号を送る。

★13：事象関連電位（event-related brain potential）
　脳波の一種で，刺激や運動などの特定の事象に時間的に関連した電位変化。ERPと略記する（入戸野，2002）。

★14：状況的認知（situated cognition）
　人間の認知は，脳の中に閉じ込められた過程によって行なわれるのではなく，個別の状況との相互作用によって成立するという考え方（Suchman, L.A., 1987）。

★15：ヒューマン-コンピュータ・インタラクション
　　　　（human-computer interaction）
　人間とコンピュータの相互作用。インタラクションにはもともと人間どうしが言葉によって意図を伝えあうという意味がある。人間がコンピュータを一方的に使うのではなく，両者が相互にやりとりをすると考える。

★16：三段論法（syllogism）
　大前提-小前提-結論の3段階からなる推論。2つの前提から1つの結論を導く論理学の規則。

★17：生態学的な文脈（ecological context）
　生物が実際に生活している状況。人間の心理活動は，実際の生活場面から切り離されて実験室の中で研究されることが多かったが，それに対する批判として生態学的な文脈が強調された。

【第7章　テクニカル・ターム】
★1：再生（recall）
　学習した刺激を思い出して正確に再現する方法。具体的には，実験参加者自身に書かせたり，口頭で報告してもらい実験者が記録する。

★2：妨害
　記憶を妨害する課題のことをディストラクタ課題（distracter task）とよぶ。ピーターソンらが行なった妨害手続きは，ブラウン＝ピーターソンのパラダイム（Brown-Peterson paradigm）とよばれている。

★3：自由再生法
　思い出した順に自由に再生する方法（free recall）。呈示された順序通りに再生する方法を系列再生（serial recall），手がかりが与えられる場合を手がかり再生（cued recall）という。また，学習した項目としなかった項目のなかから，学習したものを選ぶ方法を再認（recognition）という。

★4：顕在記憶
　自分の経験として思い出すことができる記憶。エピソード記憶がこれに相当する。

★5：潜在記憶
　自分の経験として思い出すことができない記憶。思い出しているという意識はないが，このような過去経験は，さまざまな行動に影響を及ぼしている。たとえば，日本語を話している場合や，自動車を運転する場合もこれに相当する。エピソード記憶以外は，潜在記憶に分類される。

★6：健忘
　必要な情報を思い出せなくなる症状を健忘といい，病因の生じた以降のことが覚えられない記憶障害を順行性健忘という。
★7：プライミング効果（priming effect）
　先行する刺激によって後続の刺激の処理が促進される現象。
★8：ステレオタイプ（Stereo type）
　ある社会集団や社会的カテゴリー（人種，性別，年齢，職業など）の成員の属性に関して，人々が共有している信念。その内容は過度に単純化されており，集団やカテゴリー内の個人差を無視して画一的にあてはめられ，変化しにくいという特徴をもつ。
★9：生態学的妥当性（ecological validity）
　示された行動が日常生活においてどの程度もっともらしいかをさす。
★10：心的外傷後ストレス症候群（post-traumatic stress disorder）
　通常の体験を越えた災害や事故，事件の目撃，いじめや暴力など過度のストレス体験によって，強度の不安や恐怖，抑うつ症状などを示す精神的な障害をいう。

【第8章　テクニカル・ターム】
★1：連合学習（associative learning）
　学習は連合学習と非連合学習の2つのタイプに分けられる。連合学習は刺激と反応または刺激と刺激の間に連合が形成される学習である。古典的条件づけもオペラント条件づけもこれにあたる。一方，非連合学習は刺激と反応の間に明らかな連合の形成がなされないもので単純な学習である。たとえば，大きな音に対しては最初に定位反応（orienting response）が生じるが，音の後に何も起こらなければ，くり返し音が鳴っても何の反応も生じない。これが慣れ（habituation）であり，これはもっとも単純な非連合学習である。
★2：同時条件づけ（simultaneous conditioning）
　古典的条件づけにおいては，CS－UCSの時間的関係は重要である。同時条件づけでは，CSとUCSの呈示がまったく同時あるいはCS呈示中にUCSが呈示される。これはCSとUCSの関係が密接であることを意味し，条件づけが成立しやすい。つまりCS≒UCSの力を獲得しやすくなる。しかしCSがあまりに短いと逆にCSがUCSを予測する力をもつことができず，むしろ遅延条件づけの方が，条件づけが成立しやすくなる。
★3：遅延条件づけ（delayed conditioning）
　古典的条件づけでは，短い遅延条件づけがもっとも条件づけが成立しやすくなる。これはCSが呈示された直後の時間が重要であることを示し，CSがUCS到来の予告信号の力をもつようになると解釈されている。遅延時間が長くなれば時間の経過に従ってその予力が弱くなり，CS呈示直後ではCRは示さないが，時間経過とともにUCS呈示に近づくに従ってCRが出現するようになる。CS－UCS間隔を操作した実験結果からは接近の法則を支持する結果が得られる。
★4：痕跡条件づけ（trace conditioning）
　CSとUCSの時間関係は遅延条件づけと同様であるが，遅延条件づけではCSが呈示されつづけて最後にUCSが呈示されるのに対して，痕跡条件づけではCSが呈示されて，それが終了してからUCSが呈示される。この場合には遅延条件づけよりも条件づけがむずかしくなる。また，接近の法則に従って，CS－UCS間隔が長くなるほど条件づけは成立しがたくなる。たとえば，5秒のCS－UCS間隔で条件づけされた群と10秒のCS－UCS間隔で条件づけされた群では10秒の群の方が成績が悪くなる。
★5：逆行条件づけ（backward conditioning）
　CSとUCSは他の手続きと同様に呈示されるが，その時間的関係が他の手続きとは逆に設定された条件づけである。つまり，UCSが呈示された後にCSが呈示される条件づけである。これは条件づけが成立しがたい手続きである。接近の法則に従えば，逆行条件づけでも間隔が短ければ条件づけが成立してもよいが，実際には成立しない。これは時間の接近が重要なだけでなく，時間の順序も重要であることを示している。予告信号という考え方からいけば，UCSの後にCSが到来するのであるから，CSはUCSが来ないということを予告することになり，CSによってはCRは生じない。
★6：時間条件づけ（temporal conditioning）
　UCSのみが一定の時間間隔で呈示される条件づけ手続きである。明確なCSは呈示されないが，UCSが呈示される時間間隔がCSになる。定期的に到来するUCSだけで条件づけが成立する。つまり時間間隔がCSとして機能することが実験的に証明されている。定期的に呈示されるUCSが，ある時に抜けたとしても，その呈示されたであろう時にCRが出現する。
★7：行動形成（shaping）
　オペラント行動を形成するには行動形成法を用いる。自発しない行動を自発するようにすること，あるいは望ましくない行動を望ましい行動へ変容させるときにも同じ手法を用いる。新しいオペラント行動を形成するためには，まずオペラント行動のレパートリーを調べ，行動の出現しやすさを測定して行動のトポグラフィ（出現頻度）を求めておく。比較的出現確率が高い行動を使い，形成したい行動に徐々に近づける。そのためには目標とする行動の方向へ強化と消去をくり返す。消去手続きを導入することにより行動のレパートリーが広がることを利用している。
★8：シドマン型回避課題（Sidman avoidance task）
　オペラント箱の中で，被験体が反応をしなければ一定の間隔で電気ショックが与えられる課題である。たとえば，ラットが回避反応であるレバー押し反応をしなければ5秒

ごとに電気ショックがくる。5秒以内にレバー押し反応をすれば，電気ショックは30秒延期される。電気ショックの前に信号となる刺激はなく，時間間隔が電気ショックを制御している。つまり，つねに一定の間隔でレバー押し反応をしなければ電気ショックを受ける課題である。これは自由オペラント回避ともよばれる回避課題である。

【第10章　テクニカル・ターム】

★1：2点弁別閾（difference threshold）

　ウェーバー（Weber, E.H.）の実験的研究のなかの1つに，コンパスの2端で同時に皮膚を刺激した際に，2点として感じる最短距離を調べたものがある。2つの刺激が物理的に異なっていても，その差があまりにも小さいと区別することができない。感覚的に区別できる最小の刺激量を弁別閾という。測定結果によると，舌端が最も鋭敏で，舌，指，口唇などの閾値は低く，1〜5mmである。一方，背部，上腕，大腿部などの体肢では体幹に近い方，特にその背面が鈍感であり，その閾値は50〜100mmである。また弁別閾は，測る方向によっても異なり，体肢についていえば横の方向は縦の方向よりも閾値が低い。

★2：半側視野法

　スクリーン中央の注視点を両眼で凝視している間に，注視点から視角で約2.5°くらい側方，つまり左右一方の視野に，刺激を0.1秒くらい瞬間呈示すると，左視野に呈示された情報は右半球に入力され，右視野に呈示された情報は左半球に入力される。瞬間呈示するのは，眼球運動によって一方の視野刺激が他方の視野にも呈示されるのを防ぐためである。

文　献

◆第2章 文献◆

新井邦二郎　1997　自己概念の発達　新井邦二郎（編著）図でわかる発達心理学　福村出版　p.68.

蘭　千壽　1992　対人関係のつまずき　木下芳子（編）新・児童心理学講座　第8巻　対人関係と社会性の発達　金子書房

Asada, T., Motonaga, T., Yamagata, Z., Uno, M., & Takahashi, K. 2000 Associations between retrospectively recalled napping behavior and later development of Alzheimer's disease : Association with APOE genotypes. *Sleep*, **23**, 629-634.

東　洋　1969　知的行動とその発達　岡本夏木ら（編）児童心理学講座4　認識と思考　金子書房　Pp. 1-88.

Bowlby, J. 1969 *Attachment and Loss.* Vol. 1 Attachment. London: Hogarch.　黒田実郎・大羽　秦・黒田誠（訳）1991　母子関係の理論Ⅰ　愛着行動　岩崎学術出版社

Brazelton, T.B., School, M.L., & Robey, J.S. 1966 Visual responses in the newborn. *Pediatrics*, **37**, 284-290.

榎本淳子　1999　青年期における友人との活動と友人に対する感情の発達的変化　教育心理学研究, **47**, 180-190.

Epstein, S. 1990 Cognitive-experimental self-theory. In L.A. Pervin (Ed.), *Handbook of personality : Theory and research.* New York: Guilford.

Erikson, E.H. 1950 *Childhood and society.* New York: W.W.Norton.　仁科弥生（訳）1977　幼児期と社会　みすず書房

Erlenmeyer-Kimling, L. & Jarvik, L. F. 1963　Genetics and intelligence. A review. *Science*, **142**, 1477-1479.

Fantz, R.L. 1966 Pattern, discrimination and selective attention as determinants of perceptual developments from birth. In A.H. Kidd, & H.L. Revoire (Eds.), *Perceptual developments in children.* New York: International University Press. Pp.143-173.

藤崎眞知代　1993　家族から近隣社会へ　高橋道子・藤崎眞知代・仲　真紀子・野田幸江（編）子どもの発達心理学　新曜社

古川　聡　1997　自己概念の発達　新井邦二郎（編）図でわかる発達心理学　福村出版　Pp.59-70.

Gardner, H. 1983 *Frames of mind.* New York: Basic Books.

Gibson, E.J. 1967 *Principles of perceptual learning and development.* New York: Meredith Corporation. p.320.

Gibson, E.J., & Walk, R.D. 1960 The "visual cliff ". *Scientific American*, **202**, 2-9.

Goddard, H.H. 1912 *The Kallikak family: A study in the heredity of feeble mindedness.* New York: Macmillan.

Havighurst, R.J. 1972 *Developmental Tasks and Education.* (3rd ed.) New York: Longman.　児玉憲典・飯塚裕子（訳）1997　ハヴィガーストの発達課題と教育―生涯発達と人間形成―　川島書店

Higgins, E. T. 1989　Self-discrepancy theory : What patterns of self-beliefs cause people to suffer? *Advance in Experimental Social Psychology*, **22**, 93-136.

Jensen, A.R. 1968 Social class, race, and genetics: Implications for education. *American Educational Research*, **5**, 1-42.

川瀬良美　1997　パーソナリティの発達　新井邦二郎（編著）図でわかる発達心理学　福村出版　p.104.

北尾倫彦　1997　パーソナリティ　北尾倫彦・中島　実・井上　毅・石王敦子（共著）グラフィック心理学　サイエンス社　Pp.135-162.

Kohlberg, L. 1963 The development of children's orientations toward a moral order: I. Sequence in development of moral thought. *Vite Humana*, **6**, 11-33.

Kuhl, P.K. 1994　Learning and representation in speech and language. *Current Opinion in Neurobiology*, **4**, 812-822.

Levinson, D.J. 1978 *The Seasons of a Man's Life.* New York: The Sterling Lord Agency.　南　博（訳）1992　ライフサイクルの心理学（上）（下）講談社

Marcia, J.E. 1966 Development and validation of ego-identity status. *Journal of Personality and Social Psychology*, **3**, 551-558.

丸野俊一　1990　認知　無藤　隆・高橋惠子・田島信元（編）発達心理学入門Ⅰ　乳児・幼児・児童　東京大学出版会　Pp.82-107.

Montemayor, R., & Eisen, M. 1977 The development of self-conception from childhood to adolescence. *Developmental Psychology*, **13**, 314-319.

無藤清子　1979　「自我同一性地位面接」の検討と大学生の自我同一性　教育心理学研究, **27**, 178-187.

無藤　隆　1994　赤ん坊から見た世界―言語以前の光景―　講談社

無藤　隆　1998　早期教育を考える　日本放送出版協会

村田孝次　1987　四訂版　教養の心理学　培風館　p.29, p.182.

村田孝次　1991　三訂版　児童心理学入門　培風館

▶▶▶ 文　献

内藤俊史　1982　道徳性　無藤　隆（編）ピアジェ双書2　ピアジェ派心理学の発展 I　国土社

内藤俊史　1992　認知的発達理論（コールバーグ）日本道徳性心理学研究会（編）　道徳性心理学　北大路書房

ニューズウィーク日本版　2001　「原石」はこうして磨かれる　新・0歳からの教育　東京：ティビーエス・ブリタニカ　Pp.54-57.

大城宜武　1986　知能と創造性－知能・創造性－　名城嗣明・東江平之（編）　初めて学ぶ心理学　福村出版　Pp.94-106.

大河内浩人　1991　パーソナリティ　杉本助男（編著）心理学20講　北大路書房　Pp.44-51.

Parten, M.B.　1932　Social participation among pre-school children. *Journal of Abnormal and Social Psychology*, **27**, 243-269.

Piaget, J.　1932　*The moral judgment of the child.* (Original, 1930) Routledge & Kegan, P. 大伴　茂（訳）1957　児童道徳判断の発達　臨床児童心理学Ⅲ　同文書院

桜井茂男　1994　胎児期の発達　桜井茂男・大川一郎（編）しっかり学べる発達心理学　福村出版　Pp.23-36.

佐藤寛之　1997　知的機能の発達　新井邦二郎（編著）図でわかる発達心理学　福村出版　p.134.

Selman, R.L., & Byrne, D.F.　1974　A structural development analysis of levels of role taking in middle childhood. *Child Development*, **45**, 803-806.

Shaver, P., Hazen, C., & Brandshaw, D.　1988　Love as attachment : The integration of three behavioral systems. In R. J. Sternberg & M. L. Barnes (Eds.), *The psychology of love.* New Haven, CT : Yale University Press.

繁田　進　1975　環境と性格形成　藤永　保・三宅和夫・山下栄一・依田　明・空井健二・井沢秀而　性格心理学　有斐閣　p.66.

下山晴彦・丹野義彦　2001　講座臨床心理学5　発達臨床心理学　東京大学出版会

Stern, D.N.　1985　*The interpersonal world of the infant : A view from psychoanalysis and developmental psychology.* New York: Basic Books. 小此木啓吾・丸田俊彦（監訳）神庭靖子・神庭重信（訳）1989　乳児の対人世界：理論編，臨床編　岩崎学術出版社

高林敏文ほか　1981　妊娠と禁煙　産科と産婦人科, **48**, 75-82.

高橋道子　乳児の認知と社会化　1990　無藤　隆・高橋惠子・田島信元（編）発達心理学入門Ⅰ　乳児・幼児・児童　東京大学出版会　Pp.36-60.

田中秀樹　2002　快適睡眠と生活習慣病，痴呆予防－眠りを楽しみ，豊かな熟年期を過ごすためのライフスタイルと地域活動－　小西美智子（編）介護ハンドブック　関西看護出版　Pp.128-168.

田中秀樹　2002　睡眠確保からの脳とこころのヘルスプロモーション－睡眠・ライフスタイルと脳・心身の健康－　地域保健, **6**, 4-27.

田中熊次郎　1975　児童集団心理学　明治図書

田中　優　2000　社会的ネットワークと生涯発達　高木　修（監修）西川正之（編）シリーズ21世紀の社会心理学4　援助とサポートの社会心理学－助けあう人間のこころと行動－　北大路書房

鑪　幹八郎　1990　アイデンティティの心理学　講談社

鑪　幹八郎・山本　力・宮下一博（編）1984　自我同一性研究の展望　ナカニシヤ出版

戸田弘二　1991　Internal Working Models研究の展望　北海道大学教育学部紀要, **55**, 133-143.

戸田弘二　1992　愛着を感じる　松井　豊（編）対人心理学の最前線　サイエンス社　Pp.40-50.

戸田弘二　1997　今川民雄（編著）「わたし」とは？「わたし」をみる・「わたし」をつくる－自己理解の心理学－　川島書店　Pp.1-26.

辻　平治郎　1993　自己意識と他者意識　北大路書房

山村　豊　2002　からだと運動機能の発達　山下富美子（編）図解雑学　発達心理学　Pp.23-56.

山上精次　1990　発達　金城辰夫（編）図説　現代心理学入門　Pp.117-139.

矢野善夫・落合正行　1991　新心理学ライブラリー5　発達心理学への招待－人間発達の全体像をさぐる－　サイエンス社

Zelazo, P., Zelazo, N., & Kolb, S.　1972　"Walking" in the newborn. *Science,* **177**, 1058-1059.

【トピックス2】

Naylor, E., Penev, P.D., Orbeta, L., Janssen, I., Ortiz, R., Colecchia, E.F., Keng, M., Finkel, S., & Zee, P.C.　2000　Daily social and physical activity increases slow-wave sleep and daytime neuropsychological performance in the elderly. *Sleep,* **23**, 87-95.

Shirota, A., Tamaki, M., Nittono, H., Hayashi, M., & Hori, T.　2001　Volitional lifestyle and nocturnal sleep in the healthy elderly. *Sleep Research Online,* **4**, 91-96.

◆第3章　文献◆

Allport, G.W.　1961　*Pattern and growth in personality.* New York: Holt, Rinehart, and Winston. 今田　恵（監訳）1968　人格心理学　誠信書房

蘭　香代子　1990　人格の適応と生徒指導　西山　啓・山内光哉（監修）新教育心理学入門　ナカニシヤ出版

東　洋　1989　教育の心理学－学習・発達・動機の視点－　有斐閣

Bandura, A. ／重久剛（訳）1985　自己効力（セルフ・エフィカシー）の探求　祐宗省三・原野広太郎・柏木恵子・

春木　豊（編）社会的学習理論の新展開　金子書房　Pp.13-141.

Cattell, R.B.　1965　*The scientific analysis of Personality.* London: Penguin Books Ltd. 斉藤耕二・安塚俊行・米田弘枝（訳）1981　パーソナリティの心理学－パーソナリティ理論と科学的研究－（改訂版）金子書房

Costa, P.T.Jr., & McCrae, R.R.　1992　*NEO-PI-R professional manual: Revised NEO Personality Inventory (NEO-PI-R) and NEO Five-Factor Inventory (NEO-FFI).* Odessa, Fla.: Psychological Assessment Resources.

Eysenck, H.J.　1960　*The structure of human personality.* Mephuen.

Guilford, J.P.　1967　*The nature of human intelligence.* New York: McGraw-Hill.

Hofland, B.E., Wills, S.L., & Baltes, P.B.　1981　Fluid intelligence performance in the elderly: Intraindividual variability and conditions of assessment. *Journal of Educational Psychology,* **74**, 573-586.

Horn, J.L.　1970　Organization of data on life-span development of human abilities. In L. R. Goulet & P.B. Baltes (Eds.), *Life-span developmental psychology: Research and theory.* Academic Press.

Horn, J.L., & Cattell, R.B.　1966　Age difference in primary mental abilities factors. *Journal of Gerontology,* **21**, 210-220.

Horn, J.L., & Cattell, R.B.　1967　Age difference in fluid and crystallized intelligence. *Acta Psychologica,* **16**, 107-129.

Jung, C.G.　1967　*Psychologische Typen. Zehnte, revidierte Auflage.* Zurig: Rascher Verlag.　林　道夫（訳）1987　タイプ論　みすず書房

Kaufman, A.S.　1983　Some question and answers about Kaufman Assessment Battery for Children(K-ABC). *Journal of Psychoeducational Assessment,* **1**, 205-218.

小林重雄　1998　WAIS-Rの特徴について　小林重雄・藤田和弘・前川久男・大六一志・山中克夫（編著）日本版WAIS-Rの理論と臨床　日本文化科学社　Pp.2-6.

Kretschmer, E.　1955　*Körperbau und Charakter: Untersuchungen zum Konstitutions Problem und zur Lehre von den Temperamenten.* 21/22. Auflage. Berlin: Springer-Verlag.　相場　均（訳）1961　体格と性格－体質の問題および気質の学説によせる研究－（1955年版）光文堂

松原達哉・藤田和弘・前川久男・石隈利紀　1993　K-ABC心理教育アセスメントバッテリー　丸善メイツ

村田孝次　1987　四訂版　教養の心理学　培風館

村田孝次　1989　生涯発達心理学の課題　培風館

Schaie, K.W.　1984　The Seattle Longitudinal Study: A twenty-one year exploration of psychometric intelligence in adulthood. In K.W. Schaie (Ed.), *Longitudinal studies of adult psychological development.* Guilford Press.

芝　祐順　1970　知能の因子構造　肥田野　直（編）講座心理学9　知能　東京大学出版会　Pp.17-51.

品川不二郎・小林重雄・藤田和弘・前川久男　1990　日本版WAIS-R　日本文化科学社

Skinner, B.F.　1974　*About behaviorism.* New York: Alfred A. Knopf.　犬田　充（訳）1975　行動工学とは何か－スキナー心理学入門－　佑学社

Spearman, C.E.,　1927　*The abilities of man.* New York : Macmillan.

Sternberg, R.J.　1985　*Beyond IQ: A triarchic theory of human intelligence.* New York: Cambridge University Press.

田中教育研究所（編著）1987　田中ビネー知能検査法　田研出版

辰野千壽　1995　新しい知能観にたった知能検査基本ハンドブック　図書文化社

Terman, L. M., & Merrill, M. A.　1937　*Measuring intelligence.* Boston: Houghton Mifflin.

Thurstone, L.L.　1938　Primary mental abilities. *Psychometric Monograph.* No. 1.

Thurstone, L.L., & Thurstone, T.G.　1941　Factorial studies of intelligence. *Psychometric Monograph.* No. 2.

【トピックス3】

中西信男・佐方哲彦　1986　ナルシズム時代の人間学

◆第4章　文献◆

Affleck, G., Tennen, H., Pfeiffer, C., & Fifield, J.　1988　Social comparisons in rheumatoid arthritis: Accuracy and adaptational significance. *Journal of Abnormal and Clinical Psychology,* **6**, 219-234.

Allport, G.W.　1955　*Becoming: Basic considerations for psychology of personality.* Yale University Press.

安藤清志　2002　自己呈示　船津　衛・安藤清志（編著）ニューセンチュリー社会心理学1　自我・自己の社会心理学　北樹出版

Aronson, E.　1968　Dissonance theory: Progress and problems. In R.P. Abelson, E. Aronson, W.J. McGuire, T.M. Newcomb, M.J. Rosenberg, & P.H. Tannenbaum (Eds.), *Theories of cognitive consistency: A source book.* Chicago: Rand McNally. Pp. 5-27.

Baron, R.S.　1986　Distraction-conflict theory: Progress and problem. In L. Berkowitz (Ed.), *Advances in Experimental Social Psychology.* Vol.19. New York: Academic Press.

Baumeister, R.F., Smart, L., & Boden, J.M.　1996　Relation of threatened egotism to violence and aggression: The dark side of high self-esteem. *Psychological Review,* **103**, 5-33.

Brehm, J., & Cohen, A.R.　1962　*Exploratory in cognitive dissonance.* John Wiley & Sons.

Cooper, J., & Fzio, R.H.　1984　A new look at dissonance theory.

In L. Berkowitz (Ed.), *Advances in Experimental Social Psychology*. Vol.17. Academic Press. Pp.229-266.

Cottrell, N.B. 1972 Social facilitation. In C.G. McClintock (Ed.), *Experimental Social Psychology*. Holt, Rinehart & Winston. Pp.185-236.

Duval, S., & Wickland, R.A. 1972 *A theory of objective self-awareness*. Academic Press.

榎本博明 1998 「自己」の心理学 自分探しへの誘い サイエンス社

Festinger, L. 1954 A theory of social comparison processes. *Human Relations,* **7**, 117-140.

Festinger, L. 1957 A theory of cognitive dissonance. 末永俊郎（監訳）1965 認知的不協和の理論 誠信書房

Festinger, L., & Carlsmith, J.M. 1959 Cognitive consequences of forced compliance. *Journal of Abnormal and Social Psychology,* **58**, 203-210.

Fiske, S.T., & Taylor, S.E. 1984 *Social cognition*. New York: Random House.

藤原武弘 2001 自己過程 上里一郎（監修）現代のエスプリ（別冊）臨床心理学と心理学を学ぶ人のための心理学基礎事典 至文堂

Harter, S. 1993 Causes and consequences of low self-esteem in children and adolescents. In R.F. Baumeister (Ed.), *Self-esteem: The puzzle of low self-regard*. New York: Plenum Press. Pp.87-116.

長谷川孝治 2002 自信喪失・自己嫌悪 上里一郎（監修）杉山雅彦・菱村 豊・松下姫歌・田中秀樹（編）これから始める臨床心理学 昭和堂 Pp.164-178.

長谷川孝治・浦 光博 1998 アイデンティティー交渉過程と精神的健康との関連についての検討 実験社会心理学研究, **38**, 151-163.

Heider, F.H., 1958 *The psychology of interpersonal relations*. Wiley. 大橋正夫（訳）1978 対人関係の社会心理学 誠信書房

池上知子・遠藤由美 1998 グラフィック社会心理学 サイエンス社

Ingham, A.G., Levinger, G., Graves. J., & Peckham, V. 1974 The Ringelman effects: Studies of group size and group performance. *Journal of Experimental Social Psychology,* **10**, 371-384.

James, W. 1890 *The principal of psychology*. New York: Henry Holt & Co.

Jones, E.E., & Davis, K.E. 1965 From act to dispositions: The attribution process in person perception. In L. Berkowitz (Ed.), *Advances in Experimental Social Psychology*. Vol.2. New York: Academic Press.

Jones, E.E., & Harris, V.A. 1967 The attribution of attitudes. *Journal of Experimental Social Psychology,* **3**, 2-24.

Jones, E.E., & Nisbett, R.E. 1972 The actor and the observer: Divergent perceptions of the causes of behavior. In E.E. Jones, D.E. Kanouse, H.H. Kelley, R.E. Nisbett, S. Valins, & B. Weiner (Eds.), *Attribution: Perceiving the causes of behavior*. General Learning Press. Pp.79-94.

Jones, E. E. & Pittman, T. S. 1982 Toward a general theory of strategic self-presentation. In J. Suls (Ed.), *Psychological Perspectives on the self*. Vol. 1. Hillsdale, N. J. : General Learning Press.

Kaplan, K.J., Firestone, I.J., Degnore, R., & Morre, M, 1974 Gradients of attraction as a function of disclosure probe intimacy and setting formality: On distinguishing attitude oscillation from attitude change. *Journal of Personality and Social Psychology,* **30**, 638-646.

Kelley, H.H. 1967 Attribution theory in social psychology. In D. Levine (Ed.), *Nebraska Symposium on motivation*. Vol.15. University of Nebraska Press. Pp.192-237.

Latané, B. 1981 The psychology of social impact. *American Psychologist,* **36**, 343-365.

Latané, B., Williams, K., & Harkins, S. 1979 Many hands male light the work: The causes and consequences of social loafing. *Journal of Personality and Social Psychology,* **37**, 822-832.

Leary, M.R., & Kowalski, R.M. 1990 Impression Management: A literature review and two component model. *Psychological Bulletin,* **107**, 34-47.

Linville, P.W. 1985 Self-complexity and affective extremity: Don't put all of your eggs in one cognitive basket. *Journal of Personality and Social Psychology,* **52**, 663-676.

Linville, P.W. 1987 Self-complexity as a cognitive buffer against stress-related illness and depression. *Journal of Personality and Social Psychology,* **52**, 663-676.

中村陽吉（編）1990 「自己過程」の社会心理学 東京大学出版会

小口孝司 1998 自己開示と適応 安藤清志・押見輝男（編）対人行動学研究シリーズ6 自己の社会心理 誠信書房

Pelham, B.W., & Swann, W.B.Jr. 1989 From self-conceptions to self-worth: On the sources and structure of global self-esteem. *Journal of Personality and Social Psychology,* **57**, 672-680.

Pennebaker, J.W. 1989 Confession, inhibition, and disease. In L. Berkowitz (Ed.), *Advances in experimental social psychology*. Vol.22. New York: Academic Press.

Pennebaker, J. W. & Beall, S. 1986 Confronting a traumatic event : Toward an understanding of inhibition and disease. *Journal of Abnormal Psychology,* **95**, 274-281.

Pyszczynski, T., & Greenberg, J. 1987 Self-regulatory perseveration and the depressive self-focusing style: A self-awareness theory of reactive depression. *Psychological Bulletin,* **102**, 122-138.

坂本真士 1997 自己注目と抑うつの社会心理学 東京大

学出版会

Sanders, G.S. 1981 Driven by distraction: An integrative review of social facilitation and theory and research. *Journal of Experimental Social Psychology,* **17,** 227-251.

Sanders, G.S., & Baron, R.S., 1975 The motivating effects of distraction on task performance. *Journal of Personality and Social Psychology,* **32,** 956-963.

Sedikides, C., & Strube, M.J. 1997 Self-evaluation: To thine own be good, to thine own self be sure, to thine own self be true, and to thine own self be better. In M.P. Zanna (Ed.), *Advances in experimental social psychology.* Vol.29. California: Academic Press. Pp.209-270.

Shavelson, R.L., Hubner, J.J., & Stanton, G.C. 1976 Validation of construct interpretations. *Review of Educational Research,* **46,** 407-441.

Steiner, I.D., 1972 *Group process and productivity.* Academic Press.

Swann, W.B.Jr. 1987 Identity negotiation: Where two roads meet. *Journal of Personality and Social Psychology,* **53,** 1038-1051.

Swann, W.B.Jr., Griffin, J.J.Jr., Predmore, S.C., & Gaines, B. 1987 Cognitive-Affective crossfire: When self-consistency confronts self-enhancement. *Journal of Personality and Social Psychology,* **52,** 881-889.

Taylor, S.E., & Brown, J.D. 1988 Illusion and well-being: A social psychological perspective on mental health. *Psychological Bulletin,* **103,** 211-222.

Taylor, S.E., Peplau, L.A., & Sears, D.O. 1994 *Social Psychology.* (8th ed.) New Jersey: Prentice Hall.

Tesser, A. 1988 Toward a self-evaluation maintenance model of social behavior. In L. Berkowiz (Ed.), *Advances in experimental social psychology.* Vol.21. New York: Academic Press. Pp.290-338.

渡辺浪二 2002 自己意識 船津 衛・安藤清志（編著）ニューセンチュリー社会心理学1 自我・自己の社会心理学 北樹出版

Weiner, B. 1986 *An attribution theory of motivation and emotion.* New York: Springer-Verlag.

Wheeler, L., & Miyake, K. 1992 Social comparison in everyday life. *Journal of Personality and Social Psychology,* **65,** 760-773.

Wickland, R.A. 1975 Objective self-awareness. In L. Berkowitz (Ed.), *Advances in experimental social psychology.* Vol. 8. New York: Academic Press.

Wood, J.V., Taylor, S.E., & Lichtman, R.R. 1985 Social comparison in adjustment to breast cancer. *Journal of Personality and Social Psychology,* **46,** 561-574.

山本真理子・松井 豊・山成由紀子 1982 認知された自己の諸側面の構造 教育心理学研究，**30,** 64-68.

Zajonc, R.B. 1965 Social Facilitation. *Science,* **149,** 269-274.

Zajonc, R.B. 1980 Compresence. In P.B. Paulus (Ed.), *Psychology of group influence.* Hllsdale, N.J.: Lawrence Erlbaum Associates.

◆第5章　文献◆

相川　充　2000　セレクション社会心理学20　人づきあいの技術－社会的スキルの心理学－　サイエンス社

相川　充・佐藤正二・佐藤容子・高山　巖　1993　孤独感の高い大学生の対人行動に関する研究－孤独感と社会的スキルとの関係－　社会心理学研究，**8,** 44-55.

Allport, G.W. 1985 The historical background of social psychology. In G. Lindzey & E. Aronson (Eds.), *The handbook of social psychology.* (3rd ed.) Random House. Pp. 1-46.

Altman, I., & Taylor, D.A. 1973 *Social penetration: The development of interpersonal relationships.* New York: Holt, Rinehart & Winston.

Argyle, M. 1967 *The psychology of interpersonal behaviour.* Penguin books. 辻　正三・中村陽吉（訳）1972　対人行動の心理　誠信書房

Argyle, M., & Dean, J. 1965 Eye-contact, distance and affiliation. *Sociometry,* **28,** 289-304.

Aronson, E., & Linder, D. 1965 Gain and loss of esteem as determinants of interpersonal attractiveness. *Journal of Experimental Social Psychology,* **1,** 156-171.

Asch, S.E. 1951 Effects of group pressure on the modification and distortion of judgement. In H. Guetzkow (Ed.), *Groups, Leadership and Men.* Pittsburgh: Carnegie.

Asch, S.E. 1952 *Social Psychology.* New-York: Prentice-Hall.

Ashton, N.L., Shaw, M.E., & Worsham, A.P. 1980 Affective reactions to interpersonal distances by friends and strangers. *Bulletin of the Psychonomic Society,* **15,** 306-308.

Backman, C.W., & Secord, P.F. 1959 The effect of perceived liking on interpersonal attraction. *Human Relations,* **12,** 379-384.

Berkman, L.F., & Syme, S.L. 1979 Social network, host resistance, and mortality: A nine-year follow-up study of Alameda county residents. *American Journal of Epidemiology,* **109,** 684-694.

Byrne, D., & Nelson, D. 1965 Attraction as liner function of proportion of positive reinforcements. *Journal of Personality and Social Psychology,* **1,** 659-663.

Cialdini, R.B., Vincent, J.E., Lewis, S.K., Catalan, J., Wheeler, D., & Darby, B.L. 1975 Reciprocal concessions procedure for inducing compliance: The door-in-the-face technique. *Journal of Personality and Social Psychology,* **31,** 206-215.

文　献

Cohen, S., & Wills, T.A. 1985 Stress, social support, and the buffering hypothesis. *Psychological Bulletin,* **98**, 310-357.

大坊郁夫 1998 セレクション社会心理学14　しぐさのコミュニケーション―人は親しみをどう伝えあうか―　サイエンス社

Deutsch, M., & Gerard, H.B. 1955 A study of normative and informational influence upon individual judgement. *Journal of Abnormal and Social Psychology,* **51**, 629-636.

Festinger, L., Schachter, S., & Back, K. 1950 *Social pressures in informal groups: A study of human factors in housing.* New York: Harper & Row.

Freedman, J.L., & Fraser, S.C. 1966 Compliance without pressure: The foot-in-the-door technique. *Journal of Personality and Social Psychology,* **4**, 159-203.

French, J.R.P.Jr., & Raven, B.H. 1959 The basis of social power. In D. Cartwright (Ed.), *Studies in social power.* MI: Institute for Social Research. 千輪　浩（監訳）1962　社会的勢力　誠信書房　Pp.193-217.

深田博己 1998　インターパーソナルコミュニケーション―対人コミュニケーションの心理学―　北大路書房

Goldstein, A.P., Spratkin, R.P., Gershaw, N.J., & Klein, P. 1980 *Skill training approach to teaching prosocial skills.* Research Press.

Hall, E.T. 1966 *The Hidden Dimension.* Doubleday & Company. 日高敏隆・佐藤信行（訳）1970　かくれた次元　みすず書房

Hollander, E.P. 1958 Conformity, status, and idiosyncrasy credit. *Psychological Review,* **65**, 117-127.

堀毛一也　1994　人あたりの良さ尺度　菊池章夫・堀毛一也（編著）社会的スキルの心理学―100のリストとその理論―　川島書店　Pp.168-176.

今井芳昭　1996　影響力を解剖する―依頼と説得の心理学―　福村出版

磯崎三喜年　1987　集団圧力が判断の修正とゆがみに及ぼす影響　齊藤　勇（編）対人社会心理学重要研究集1　社会的勢力と集団組織の心理　Pp.70-72.

Jones, W.H., Hobbs, S.A., & Hockenbury, D. 1982 Loneliness and social skill deficits. *Journal of Personality and Social Psychology,* **42**, 682-689.

Kerckhoff, A.C., & Davis, K.E. 1962 Value consensus and need complementarity in mate selection. *American Sociological Review,* **27**, 295-303.

菊池章夫・堀毛一也（編著）1994　社会的スキルの心理学―100のリストとその理論―　川島書店

Knapp, M.L. 1978 *Nonverbal communication in human interaction.* (2nd ed.) New York: Holt, Rinehart and Winston.

Levinger, G., & Snoek, J.D. 1972 *Attraction in relationship: A new look at interpersonal attraction.* General Learning Press.

Lewinsohn, P.M. 1974 A behavioral approach to depression. In R.J. Freedman & M.M. Katz (Eds.), *The psychology of depression: Contemporary theory and research.* Winston-Wiley. Pp.157-178.

Mehrabian, A., & Wiener, M. 1967 Decoding of inconsistent communications. *Journal of Personality and Social Psychology,* **6**, 109-114.

Milgram, S. 1974 *Obedience to authority.* New York: Harper & Row. 岸田　秀（訳）1995　服従の心理（改訂版新装）河出書房新社

Moscovici, S., Lage, E., & Naffrechoux, M. 1969 Influence of a consistent minority on the responses of a majority in a colour perception task. *Sociometry,* **32**, 365-380.

Murstein, B.L. 1977 The stimulus-value-role (SVR) theory of dyadic relationships. In S. Duck (Ed.), *Theory and practice in interpersonal attraction.* Academic Press.

Patterson, M.L. 1976 An arousal model of interpersonal intimacy. *Psychological Review,* **83**, 235-245.

Riggio, R.E. 1986 Assessment of basic social skills. *Journal of Personality and Social Psychology,* **51**, 649-660.

Ross, C.E., Mirowsky, J., & Goldsteen, K., 1990 The impact of the family on health: The decade in review. *Journal of Marriage and the Family,* **52**, 1059-5078.

Shannon, C.E., & Weaver, W. 1949 *The Mathematical Theory of Communication.* The University of Illinois Press. 長谷川　淳・井上光洋（訳）1969　コミュニケーションの数学的理論　明治図書出版

Sherif, M. 1935 A study of some factors in perception. *Archives of Psychology,* **27**, No.187.

竹内郁郎　1973　社会的コミュニケーションの構造　内川芳美（編）　講座現代の社会とコミュニケーション1　基礎理論　東京大学出版会

Walster, E., Aronson, V., Abrahams, D., & Rottmann, L. 1966 Importance of physical attractiveness in dating behavior. *Journal of Personality and Social Psychology,* **4**, 508-516.

Winch, R.F. 1955 The theory of complementary needs in mate-selection: Final results on the test of the general hypothesis. *American Sociological Review,* **20**, 552-555.

Zajonc, R. B. 1968 Attitudinal effects of mere exposure. *Journal of Personality and Social Psychology Monograph Supplement,* **9**, 1-27.

【トピックス5】

Kiesler, S., Siegel, J., & McGuire, T.W. 1984 Social psychological aspects of computer-mediated communication. *American Psychologist,* **39**, 1123-1134.

内藤まゆみ　2000　インターネットにおける自助グループ　坂元　章（編）　インターネットの心理学　学文社　Pp.72-82.

Siegel, J., Dubrovsky, V., Kiesler, S., & McGuire, T.W. 1986 Group processes in computer-mediated communication.

Organizational Behavior and Human Decision Processes, **37**, 157-187.

◆第6章 文献◆

Atkinson, R.L., Atkinson, R.C., Smith, E.E., Bem, D.J., & Nolen-Hoeksema, S. 2000 *Hilgard's introduction to psychology*. (13th ed.) Fort Worth, TX: Harcourt Brace College Publishers. 内田一成（監訳）2002 ヒルガードの心理学 ブレーン出版

Broadbent, D.E. 1958 *Perception and communication*. New York: Pergamon Press.

Bruner, J.S. 1983 *Child's talk: learning to use language*. Oxford : Oxford University Press. 寺田 晃・本郷一夫（訳）1988 乳幼児の話しことば―コミュニケーションの学習― 新曜社

Card, S.K., Moran, T.P., & Newell, A. 1983 *The psychology of human-computer interaction*. Hillsdale, NJ: Lawrence Erlbaum.

Cherry, E.C. 1953 Some experiments on the recognition of speech, with one and with two ears. *Journal of the Acoustical Society of America*, **25**, 975-979.

Coren, S., & Girgus, J. S. 1977 Illusion and constancies. In W. Epstein (Ed.), *Stability and constancy in visual perception: Mechanisms and processes*. New York: Wiley. Pp. 255-283.

Deutsch, J.A., & Deutsch, D. 1963 Attention: some theoretical considerations. *Psychological Review*, **70**, 51-61.

Evans, J.St.B.T., & Lynch, J.S. 1973 Matching bias in the selection task. *British Journal of Psychology*, **64**, 391-397.

Fechner, G.T. 1860 *Elemente der Psychophysik*. Leipzig: Breitkopf und Hartel.

Gibson, J.J. 1979 *The ecological approach to visual perception*. Boston, MA: Houghton Mifflin. 古崎 敬・古崎愛子・辻 敬一郎・村瀬 旻（訳）1985 生態学的視覚論―ヒトの知覚世界を探る― サイエンス社

Gregory, R.L. 1963 Distortion of visual space as inappropriate constancy scaling. *Nature*, **199**, 678-680.

Griggs, R.A., & Cox, J.R. 1982 The elusive thematic-materials effect in Wason's selection task. *British Journal of Psychology*, **73**, 407-420.

Helson, H. 1964 *Adaptation-level theory: an experimental and systematic approach to behavior*. New York: Harper & Row.

Hubel, D.H., & Wiesel, T.N. 1979 Brain mechanisms of vision. *Scientific American*, **241**(3), 130-144. 河内十郎（訳）1979 視覚の脳内機構 サイエンス, **9**(11), 98-113.

伊藤毅志・安西祐一郎 1996 問題解決の過程 市川伸一（編）認知心理学4 思考 東京大学出版会 Pp.107-131.

Johnson-Laird, P.N. 1988 *The computer and the mind: an introduction to cognitive science*. Cambridge, MA: Harvard University Press. 海保博之・中溝幸夫・横山詔一・守一雄（訳）1989 心のシミュレーション―ジョンソン＝レアードの認知科学入門― 新曜社

Kahneman, D. 1973 *Attention and effort*. Englewood Cliffs, NJ: Prentice-Hall.

川口 潤 1992 意識と無意識の情報処理 多鹿秀継・川口 潤・池上知子・山 祐嗣（共著）情報処理の心理学―認知心理学入門― サイエンス社 Pp.157-205.

Kimble, G.A., Garmezy, N., & Zigler, E. 1984 *Principles of psychology*. (6th ed.) New York: Wiley.

Lave, J. 1988 *Cognition in practice: mind, mathematics, and culture in everyday life*. Cambridge: Cambridge University Press. 無藤 隆・山下清美・中野 茂・中村美代子（訳）1995 日常生活の認知行動―ひとは日常生活でどう計算し, 実践するか― 新曜社

Lindsay, P.H., & Norman, D.A. 1977 *Human information processing: an introduction to psychology*. (2nd ed.) New York: Academic Press. 中溝幸夫・箱田裕司・近藤倫明（訳）1984 情報処理心理学入門Ⅱ 注意と記憶 サイエンス社

Luria, A.R. 1975 *Materialy k kursu dektsii po obshchei psikhologii [Materials of a course of lectures in general psychology]*. Moscow: Izd-vo. Mosk. Univ-ta. 天野 清（訳）1980 ルリヤ現代の心理学（下）文一総合出版

Miller, G.A., Galanter, E., & Pribram, K.H. 1960 *Plans and the structure of behavior*. New York: Holt, Rinehart, and Winston. 十島雍蔵・佐久間 章・黒田輝彦・江頭幸晴（訳）1980 プランと行動の構造―心理サイバネティクス序説― 誠信書房

Newell, A., & Simon, H.A. 1972 *Human problem solving*. Englewood Cliffs, NJ: Prentice-Hall.

入戸野 宏 2002 事象関連電位 上里一郎（監修）心理学基礎事典 至文堂 Pp.48-49.

Norman, D.A. 1986 Cognitive engineering. In D.A. Norman & S.W. Draper (Eds.), *User-centered system design*. Hillsdale, NJ: Lawrence Erlbaum. Pp.31-61.

Norman, D.A. 1988 *The psychology of everyday things*. New York: Basic Books. 野島久雄（訳）1990 誰のためのデザイン？―認知科学者のデザイン原論― 新曜社

Norman, D.A., & Bobrow, D.G. 1975 On data-limited and resource-limited processes. *Cognitive Psychology*, **7**, 44-64.

Pavlov, I.P. 1927 G. V. Anrep (Trans.) *Conditioned reflexes*. Humphrey Milford: Oxford University Press.

Penfield, W., & Rasmussen, T. 1950 *The cerebral cortex of man: a clinical study of localization of function*. New York: Macmillan. 岩本隆茂・中原淳一・西里静彦（訳）1986 脳の機能と行動 福村出版

Rheingold, H. 1985 *Tools for thought: the people and ideas behind the next computer revolution*. New York: Simon &

Schuster. 栗田昭平（監訳）1987 思考のための道具－異端の天才たちはコンピュータに何を求めたか？－ パーソナルメディア

Rubin, E. 1921 *Visuell wahrgenommene Figuren.* Copenhagen: Gyldendals.

Shannon, C.E., & Weaver, W. 1949 *The mathematical theory of communication.* Urbana: University of Illinois Press 長谷川淳・井上光洋（訳）1969 コミュニケーションの数学的理論－情報理論の基礎－ 明治図書出版

Shiffrin, R.M., & Schneider, W. 1977 Controlled and automatic human information processing: II. perceptual learning, automatic attending, and a general theory. *Psychological Review,* **84,** 127-190.

Stevens, S.S. 1961 The psychophysics of sensory function. In W. A. Rosenblith (Ed.), *Sensory communication.* Cambridge: M.I.T. Press. Pp.1-33.

Stroop, J.R. 1935 Studies of interference in serial verbal reactions. *Journal of Experimental Psychology,* **18,** 643-662.

Suchman, L.A. 1987 *Plans and situated actions: the problem of human-machine communication.* Cambridge: Cambridge University Press. 佐伯 胖（監訳）1999 プランと状況的行為－人間-機械コミュニケーションの可能性－ 産業図書

Treisman, A.M. 1964 Verbal cues, language, and meaning in selective attention. *American Journal of Psychology,* **77,** 206-219.

Ullsperger, P. & Gille, H. G. 1988 The late positive component of the ERP and adaptation-level theory. *Biological Psychology,* **26,** 299-306.

Wason, P.C. 1966 Reasoning. In B. M. Foss (Ed.), *New horizons in psychology.* Harmondsworth: Penguin. Pp.135-151.

Wertheimer, M. 1923 Untersuchungen zur Lehre von Gestalt. II. *Psychologische Forschung,* **4,** 301-350.

Wickens, C.D. 1984 Processing resources in attention. In R. Parasuraman & D. R. Davies (Eds.), *Varieties of attention.* Orlando, FL: Academic Press. Pp.63-102.

Wickens, C.D., & Hollands, J.G. 2000 *Engineering psychology and human performance.* (3rd ed.) Upper Saddle River, NJ: Prentice Hall.

【トピックス６】

Brodbeck, F.C., Zapf, D., Prümper, J., & Frese, M. 1993 Error handling in office work with computers: a field study. *Journal of Occupational and Organizational Psychology,* **66,** 303-317.

Frese, M. 1991 Error management or error prevention: two strategies to deal with errors in software design. In H.J. Bullinger (Ed.), *Human aspects in computing: design and use of interactive systems and work with terminals.* Amsterdam: Elsevier. Pp.776-782.

Frese, M., & Zapf, D. 1994 Action as the core of work psychology: a German approach. In H.C. Triandis, M.D. Dunnette, & L.M. Hough (Eds.), *Handbook of industrial and organizational psychology.* Vol.4. (2nd ed.) Palo Alto, CA: Consulting Psychologists Press. Pp.271-340.

畑村洋太郎 2000 失敗学のすすめ 講談社

Prümper, J., Zapf, D., Brodbeck, F.C., & Frese, M. 1992 Some surprising differences between novice and expert errors in computerized office work. *Behaviour and Information Technology,* **11,** 319-328.

Reason, J. 1990 *Human error.* New York: Cambridge University Press. 林 喜男（監訳）1994 ヒューマンエラー－認知科学的アプローチ－ 海文堂出版

Wickens, C.D., & Hollands, J.G. 2000 *Engineering psychology and human performance.* (3rd ed.) Upper Saddle River, NJ: Prentice Hall. p. 493.

◆第７章 文献◆

Atkinson, R.C., & Shiffrin, R.M. 1968 Human memory: A proposed system and its control processes. In K.W. Spence & J.T. Spence (Eds.), *The psychology of learning and motivation: Advances in research and theory.* Vol.2. New York: Academic Press. Pp.89-195.

Baddeley, A.D. 1986 *Working memory.* Oxford University Press.

Baddeley, A.D. 1992 Working memory. *Science,* **255,** 556-559.

Baddeley, A.D. 2000 The episodic buffer: A new component of working memory? *Trends in Cognitive Sciences,* **4,** 417-423.

Baddeley, A.D., & Hitch, G. 1974 Working memory. In G. H. Bower (Ed.), *The Psychology of Learning and Motivation.* Vol. 8. New York: Academic Press.

Blaney, P.H. 1986 Affect and memory: A review. *Psychological Bulletin,* **99,** 229-246.

Bower, G.H., Black, J.B., & Turner, T.J. 1979 Scripts in memory for text. *Cognitive Psychology,* **11,** 177-220.

Bower, G.H., & Clark, M.C. 1969 Narrative stories as mediators for serial learning. *Psychonomic Science,* **14,** 181-182.

Bower, G.H., Monteiro, K.P., & Gilligan, S.G. 1978 Emotional mood as a context for learning and recall. *Journal of Verbal Learning & Verbal Behavior,* **17,** 573-585.

Brewer, W.F., & Treyens, J.C. 1981 Role of schemata in memory for places. *Cognitive Psychology,* **13,** 207-230.

Brown, R., & Kulik, J. 1977 Flashbulb memories. *Congition,* **5,** 73-99.

Collins, A.M., & Loftus, E.F. 1975 A spreading-activation theory of semantic processing. *Psychological Review,* **82,** 407-428.

Collins, A.M., & Quillian, M.R. 1969 Retrieval time from semantic memory. *Journal of Verbal Learning & Verbal Behavior,* **8,** 240-247.

Corkin, S. 1968 Acquisition of motor skill after bilateral medial temporal lobe excision. *Neuropsychologia,* **6,** 255-265.

Craik, F.I.M., & Tulving, E. 1975 Depth of processing and the retention of words in episodic memory. *Journal of Experimental Psychology: General,* **104,** 268-294.

Craik, F.I.M., & Watkins, M.J. 1973 The role of rehearsal in short-term memory. *Journal of Verbal Learning & Verbal Behavior,* **12,** 599-607.

Ebbinghaus, H. 1885 *Über das Gedächtnis: Untersuhungen zur Experimentellen Psychologie.* Leipzig: Dunker und Humboldt. 宇津木 保（訳）1978 記憶について－実験心理学への貢献－ 誠信書房

船橋新太郎 2000 作業記憶 甘利俊一・外山敬介（編）脳科学大事典 朝倉書店 Pp. 175-179.

Glanzer, M., & Cunitz, A. R. 1966 Two storage mechanisms in free recall. *Journal of Verbal Learning and Verbal Behavior,* **5,** 351-360.

Glucksberg, S., & Cowan, G.N.Jr. 1970 Memory for nonattended auditory material. *Cognitive Psychology,* **1,** 149-156.

Godden, D., & Baddeley, A. D. 1975 Context-dependent memory in two natural environments: On land and under water. *British Journal of Psychology,* **66,** 325-331.

Harris, J.E. 1980 Memory aids people use: Two interview studies. *Memory and Cognition,* **8,** 31-38.

Hebb, D.O. 1949 *The organization of behavior.* New York: John Wiley & Sons. 白井 常（訳）1957 行動の機構 岩波書店

兵頭恵子・森野礼一 1999 阪神・淡路大地震による精神的身体的影響に関する調査研究 女子大学生における地震直後，2か月後，9か月後の状態 心理学研究，**70,** 104-111.

Jenkins, J.G., & Dallenbach, K.M. 1924 Obliviscence during sleep and waking. *American Journal of Psychology,* **35,** 605-612.

Lachman, R., Lachman, J. L., & Butterfield, E. C. 1979 *Cognitive Psychology and Inforemation Processing: An Introduction.* Hillsdale, N. J.: Lawrence Erlbaum Associates.

Loftus, E. F., & Loftus, G. R. 1980 On the performance of stored information in the human brain. *American Psychologist,* **35,** 409-420.

Meacham, J.A., & Leiman, B. 1982 Remembering to perform future actions. In U. Neisser (Ed.), *Memory observed: Remembering in natural contexts.* San Francisco: W.H. Freeman. Pp.327-336. 富田達彦（訳）1989 観察された記憶－自然文脈での想起－ 誠信書房 Pp.383-399.

Meyer, D.E., & Schvaneveldt, R.W. 1971 Facilitation in recognizing pairs of words: Evidence of a dependence between retrieval operations. *Journal of Experimental Psychology,* **90,** 227-234.

Miller, G.A. 1956 The magical number seven, plus or minus two: Some limits on our capacity for processing information. *Psychological Review,* **63,** 81-97.

Moscovitch, M. 1982 A neuropsychological approach to memory and perception in normal and pathological aging. In F. I.M. Craik & S. Trehub (Eds.), *Aging and cognitive processes.* New York: Plenum Press. Pp.55-78.

Neisser, U. 1978 Memory: What are the important questions? In M.M. Gruneberg, P.E. Morris, & R.N. Sykes (Eds.), *Practical Aspects of Memory.* New York, Academic Press.

Neisser, U., & Harsch, N. 1992 Phantom flashbulbs: False recollections of hearing the news about Challenger. In E. Winograd & U. Neisser (Eds.), *Affect and accuracy in recall: Studies of 'Flashbulb' memories.* Cambridge: Cambridge University Press .

Nickerson, R.S., & Adams, M.J. 1979 Long-term memory for a common object. *Cognitive Psychology,* **11,** 287-307.

苧阪満里子 2002 脳のメモ帳，ワーキングメモリ 新曜社

Penfield, W., & Perot, P. 1963 The brain's record of auditory and visual experience. *Brain,* **86,** 595-696.

Penfield, W., & Roberts, L. 1959 *Speech and brain mechanisms.* Princeton University Press.

Peterson, L.R., & Peterson, M.J. 1959 Short-term retention of individual verbal items. *Journal of Experimental Psychology,* **58,** 193-198.

Rips, L.J., Shoben, E.J., & Smith, E.E. 1973 Semantic distance and the verification of semantic relations. *Journal of Verbal Learning & Verbal Behavior,* **12,** 1-20.

Schank, R.C., & Abelson, R.P. 1977 *Script, plans, goals and understanding: An inquiry into human knowledge structures.* Hillsdale, NJ: Lawrence Erlbaum Associates.

Sperling, G. 1960 The information available in brief visual presentations. *Psychological Monographs,* **74,** 1-29.

Squire, L.R. 1992 Memory and the hippocampus: A synthesis from findings with rats, monkeys, and humans. *Psychological Review,* **99,** 195-231.

Tulving, E. 1972 Episodic and semantic memory. In E. Tulving & W. Donaldson (Eds.), *Organization of Memory.* New York: Academic Press. Pp.381-403.

Tulving, E., & Pearlstone, Z. 1966 Availability versus accessibility of information in memory for words. *Journal of Verbal Learning and Verbal Behavior,* **5,** 381-391.

Wagenaar, W.A. 1986 My memory: A study of autobiographical memory over six years. *Cognitive Psychology,* **18,** 225-252.

【トピックス7】

Loftus, E.F., & Burns, T.E. 1982 Mental shock can produce retrograde amnesia. *Memory & Cognition,* **10**, 318-323.

Loftus, E.F., & Palmer, J.C. 1974 Reconstruction of automobile destruction: An example of the interaction between language and memory. *Journal of Verbal Learning & Verbal Behavior,* **13**, 585-589.

◆第8章 文献◆

Bandura, A. 1965 Influence of model's reinforcement contingencies on the acquisition of imitative responses. *Journal of Personality and Social Psychology,* **21**, 674-685. 田島信元（編）1989 心理学キーワード 有斐閣 p.55.

Bandura, A. 1971 *Psychological modeling: Conflicting theories.* Chicago:Aldine Atherton. 原野広太郎・福島修美（訳）1975 モデリングの心理学 金子書房

Bandura, A. 1977 *Social learning theory.* Prentice-Hall. 原野広太郎（監訳）1979 社会的学習理論 金子書房

Bandura, A., Ross, D., & Ross, S.A. 1963 Imitation of film-mediated aggressive models. *Journal of Abnormal and Social Psychology,* **66**, 3-11. 齊藤 勇（編）1987 対人社会心理学重要研究集2 対人魅力と対人欲求の心理 誠信書房 p.150.

Domjan, M. 1993 *The principles of learning and behavior.* (3rd ed.) Pacific Grove, CA: Brooks/Cole.

Dweck, C.S. 1975 The role of expectations and attributions in the alleviation of learned helplessness. *Journal of Personality and Social Psychology,* **31**, 674-685.

Garcia, J., & Koelling, R.A. 1966 Relation of cue to consequence in avoidance learning. *Psychonomic Science,* **4**, 123-124.

久野 徹・松本桂樹（監修） 2000 図解雑学心理学入門 ナツメ社

Köhler, W. 1917 *Intelligenzprüfungen an Menschenaffen.* Berlin:Springer. 宮 孝一（訳）1938 類人猿の智慧試験 岩波書店

小嶋秀夫 1991 児童心理学への招待 サイエンス社 岩田純一・佐々木正人・石田勢津子・落合幸子 1995 児童の心理学 有斐閣 p.6.

Mazur, J.E. 1994 *Learning and behavior.* Englewood Cliffs, NJ: Prentice-Hall. 磯 博行・坂上貴之・川合伸幸（訳）1996 メイザーの学習と行動 二瓶社

Miller, N.E., & Dollard, J. 1941 *Social learning and imitation.* Yale University Press. 山内光哉・祐宗省三・細田和雅（訳）1956 社会的学習と模倣 理想社

大村政男 1999 図解雑学心理学 ナツメ社

Pearce, J.M. 1997 *Animal Learning and Cognition An introduction.* (2nd ed.) Hove: Psychology Press.

Peterson, C., Maier, S.F., & Seligman, M.E.P. 1993 *Learned Helplessness: A theory for the age of personal control.* Oxford University Press. 津田 彰（監訳）2000 学習性無力感－パーソナル・コントロールの時代をひらく理論－ 二瓶社

Peterson, C., & Seligman, M.E.P. 1984 Causal explanations as a risk factor for depression: Theory and evidence. *Psychological Review,* **91**, 347-374.

Rescorla, R.A., & Solomon R.L. 1967 Two-process learning theory: Relationships between pavlovian conditioning and instrumental learning. *Psychological Review,* **74**, 151-182.

Rosenhan, D., & White, G.M. 1967 Observation and rehearsal as determinants of prosocial behavior. *Child Development,* **53**, 114-125. 高木 修（編）1995 社会心理学への招待 有斐閣 p.81.

Seligman, M.E.P., & Maier, S.F. 1967 Failure to escape traumatic shock. *Journal of Experimental Psychology,* **74**, 1-9.

Simmel, E.C., Hoppe, R.A., & Milton, G.A. (Eds.), 1968 *Social facilitation and imitative behavior.* Boston: Allyn & Bacon.

鑪 幹八郎・山本 力・宮下一博（編）1984 自我同一性研究の展望 ナカニシヤ出版

Thorndike, E.L. 1898 Animal intelligence: an experimental study of the associative processed in animals. *Psychological Review Monograph Supplements,* **2**, No.4.

Timberlake, W., & Lucas, G.A. 1985 The basis of superstitious behavior: Chance contingency, stimulus substitution, or appetitive behavior? *Journal of the Experimental Analysis Behavior,* **44**, 279-299.

Watson, J.B. 1913 Psychology as the behaviourist views it. *Psychological Review,* **20**, 158-177.

【トピックス8】

Capaldi, E.J., & Miller D.J. 1988 Counting in rats: Its functional significance and the independent cognitive processes that constitute it. *Journal of Experimental Psychology: Animal Behavior Process,* **14**, 3-17.

Kawai, N., & Matsuzawa, T. 2000 Numerical memory span in a chimpanzee. *Nature,* **403**, 39-40.

松沢哲郎 2001 おかあさんになったアイ 講談社

Meck, W.H., & Church, R.M. 1983 A mode control model of counting and timing processes. *Journal of Experimental Psychology: Animal Behavior Process,* **9**, 320-334.

Rumbaugh, D.M., & Washburn, D.A. 1993 Counting by chimpanzees and ordinality judgments by macaques in video-formatted tasks. In S. T. Boysen & E. J. Capaldi (Eds.), *The development of numerical competence: Animal and human models.* Hillsdale, N.J. : Lawrence Erbaum Associates Inc. Pp.87-106.

◆第9章 文献◆

Bard, P. 1928 A diencephalic mechanism for the expression of rage with special reference to the sympathetic nervous system. *American Journal of Physiology,* **84,** 490-515.

Barker, R. G., Dembo, T., & Lewin, K. 1941 Frustration and regression : An experiment with young children. *University of Iowa Studies of Child Welfare,* **18,** No. 386.

Berlyne, D.E. 1958 The influence of complexity and novelty in visual figures on orienting responses. *Journal of Experimental Psychology,* **55,** 289-294.

Brady, J.V. 1958 Ulcers in executive monkeys. *Scientific American,* **199,** 95-100.

Cannon, W.B. 1927 The James-Lange theory of emotions: A critical examination and an alternative theory. *American Journal of Psychology,* **39,** 106-124.

Davis, D.M. 1928 Self-selection of diet by newly weaned infants. *American Journal of the Disabled Child,* **36,** 651-679.

DiCaprio, N.S. 1974 *Personality theories: Guides to living.* Philadelphia: Saunders.

江花昭一　2002　心療内科の時代　筑摩書房

Fox, S.S. 1962 Self-maintained sensory input and sensory deprivation in monkeys: A behavioral and neurophamacological study. *Journal of Comparative and Physiological Psychology,* **55,** 438-444.

Goble, F. G. 1970 *The third force : The Psychology of Abraham Maslow.* New York : Grossman Publishers. 小口忠彦（監訳）1972　マズローの心理学　産能大学出版部

Harlow, H.F. 1950 Learning and satiation of response in intrinsically motivated complex puzzle performance by monkeys. *Journal of Comparative and Physiological Psychology,* **43,** 289-294.

Harlow, H.F. 1958 The nature of love. *American Psychologist,* **13,** 673-684.

Harlow, H.F. 1959 Love in infant monkeys. *Scientific American,* **200,** 68-74.

Heath, R.G. 1963 Electrical self-stimulation of the brain in man. *American Journal of Psychiatry,* **120,** 571-577.

Heron, W. 1961 Cognitive and physiological effects of perceptual isolation. In P. Solomon et al. (Eds.), *Sensory deprivation.* Harvard University Press.

Hess, W.R. 1954 *Diencephalon: autonomic and extrapyramidal functions.* New York: Grune & Stratton.

Holmes, T.H., & Rahe, R.H. 1967 The social readjustment rating scale. *Journal of Psychosomatic research,* **11,** 213-218.

一谷　彊（編）1974　実験人格心理学　日本文化社

今田　寛・宮田　洋・賀集　寛（編）1986　心理学の基礎　培風館

James, W. 1884 What is an emotion? *Mind,* **9,** 188-205.

Klüver, H., & Bucy, P.C. 1937 "Psychic blindness" and other symptoms following bilateral temporal lobectomy in rhesus monkeys. *American Journal of Physiology,* **199,** 352-353.

Lange, C.G. 1885 Über Gemütsbewegungen. Lipzig : Thomas. In C.G. Lange & W. James (Eds.), 1922 *The emotions: A psychophysiological study.* Baltimore: Williams and Wilkins. Pp.33-90.

Lazarus, R.S. 1969 *Psychological stress and the coping process.* New York: McGraw-Hill.

Lazarus, R.S., & Cohen, J.B. 1977 Environmental Stress. In I. Altman & J.F. Wohlwill (Eds.), *Human behavior and the environment: Current theory and research.* New York: Springer.

LeDoux, J.E. 1986 The Neurobiology of Emotion. In J.E. LeDoux & W. Hirst (Eds.), *Mind and Brain.* Cambridge University Press. p.329.

LeDoux, J.E. 1987 Emotion. In F. Plum (Ed.), *Handbook of physiology: a critical, comprehensive presentation of physiological knowledge and concepts; section 1. The nervous system.* Vol. 5. *Higher functions of the brain.* Bethesda, MD: American Physiological Society. Pp.419-460.

Maier, N.R. F. 1949 *Frustration: The Study of behavior without a goal.* New York: McGraw-Hill.

Maslow, A.H. 1954 *Motivation and personality.* New York: Harper & Brothers.

三谷恵一・菅　俊夫（編）1979　医療と看護の心理学　ナカニシヤ出版

宗像恒次・仲尾唯治・藤田和夫・諏訪茂樹　1986　都市住民のストレスと精神健康　精神衛生研究，**32,** 47-65.

村田孝次　1987　教養の心理学　培風館

Murray, H.A. (Ed.) 1938 *Explorations in personality.* Oxford University Press.

Olds, J., & Milner, P. 1954 Positive reinforcement produced by electrical stimulation of septal area and other regions of rat brain. *Journal of Comparative and Physiological Psychology,* **47,** 419-427.

Papez, J.W. 1937 A proposed mechanism of emotion. *Archives of Neurology and Psychiatry,* **38,** 725-743.

Plutchik, R. 1980 *Emotion - A psychoevolutionary synthesis.* New York: Harper & Row.

Robinson, E.A., & Adolph, E.F. 1943 Pattern of normal water drinking in dogs. *American Journal of Physiology,* **139,** 39-44.

Schachter, S. 1959 *The psychology of affiliation: Experimental studies of the sources of gregariousness.* Stanford University Press.

Schachter, S., & Singer, J.E. 1962 Cognitive, social, and physiological determinants of emotional state. *Psychological Review,* **69,** 379-399.

Selye, H. 1956 *The stress of life.* New York: McGraw-Hill. 1976 (Rev. ed.) 杉　靖三郎ほか（訳）1988　現代社会と

ストレス　法政大学出版局
杉本助男　1983　刺激欠乏環境　瀬川道治（編）いま環境を考える　共立出版　Pp.114-127.
杉本助男（編）1991　心理学20講　北大路書房
Tomkins, S.S. 1962 *The positive affects. Affect, imagery, and consciousness.* Vol. 1. New York: Springer.
Tomkins, S.S. 1963 *The negative affects. Affect, imagery, and consciousness.* Vol. 2. New York: Springer.
Tourangeau, R., & Ellsworth, P.C. 1979 The role of facial response in the experience of emotion. *Journal of Personality and Social Psychology,* **37**, 1519-1531.
Weiss, J.M. 1971 Effects of coping behavior in different warning signal conditions on stress pathology in rats. *Journal of Comparative and Physiological Psychology,* **77**, 1-13.
Young, P.T. 1936 *Motivationa of behavior.* New York: Willy.

【トピックス9】
安藤明人　2002　攻撃性概念と測定方法　島井哲志・山崎勝之（編著）攻撃性の健康科学－健康編－　ナカニシヤ出版　Pp.35-51.
加藤克紀　2001　社会的行動の機構－攻撃と和解－　牧野順四郎・南　徹弘・小山高正・田中みどり・加藤克紀（編著）社会性の発達心理学　アートアンドブレーン　Pp.47-63.
大渕憲一　1993　人を傷つけるこころ－攻撃性の社会心理学－　安藤清志・松井　豊（編）社会心理学9　セレクション　サイエンス社
島井哲志　2002　攻撃性と健康，その研究意義　島井哲志・山崎勝之（編著）攻撃性の健康科学－健康編－　ナカニシヤ出版　Pp.4 -16.

◆第10章　文献◆
Åkerstedt, T. 1984 Work schedules and sleep. *Experimentia,* **40**, 417-422.
Bootzin, R.R., & Nicassio, P.M. 1978 Behavioral treatments for insomnia. In M. Hersen, R.M. Eisler, & P.M. Miller (Eds.), *Progress in behavior modification.* New York: Academic Press.
Broca, P. 1861 Remarques sur le siege de la faculte du langage articule, suivies d'une observation d'aphemie. *Bulletin de la Societe d'anthropologie,* **6**, 330-357.
Brodmann, K. 1909 *Verglechende lokalisationslehre der grosshirnrinde in Ihren Prinzipien Dargestellt auf Grund des Zellenbaues.* Leipzig: Barth.
千葉喜彦・高橋清久（編）1991　時間生物学ハンドブック　朝倉書店
Dement, W., & Kleitman, N. 1957 Cyclic variation in EEG during sleep and their relation to eye movements, body motility and dreaming. *Electroencephal Clin Neurophysiol,* **9**, 673-690.
Eccles, J.C. 1989 *Evolution of the Brain : Creation of the Self.* London: Routledge.　伊藤正男（訳）1990　脳の進化　東京大学出版会
福田一彦・堀　忠雄　1997　眠りと夢のメカニズム　宮田　洋（監修）柿木昇治・山崎勝男・藤沢　清（編）新生理心理学　北大路書房　Pp.74-87.
Gazzaniga, M.S. 1983 Right hemisphere language following brain bisection: a 20-year perspective. *American Psychologist,* **38**, 525-537.
Gazzaniga, M.S. 1998 The split brain revisited. *Scientific American,* **279**, 50-55.
堀　忠雄（編）1988　不眠　同朋舎出版
堀　忠雄　1997　睡眠状態と生理心理学　宮田　洋（監修）柿木昇治・山崎勝男・藤沢　清（編）新生理心理学　北大路書房　Pp.88-97.
堀　忠雄　2000　快適睡眠のすすめ　岩波新書
堀　忠雄（編）2001　眠りたいけど眠れない　昭和堂
堀　忠雄・斉藤　勇（編）1992　脳生理心理学重要研究集１　意識と行動　誠信書房
井上昌次郎　2000　睡眠障害　講談社現代新書
石浦章一（編）1999　わかる脳と神経　羊土社
Jacobson, A., Kales, A., Lehman, D., & Zweizig, J.R. 1965 Somnambulism: All-night electroencephalographic studies. *Science,* **148**, 975-977.
柿木昇治・山崎勝男・藤沢　清（編）生理心理学の基礎　宮田　洋（監修）新生理心理学　1巻　北大路書房
Kimura, D. 1964 Left-right differences in the perception of melodies. *Quarterly Journal of Experimental Psychology,* **16**, 355-358.
Knauth, P., & Rutenfrantz, J. 1981 Duration of sleep related to the type of shift work. In A. Reinberg, N. Vieux, & P. Andlaur (Eds.), *Night and shift work. Biological and social aspects.* Oxford: Pergamon Press. Pp.161-168.
厚生労働省　2000　平成11年賃金労働時間制度等総合調査
Nebes, R.D., & Sperry, R.W. 1971 Hemispheric deconnection syndrome with cerebral birth injury in the dominant arm area. *Neuropsychologia,* **9**, 247-259.
小木和孝　1983　現代人と疲労　紀伊国屋書店
Penfield, W., & Rasmussen, T. 1950 *The Cerebral Cortex of Man: A Clinical Study of Localization of Function.* New York: Macmillan.
Penfield, W., & Roberts, L. 1959 *Speech and Brain Mechanisms.* N.J.: Princeton University Press.
Rechtschaffen, A., & Kales, A. 1968 *A manual of standardized terminology, techniques and scoring system for sleep stages of human subjects.* Washington, D.C.: Public Health Service, U.S. Government Printing Office.
佐々木三男　1984　時差ボケ　鳥居鎮夫（編）睡眠の科学　朝倉書店　Pp.149-183.

高橋敏治・佐々木三男　2001　時差ぼけ症状を克服する　堀　忠雄（編）眠りたいけど眠れない　昭和堂　Pp.133-161.

内山　真　2002　睡眠障害の対応と治療ガイドライン　じほう

Van Loon, J.H., 1963 Diurnal body temperature curves in shift workers. *Ergonomics,* **6**, 267-273.

Wegmann, H.M., Klein, K.E., Conrad, B., & Esser, P. 1983 A model for prediction of resynchronization after time-zone flights. *Aviation Space & Environmental Medicine,* **54**, 524-527.

Wernicke, C. 1864 *Der aphasische symptomencomplex, clue psychologische studie auf anatomischer basis.* Breslau: Cohn and Weigert.

横堀　栄　1976　時差ぼけとその対策　防衛医誌，**1**, 7-19.

【トピックス10】

Fukuda, K., Ogilvie, R., Chilcott, L., Venditteli, A., & Takeuchi, T. 1998 The prevalence of sleep paralysis among Canadian and Japanese college students. *Dreaming,* **8**, (2) 59-66.

■人名索引■

● A
Allport, G.W. 29
Asch, S.E. 84
Atkinson, R.C. 107
● B
Baddeley, A.D. 110
Bandura, A. 26,34,140
Baron, R.S. 52
Baumeister, R.F. 64
Binet, A. 44
Bower, G.H. 112
Bowlby, J. 24
Brady, J.V. 164
Broca, P. 172
Brodmann, K. 170
Brown, R. 118
● C
Cannon, W.B. 145
Capaldi, E.J. 144
Carlsmith, J.M. 60
Cattell, R.B. 34
Church, R.M. 144
Collins, A.M. 114
Cottrell, N.B. 52
Craik, F.I.M. 112
● D
Davis, K.E. 54
Descarto, R. 2
Dollard, J. 140
Dweck, C.S. 136
● E
Ebbinghaus, H. 122
Erikson, E.H. 12
Eysenck, H.J. 34
● F
Fechner, G.T. 90
Festinger, L. 58,60,76
Freud, S. 26
● G
Galenus 30
Garcia, J. 128

Gazzaniga, M.S. 174
Gibson, J.J. 104
Guilford, J.P. 40
● H
長谷川孝治 64
Hebb, D.O. 122
Heider, F.H. 54
Helson, H. 98
Hull, C.L. 2,140
● I
Ingham, A.G. 52
● J
Jones, E.E. 54
Jung, C.G. 32
● K
Kahneman, D. 96
川合伸幸（Kawai, N.） 144
Kelley, H.H. 54
Koelling, R.A. 128
Köhler, W. 138
Kretschmer, E. 32
● L
Latané, B. 52
Lazarus, R.S. 162
Lock, J. 2
Loftus, E.F. 116
Lucas, G.A. 132
● M
Maslow, A.H. 150
松沢哲郎（Matsuzawa, T.） 144
Meck, W.H. 144
Meyer, D.E. 116
Milgram, S. 84
Miller, D.J. 144
Miller, G.A. 100,110
Miller, N.E. 140
Moscovici, S. 86
● N
Neisser, U. 118
Norman, D.A. 96,100

● P
Pavlov, I.P.　2,126
Penfield, W.　122,170
Peterson, L.R.　110
Piaget, J.　14,138
● R
Rescorla, R.A.　126
Rogers, C.R.　26
Rumbaugh, D.M.　144
● S
Sanders, G.S.　52
Schachter, S.　154
Schvaneveldt, R.W.　116
Seligman, M.E.P.　136
Selye, H.　162
Sherif, M.　84
Skinner, B.F.　2,130
Spearman, C.E.　40
Sperling, G.　108
Sperry, R.W.　174
Steiner, I.D.　52
Stevens, S.S.　90

● T
Tesser, A.　58
Thorndike, E.L.　130,138
Thurstone, L.L.　40
Timberlake, W.　132
Toleman, E.C.　2
Tomkins, S.S.　154
Tulving, E.　112
● U
浦　光博　64
● W
Wagenaar, W.A.　118
Washburn, D.　144
Wason, P.C.　104
Watson, J.B.　2,128
Weber, E.H.　90
Wechsler, D.　44
Weiner, B.　56
Weiss, J.M.　164
Wernicke, C.　172
Wundt, W.　2
● Z
Zajonc, R.B.　50

■事項索引■

●あ
アイコニック・メモリ　108
愛着　24
愛着スタイル　24
遊び　24
アフォーダンス　104
アルゴリズム　102
●い
維持リハーサル　112
遺伝と環境　8
意味記憶　114
因果関係　3
●え
影響手段　82
エコイック・メモリ　108
SVR理論　78
エピソード記憶　114
●お
オペラント行動　130
●か
科学原則　1
学習無力感　136
覚醒　180
金縛り　184
感覚記憶　108
感覚希求動機　146
環境閾値説　8
観察学習　140
観察法　3,36
干渉　122
顔面フィードバック仮説　154
管理職ザル　164
●き
記憶容量　144
気質　29
帰属過程　49,54
気分一致効果　122
逆向干渉　122
キャノン・バード説　152
急速眼球運動　180
鏡映像　18

強化スケジュール　132
強制応諾実験　60
近接性　76
●く
クリューバー・ビューシー症候群　156
●け
系列位置効果　112
ゲシュタルト　92
ゲシュタルト心理学　2
結晶性知能　42
ケリーの帰属理論　54
権威への服従　84
言語機能　172
言語的コミュニケーション　70
検索　107
●こ
5因子論　34
好意の返報性　78
効果の法則　130
攻撃行動　140
攻撃性　168
交替制勤務　178
行動形成　130
行動主義　130
行動レパートリー　125
コンピテンス　26
コンフリクト（葛藤）　160
●さ
サーカディアンリズム　176
作業検査法　38
錯視　92
3項関係　16
3項随伴性　130
●し
CMC（Computer-Mediated Communication）　88
ジェームズ・ランゲ説　152
刺激般化　128
刺激分化　128
資源　96
自己愛　48
思考　102

自己開示　66
自己改善動機　58
自己概念　62
自己過程　49,62
自己高揚動機　58
自己効力感　26,142
自己刺激行動　158
自己注目　62
自己呈示　66
自己評価　64
自己評価維持モデル　58
時差症状（時差ぼけ）　176
視線　72
自然概念　14
自尊感情　64
実験法　3
質問紙法　36
自伝的記憶　118
自動的処理　96
シドマン型回避課題　134
社会情緒的サポート　80
社会的影響　82
社会的学習　140
社会的現実　86
社会的浸透理論　78
社会的スキル　74
社会的スキルの生起過程モデル　74
社会的勢力　82
社会的促進　49,50
社会的手抜き　49,52
社会的動機　148
社会的比較　49,58
社会的抑制　50
自由再生法　112
従属変数　3
集団規範　84
集団式知能検査　46
順向干渉　122
順応水準説　98
生涯発達　7
消去　128
条件刺激　126
少数派の影響　86
情報処理アプローチ　89
譲歩的依頼法　82
剰余変数　3
初頭効果　112
徐波睡眠　182
処理水準　112

人格　29
親近性効果　112
心身症　166
心身二元論　2
身体的魅力　76
親密化の過程　78
親密性平衡　72
信頼関係（ラポール）　36
●す
睡眠　180
睡眠周期　180
睡眠障害　180
睡眠段階　180
睡眠中の行動　180
睡眠麻痺　184
睡眠遊行　182
スキーマ　116
スクリプト　116
図と地　92
ストループ効果　94
●せ
性格　29
制御的処理　96
精神物理学　90
生体リズム　176,178
精緻化リハーサル　112
生物学的制約　128
生物学的動機　146
宣言的記憶　114
前頭連合野　169
●そ
相関関係　3
双生児研究法　8
相対的価値　134
ソーシャル・サポート　80
素朴心理学　54
●た
対応推論理論　54
体温リズム　178
対人環境の希薄化　24
対人距離　72
対人コミュニケーション　70
対人魅力　76
態度の類似性　76
大脳半球　169
大脳皮質の機能局在　170
多変量解析　3
段階的要請法　82
短期記憶　107

探索行動　130
●ち
知覚　89
知能　40
知能検査　44
チャンク　110
注意　94
中性刺激　126
長期記憶　107
調査法　3
貯蔵　107
●て
定位反応　94
手続き的記憶　114
展望記憶　120
●と
動因　145
動因低減説　140
投影法　38
動機　145
道具的サポート　80
洞察学習　138
同調　84
特性論　32
独立変数　3
トップダウン処理　98
●な
喃語　16
●に
二経路説　158
日常記憶　118
認知　89
認知的対処　166
認知的評価　162
認知的不協和　49
認知的不協和理論　60
●の
脳　169
脳の可塑性　10
ノンレム睡眠　180
ノンレム睡眠の夢　180
●は
パーソナリティ　29
パペツの情動回路　156
半側視野法　172
汎適応症候群　162
●ひ
非言語的コミュニケーション　70
ヒューマンエラー　106

ヒューマン-コンピュータ・インタラクション　100
ヒューリスティック　102
表象的思考　14
●ふ
符号化　107
不眠症　180
プラセボ（偽薬）効果　6
フラッシュバルブメモリ　118
文脈効果　122
分離脳　174
●ほ
忘却　122
ボトムアップ処理　98
ホメオスタシス　145
●ま
マインド・コントロール　68
●み
味覚嫌悪学習　128
●む
無条件刺激（UCS）　126
結びつけ問題　170
●め
迷信行動　132
面接法　3,36
メンタルモデル　104
●も
モデリング　140
モラトリアム　20
●や
夜驚症　182
夜勤病　178
●ゆ
誘因　145
●よ
要請技法　82
予測可能性　128
欲求階層説　150
欲求不満　160
●ら
ライフサイクル　7
●り
リアリティ・モニタリング　120
リズムの位相同調　176
リハーサル　112
流動性知能　42
倫理規定　3
●る
類型論　32

●れ
レヴィンガーの対人関係3水準　78
レスポンデント行動　125
レム睡眠　180
レム睡眠行動障害　182

レム睡眠の夢　180
連関認知上の錯覚　6

●わ
ワーキングメモリ　107
ワイナーの原因帰属理論　56

【編者紹介】

生和　秀敏（せいわ・ひでとし）
　1944年　鳥取県に生まれる
　1968年　広島大学大学院教育学研究科心理学専攻修士課程修了
　現　在　広島大学名誉教授（文学博士）
　主著・論文：カスパー・ハウザー（共訳）　福村出版　1977年
　　　　　　　いま環境を考える（共著）　共立出版　1983年
　　　　　　　青春のワインディング・ロード　北大路書房　1988年
　　　　　　　人はなぜ人を恐れるか（共著）　日本評論社　2000年
　　　　　　　現代のエスプリ392「認知行動アプローチ」（共著）　至文堂　2000年

心の科学

2003年4月25日　初版第1刷発行
2012年4月10日　初版第8刷発行

定価はカバーに表示してあります。

編　者　生和秀敏
発行所　㈱北大路書房

〒603-8303 京都市北区紫野十二坊町12-8
電　話　(075) 431-0361(代)
ＦＡＸ　(075) 431-9393
振　替　01050-4-2083

©2003　印刷／製本 亜細亜印刷株式会社
検印省略　落丁・乱丁本はお取り替えいたします

ISBN978-4-7628-2311-4 Printed in Japan